梁方仲 著作集

明代赋役与白银

中华书局

图书在版编目(CIP)数据

明代赋役与白银/梁方仲著. —北京:中华书局,2025.2(2025.8重印).
(梁方仲著作集). —ISBN 978-7-101-16978-2

Ⅰ. F812.948-53

中国国家版本馆 CIP 数据核字第 20251212D9 号

书　　名	明代赋役与白银
著　　者	梁方仲
丛 书 名	梁方仲著作集
责任编辑	王传龙
装帧设计	毛　淳
责任印制	陈丽娜
出版发行	中华书局
	(北京市丰台区太平桥西里 38 号　100073)
	http://www.zhbc.com.cn
	E-mail:zhbc@zhbc.com.cn
印　　刷	北京盛通印刷股份有限公司
版　　次	2025 年 2 月第 1 版
	2025 年 8 月第 2 次印刷
规　　格	开本/920×1250 毫米　1/32
	印张 12⅛　插页 2　字数 290 千字
印　　数	3001-5000 册
国际书号	ISBN 978-7-101-16978-2
定　　价	72.00 元

出版说明

　　梁方仲先生 (1908—1970)，广东广州人，原中山大学教授，是我国当代著名的经济史学家，在中国古代社会经济史研究领域作出了开拓性和奠基性的贡献，尤以明代经济史的研究成就而闻名。1989年，中华书局曾出版《梁方仲经济史论文集》，2008年，又出版了八卷本的《梁方仲文集》，受到学界的欢迎。为了满足新时代学者的需要，我们从后者中选出一批论题集中、美誉度高的佳作，分为四卷出版，即：《明代一条鞭法》、《明代粮长制度》、《明代赋役与白银》、《中国历代户口、田地、田赋统计》，总名之曰《梁方仲著作集》。我们在旧版基础上做了一些核订，希望能有益于读者朋友们的阅读体验。此次出版，得到中山大学刘志伟先生的热情学术指导，和梁方仲先生后人的大力支持，在此一并致谢。

中华书局编辑部

2024年11月

目　录

明代"两税"税目

　　《明史·食货志》记"夏税"和"秋粮"的项目,在洪武时共有米、麦、钱钞、绢四种,在弘治、万历时有四五十种。《明史》以为这些税项都属于田赋的范围[①],但据我们现在看来,这些税目中有一大部分,就其历史的来源而论,并不属于田赋的范围,并且这些项目并没有普遍性。到底这些附加的税项的历史来源是怎样的?它们怎样被归并到田赋里去的?它们在输纳地域上的分布是怎样的?这些是本文要研究的主要问题。在解答这些问题之前,让我们先将《明会典》及《明实录》所载两税项目,加以分析。

[①]《明史》卷七八《食货二·赋役》记载说:"……赋役法一以黄册为准,册有丁,有田,丁有役,田有租。租曰夏税,曰秋粮,凡二等。……两税,洪武时夏税曰米麦,曰钱钞,曰绢;秋粮曰米,曰钱钞,曰绢。弘治时会计之数,夏税曰大小米麦,曰麦荍,曰丝绵并荒丝,曰税丝,曰丝绵折绢,曰税丝折绢,曰本色丝,曰农桑丝折绢,曰农桑零丝,曰人丁丝折绢,曰改科绢,曰绵花折布,曰苎布,曰土苎,曰红花,曰麻布,曰钞,曰租钞,曰税钞,曰原额小绢,曰币帛钞,曰本色绢,曰绢,曰折色丝;秋粮曰米,曰租钞,曰赁钞,曰山租钞,曰租丝,曰租绢,曰租粗麻布,曰课程绵布,曰租苎布,曰牛租米谷,曰地亩绵花绒,曰枣子易米,曰枣株课米,曰课程苎麻折米,曰绵布,曰鱼课米,曰改科丝折米。万历时小有所增损,大略以米麦为主,而丝绢与钞次之。夏税之米惟江西、湖广、广东、广西;麦荍惟贵州。农桑丝遍天下,惟不及川广云贵。余各视其地产。"

一　明代历朝两税名目及其种类

（甲）根据《会典》上记载的分析

前页注①所揭《明史·食货志》之文，乃是根据《万历会典》。今从《会典》上的记载，知上揭各项税目亦是被认为从田土所出的（即为田赋之一部分）。在列举上述各项的税收的前边，《会典》附有这样的说明："国初官民田税粮俱有定额，其后拨给亲王功臣，及地土肥瘠退滩开垦坍江灾伤等项，或增或减，岁无常数，今以《诸司职掌》所载并弘治十五年、至万历六年实征数开具于后。"①可见《会典》是将这些税项与田赋一律看待的。关于《会典》里以上三年的税收及其他的记载，我们已为作成第二十五至二十七表，及第三十二至三十三表。读者可以参看拙著《明代户口田地及田赋统计》。在下面我们更将对于税目的分析的部分，总括说明如下。

一　洪武二十六年两税税目：

1.夏税税目共有三项：(1) 米麦（原载又分：麦、米及米麦三项），(2) 绢，(3) 钱钞。

2.秋粮税目共有三项：(1) 米，(2) 绢，(3) 钱钞。

二　弘治十五年两税税目：

1.夏税税目共有二十四项：(1) 大小米麦（原载又分：麦、小麦、大小麦、米、米麦、米豆六项。以出小麦者居多），(2) 麦菽，(3) 红花，(4) 土苎，(5) 苎布，(6) 绵花折布，(7) 麻布，(8) 税

① 《万历会典》卷二四《税量一》。按《万历会计录》亦是将这些税项列入田赋门内。

丝，(9) 本色丝，(10) 折色丝，(11) 丝绵并荒丝，(12) 农桑零丝，(13) 绢，(14) 本色绢，(15) 改科绢，(16) 原额小绢，(17) 农桑丝折绢，(18) 人丁丝折绢，(19) 税丝折绢，(20) 丝绵折绢，(21) 币帛绢，(22) 钞，(23) 租钞，(24) 税钞。

2.秋粮税目共有十七种：(1) 米，(2) 枣子易米，(3) 枣株课米，(4) 鱼课米，(5) 改科丝折米，(6) 牛租米谷，(7) 课程苎麻折米，(8) 地亩绵花绒，(9) 绵布，(10) 课程绵布，(11) 租苎布，(12) 租粗麻布，(13) 租丝，(14) 租绢，(15) 租钞，(16) 山租钞，(17) 赁钞。

三　万历六年两税税目：

1.夏税税目共有二十一项：(1) 大小米麦（原载又分：麦、小麦、大小麦、米、米麦五项，以出小麦者为最多），(2) 麦菽，(3) 农桑并丝折米，(4) 土苎，(5) 苎布，(6) 绵花折布，(7) 麻布，(8) 洞蛮麻布，(9) 税丝，(10) 本色丝，(11) 丝绵并荒丝，(12) 农桑零丝并丝绵，(13) 原额小绢，(14) 农桑丝折绢，(15) 人丁丝折绢，(16) 税丝折绢，(17) 丝绵折绢，(18) 币帛绢，(19) 钞，(20) 租钞，(21) 税钞。

2.秋粮税目共有三十一项：(1) 米，(2) 枣子易米，(3) 枣株课米，(4) 鱼课米，(5) 改科丝折米，(6) 牛租米，(7) 牛租谷，(8) 花利米，(9) 麻折米，(10) 课程苎麻折米，(11) 绵花绒折米，(12) 地亩绵花绒，(13) 苎麻，(14) 红花，(15) 桐油，(16) 绵布，(17) 课程绵布，(18) 租苎布，(19) 租粗麻布，(20) 瑶人粗布，(21) 租丝，(22) 租绢，(23) 租钞，(24) 山租钞，(25) 税钞，(26) 赁钞，(27) 麻钞，(28) 茶课钞，(29) 鱼课钞，(30) 椒课钞，(31) 差发马。

从以上的记载,可知洪武二十六年税目并不多,但至弘治十五年忽然增加了许多,至万历六年尤甚。今先专就弘万两年观察,知万历夏税税目比弘治年少三种,但万历的农桑并丝折米及洞蛮麻布两项为弘治年所无。而弘治的红花、折色丝、绢、本色绢、改科绢五项,则万历年无之。又弘治大小米麦一项里并包括有"米豆"一项在内,亦为万历年所没有。但万历的农桑零丝并丝绵一项,在弘治年仅作"农桑零丝"。

至于秋粮项目,万历六年比弘治十五年多十三种。万历的花利米、麻折米、绵花绒折米、苎麻、红花、桐油、瑶人粗布、税钞、麻钞、茶课钞、鱼课钞、椒课钞、差发马等十三项,弘治年都没有。又弘治全国总计内所载的"牛租米谷"一项,到万历年已分别为牛租米及牛租谷两项。

所应注意:两税间的税目有时彼此互见。如弘治租钞一项,万历租钞、税钞两项,皆既见于夏税,亦见于秋粮。又如红花一项,在弘治年本属夏税,但到万历年便已归入秋粮了。

洪武弘治万历三年的两税税目,我们将其归纳起来,知道其实不外以下五大类:(1)农作物,(2)布,(3)丝,(4)绢,(5)钱钞(万历还有牲口一类,但为数甚微,不足重视)。这五类当中,农作物一类,在各年都是夏税以麦,秋粮以米为主。这两项税物各区无不输纳,并且它们的数量亦占绝对大宗。绢一类,亦为三年所共有。钱钞一类,在洪武年是钱钞兼有,在弘万两年只有钞而没有钱。唯布丝两类,只为弘万两年所有,洪武年无之。由上看来:弘万两年所增的税目确是比洪武多得多,但它们所增的税物的种类并不甚多。

(乙)根据《实录》上的记载的分析

《实录》中关于田赋项目的记载,各朝往往不同。今将历朝税目的变迁概括的说明如下①。

　　太祖朝　计分:麦米豆谷、布、钱钞三项。

　　成祖朝至仁宗朝　计分:粮、绵花绒、布帛、丝绵四项。

　　宣宗朝至英宗朝　计分:米麦、绵花、绵、布、丝、绢、折色钞七项。

　　宪宗朝　从本朝起米麦分别记载,计为:米、麦、绵花、绵、布、丝、绢、折色钞八项。

　　孝宗朝至武宗朝　折色钞一项不复存在。计为:米、麦、绵花、绵、布、丝、绢七项。

　　世宗朝　计分:米、麦、绵花绒、土苎、布、丝绵、绢七项。

　　穆宗朝　计分:米、麦、绵花绒、绵、布、丝、绢、折色钞八项。

　　神宗朝　计分:夏税米、麦、秋粮米、绵花绒、土苎、绵布、阔椒布、丝、丝绵、绢十项。

　　熹宗朝　计分:米、麦、牛租谷(本项因不见于他朝,且为数甚微,故没有列入统计表内)、绵花绒、苎麻、布、苎麻布、洞蛮麻布、丝绵、丝绵折绢、租税钞十一项。

以上所揭《实录》里田赋的项目,归纳起来,也就可以像《会典》一样自然的分为五大类:(1) 农作物,(2) 布,(3) 丝,(4) 绢,(5) 钱钞。可见在税物的种类上,《实录》所载比《会典》一点也不少,但就各项税目来

---

① 注意:以下所列举的税目,仅以《实录》中属于田赋项下的税目为限。《实录》里亦载有与《会典》所载正相当的税项,而我们没有将其列出,如《实录》亦载有茶课钞等项,但《实录》并没有将它们归入田赋项下,故我们在下面亦不将其列举出来。又如每一朝每一税项下名称上的小差异,如洪武朝的麦米豆谷一项,有时亦称作田租,有时亦称作粮储,在下面亦不细为注明,读者请参看《明代户口田地及田赋统计》第三表至第十六表便是。

说,《会典》所载的名称便多了许多。

又从明代各地方志看来,所载税目以从《实录》上的名称者为较普遍,《会典》上的税目,有些只见于一两处的方志,并不常见。

二　各项税目输纳地域的分配

《实录》里的税目,都是全国的总记载;并没有标明各项税目的输纳区域。《会典》是有输纳地区的记载的。我们根据《会典》作成第三十三表(见《明代户口田地及田赋统计》)。关于输纳某一项税目的计共有哪几个地区?在这个表内可以一目了然,此处不用细说,今但择要叙述如下:

据《会典》的记载:秋粮各地都输米。夏税各地差不多完全是输大小麦(中又以输小麦者居绝对多数);间亦有输米者,如:洪武二十六年的江西,弘治十五年的广东,万历六年的四川;亦有米麦兼输的,如上说洪弘万三年的湖广,万历六年的江西、广东及广西;有输米豆者,如弘治十五年的广西;亦有输麦菽者,如弘万两年的贵州①。

秋米夏麦以外,夏税中的农桑丝折绢一项,几遍全国;唯弘治十五年四川、云南、贵州、隆庆州、保安州、太平府及滁州无之,万历六年川、云、贵、两广、延庆州(即弘治十五年的隆庆州)、保安州及太平府亦没有

---

① 麦米的主要用途是支付百官及军士的俸饷。据崇祯间宋应星的估计:"今天下育民人者,稻居什七,来(小麦)、牟(大麦)、黍(小米类)、稷(高粱类)居什三。"关于当时生产麦的区域的分配,应星亦有估计,说:燕秦晋豫齐鲁诸道,食小麦者居多,西极川云,东至闽浙吴楚,种小麦者二十分而一,其余他处种麦者五十分而一云云(《天工开物》卷上《乃粒第一》)。

输纳[1]。

秋粮各地之输地亩绵花绒者亦尚众。在洪武二十六年本没有这一项名目。至弘万两年山东、河南、陕西、四川四布政司，及北直隶的顺天、永平、保定、河间、真定、顺德、广平、大名等八府都纳此。

至于其他的税目，输纳的地方，大半仅限于一二处。

以上是根据《会典》分析所得的结果的大概。

不过《会典》所载，仅限于三年间的记载，未可视为一定不变的情形。今从明代各地方志观之，便知往往有与《会典》出入之处。例如根据《会典》，秋粮各地无不纳米。但据方志上的记载，山东，陕西的三原县与白水县，湖广的永州府，浙江的富春具与赤城，都是米豆兼纳（自然豆的数量甚少）[2]。又如《会典》上载，夏税输米豆者，只弘治十五年的广西。但据《赤城新志》上的记载，夏税亦米豆兼输。又如《会典》只载福建输鱼课米，及广西输鱼课钞。但方志上的记载告诉我们，广东顺德县、浙江处州府及湖广永州府等地都输鱼课米或钞[3]。又如《会典》载输桐油者只有广西，但嘉靖《浙江通志》卷一七及万历江西《宁都县志》卷三"田赋"项内都列有桐油一项。像这些参差的地方，我们不必一一细举。我们只要知得到《会典》所载的关于输纳区域的分配，只是几年间的现象便已足，——自然这几年间亦自可以代表大致的情形，不过这不是毫无变动的情形，这一点，我们是应当明白的。

---

① 按洪武二十六年夏税有绢一项，但恐不一定即为弘万两年的农桑丝折绢。洪武夏税输绢者差不多也遍天下，唯山西、陕西、四川、两广、云南六布政司，庐州、淮安、扬州、安庆四府，及滁、和两州没有输纳。但弘治湖广布政司所输税项，除农桑丝折绢以外，还有绢一项，因此我们以为洪武的绢不一定完全相当于弘万两年的农桑丝折绢。

② 嘉靖《山东通志》卷八，嘉靖《三原志》卷二，万历《白水县志》卷二，洪武《永州府图志》卷三，正统《富春县志》卷四，弘治《赤城新志》卷五。

③ 万历《顺德县志》卷三，成化《处州府志》卷三，及洪武《永州府图志》卷三。

三　各项税目的意义和来源

在前面我们已将《会典》及《实录》诸书所载的税目的种类与其输纳区域的分配各项略事分析了,至此时我们一定便会发以下的疑问:一、究竟这些各种不同的税目是否对一般田土所赋的税项? 二、如果它们原本并不是真正对一般田土所课的项目,那为什么它们会归入田赋项来? 要解答这两个问题,我们便应追求各项税目的意义,它们的课税客体和它们的来源,以及其发展的历史等。不过因为材料所限,我们仅能得到一些关于几项较为重要的税目的记载。

在进行分析这些税目以前,我们还应先将田赋的意义弄个明白。所谓田赋可以有广狭两义之分。从广义说来,凡随同田赋正项缴纳的税物,亦未尝不可以归入田赋之中。故一切附加的杂项(不管永久的或暂时的)都可当作田赋的一部分看待。但从狭义说来,只有对一般普通田地所赋的标准品物,才算是真正的田赋。我们研究田赋的人首先要解决的当然是后面一种狭义的解释,真正的通常的田赋的项目。狭义的田赋,在明代为麦米两项。麦是在夏天,米是在秋天收的,故叫麦作夏税,米作秋粮[1]。此其表现于田土者,亦有夏秋两地之分,如《宿州志》云:"平坡宜麦为夏地,高阜宜粟为秋地。"[2] 又《天下郡国利病书》云:"夏税多产于地,秋粮多产于田。"[3] 我们既知夏税为麦,秋粮为米,再进而求几项其他税目的本质和历史:

---

[1] 例如参看朱健:《古今治平略》卷一《国朝田赋》;傅维麟:《明书》卷六八。

[2] 万历《宿州志》卷六。

[3]《天下郡国利病书》卷一〇五《广西一·田赋》。

甲　丝、绵花、绵花绒、丝绵、土苎、麻、苎麻、枣子、绢、农桑丝折绢、农桑丝折米、绵花绒折米、枣子易米、枣株课米、苎布、麻布。

上列各项中,丝是对种桑的地而课的;绵及绵花绒是对种绵花的地而课的(丝绵,即丝与绵的合称,亦出于种桑地或种绵花地);苎麻及土苎是对种麻或苎的地而课的;枣子是对种枣的地而课的[1]。至于绢、麻布、苎布等项或则为科罚之项,或则为折纳的物品(这即所谓"折色",例如原本是该科丝若干两,今制定若干两折合为绢一匹,以绢上纳。农桑丝折绢的名称就是从此而来。如所谓枣子易米,也就是折纳的物品:盖原来规定缴纳的物品是枣子,今改为纳米,故曰"易米")。今更将以上各项税目分别论其历史的来源如下:

考太祖洪武元年杨思义为户部尚书,请令民间皆种桑麻。农民凡有田五亩至十亩者栽桑、麻、木绵各半亩,十亩以上者多种一倍(即种桑、麻、木绵各一亩),田多者以是为比例。惰者有罚:不种桑者使出绢一匹,不种麻者使出麻布一匹,不种木绵者使出绵布一匹[2]。可见这里的绢、麻布及绵布等项都是罚款的性质。不过桑、麻、木绵的课种在最初是一种强制的手段,即凡有田过五亩者,无不须种桑、麻、木绵,这是明初的劝农政策。当时(洪武元年)奏定的科征则例是:麻每亩征八两,

---

[1] 如正德林希元纂福建《永春县志》卷四《杂赋·农桑绢布》云:"国初最重农桑之政,令天下府州县提调官用心劝谕农民趁时种植,计地栽桑,计桑科绢,府州县俱有定额。然地各有宜,两浙宜桑,山东河南等处宜木绵,如永春则宜麻苎,当随地而取之。今有地不种桑,递年输绢,取办于通县丁粮,如永春者……。"又万历山东《恩县志》卷三《田赋》云:"……旧有绵花地纳花绒,桑树地征农桑,后因栽伐无常,概派阖县地亩中……。"

[2] 参看《明史》卷一三八《杨思义传》,及《万历会典》卷一七《农桑》。

木绵每亩四两,栽桑者俟四年以后有收成,始征收其税。洪武四年又令各府州县官劝谕农民仍将种过桑麻等项田亩,科丝绵等项①。可见丝绵麻等项,其课税客体是种桑,或种木绵,或种麻的地,而非一般的田地,故丝绵麻等课亦非一般的田赋。

关于枣子的科征,我们从下面两个记载可以知道一斑。洪武二十五年令凤阳、滁州、庐州、和州,每户种枣二百株②。及二十七年三月庚戌课民树枣及桑、木绵等③。

以上各项课征的方法,或则按亩征收,或按所植物的株数,或以若干株折合一亩为标准(在初时规定每亩必须种若干株)④。在前面我们已说过,桑枣各项的课种本来是政府的一种劝农政策。但其后也许这个功令废弛,也许是赋税制度混乱的结果,于是往往是没有种桑株枣株的地,也要照旧输纳桑课枣课等⑤。此时在输纳方面有种种变迁:第一,

---

① 《万历会典》卷一七《农桑》。
② 同上。
③ 《明史·太祖本纪》,及本页注⑤引《怀庆府志》。
④ 例如洪武(湖广)《永州府图志》卷三《农桑》所载:"农桑若干株,折地若干顷亩,科丝若干斤;绵花地若干顷亩,科花若干斤;苎麻地若干顷亩,科麻若干斤。"又《诸色课程》内载:"本府椒株若干株,共抽若干株,计科椒若干斤,每斤折米若干石,共米若干石。"可见椒课的课税客体,便是椒株。由此又可以见椒课米的意义。关于桑株课丝绵的记载,可参看成化(陕西)《三原县志》卷二,内揭桑若干株该征丝绵的斤数,与该科绵布的匹数两项,丝绵项又分作丝的斤数与绵的斤数两小项。
⑤ 如嘉靖河南《怀庆府志》卷四《田赋·官民桑枣》:"旧制桑有株数,按株出丝,今以丝折绢;枣有株数,按株征枣,今以枣易米。而民间之桑枣或有或无,不复可稽考矣。"《古今图书集成·经济汇编·食货典》卷一五二《赋役部·艺文五》明洪懋德《丁粮或问》云:"昔者元尝课民以桑,劝民勤也,而因为之税。后则惰民之为甲首者,不桑不绩,而分派于粮,图苟且之易征,有司亦从而徇之,故今田一也,税其粮重矣,而又税以无桑之丝、无人之丁。"

在输纳的物品上观察是趋向于折色方面,如桑丝改为折绢,枣子改为易米[①];最后则改为折银(此点从后面所举的福建及泗州的例子便可见一二)。第二,从输纳的方法与手续上观察,大都趋向于由阖乡或阖县的田土分摊,与夏税或秋粮混征。我们仅举一个最详尽的例子,以作说明,如《天下郡国利病书》所说:

> 明朝令……民于在官旷地种桑,每亩四十株,科丝五钱,每丝一斤四两,折绢一匹,长三丈有余。乃有司苟且具文,奉行不虔,遂变而征银,每匹一两六钱,水脚一钱八分,俱于通县丁粮办纳,非旧制也。[②]

从上例有可注意的两事:1.本来是按株数科丝的税,后来改为折绢,由折绢更改而为征银;2.本来是科于桑株的税,后来因原定的税额无着,改由通县丁粮内办纳。这种演变的趋势,我们在明代中叶以后各地方志内都可以看得到。

---

① 如洪武二十六年明令民间一应桑株起科丝绵等物,每岁照例折绢(《万历会典》卷一七《农桑》)。又按正统《南阳府志》卷三《农桑》的记录,洪武二十四年枣株犹课枣子,但至永乐十年的记载,便已改为易米了。都可作为例证。

② 《天下郡国利病书》卷九五《福建五·杂课》。又同书卷九八《广东二·增城县》云:"按田赋而外,俱称杂课,乃今或以科折,或并岁征,故悉详附于赋役之后,其所谓比附及酒醋之类,属邑尚存其名,而其籍不可考矣,岂混征田赋之中,而其额遂不复问也。"同书卷一〇一《广东·雷州府志》亦载"农桑绢久之分派于米"。又同书卷一〇五《广西一·田粮》云:"正统八年令不出蚕丝地方,绢一匹折银五钱,自是广西丝绢随地派米,分之正额矣"云云。又如《帝乡纪略》卷五《政治志·赋·丝绢》云:"(泗州、盱眙、天长)其丝绢全由大众输直鬻买充数,今例折绢征银,视前时之率钱买供者,似称便矣,然皆于夏税小麦中带征之。"又云:"桑丝,税课之类也,然征于田,故亦系之田赋焉。"像这些例子,各地方志中所载甚多,不胜列举。

乙　税丝、鱼课、椒课、茶课。

税丝有两个意义：其一，即上节所说的农桑丝，它的比较正确而详尽的名称叫做"夏税丝"；其二，是指向渔户所课的丝，因为渔网用丝之故。后一项税丝后来也折收银。由此亦可见各项税课都有用银折纳的趋势[①]。鱼课，亦是向渔户征收的税。明初尝设河泊所官，收渔户的鱼油翎鳔等项，后来改折麻铁铜漆诸物，或折米，就叫作"鱼课米"；或折钞，就叫做"鱼课钞"。嗣又革河泊所官，令州县代办。亦于人户丁粮内带征[②]。椒课、茶课都是杂赋的项目，它们大都按株数起科。起初多征本色（如征"椒"、征"茶"各若干斤是），到了后来，或则折米，或则折钞，最后亦折银[③]。皆可证明各项杂税归并于丁粮中及以银折纳的趋势。

但若我们更进一步研究，则知：除了杂赋合并于丁粮以外，并且丁赋亦有归并于田粮办纳的趋势，而田赋中夏税又有归并于秋粮中征纳的趋势。关于丁归于田的历史甚为复杂，非本文范围所可及，今仅就夏税并于秋粮一事言之。明代两税，秋粮远重于夏税（兼指税率及税额而言）[④]。例如万历间赵用贤《议平江南粮役疏》内所云，除了驿传、马役、驿递、水夫、户口盐钞等项混入秋粮以外，又如京库折丝绢、南京库农桑

①《天下郡国利病书》卷三二《江南二○·宁国府》："初，桑丝赋诸蚕乡，税丝赋诸渔户，以渔网用丝也，后并以银折。"
②参看《天下郡国利病书》卷七六《湖广五·永州府》。又同书卷一○一《广东五·雷州府志》："明初……立河泊所，以榷渔利，岁有常额，其后逃绝过半，亦派其课于民田。"又同书卷九八《广东二·增城县》所载略同。
③参看弘治（湖广）《衡山县志》卷二《课程》及前第10页注④洪武（湖广）《永州府图志》卷三。
④从《会典》历年的记载及各地方志的记载都可以看出来。例如万历陕西《华阴县志》卷四，便将这事实用文字记录出来："夏麦为轻，秋粮为重。"

折丝绢、起运马草等类,此旧征之于山地者,而今亦混于秋粮中矣①。
又如《无锡县志·田赋》云:

> 桑丝绵绢,后俱并入秋粮夏麦内征收,最后则惟存秋粮米一
> 项,而不复有夏麦名色矣。②

这种趋势,在广东、浙江各地亦可以看得到③。大约夏税混合于秋粮这一
个趋势的发展,是与各地的均粮或均则运动同时并进的。所谓均粮运
动,最简单说来,就是将往日各种不同的田地税率今改为简单化:如昔
日夏税与秋粮的税率各有数十则者,今但均为一则或数则。这种运动,
在明代中叶各地均已盛行。它的施行的结果,大半就是夏税与秋粮的
合并,不再分开。这样的例子,举不胜举,应另有专文去讨论,这里不必
细说。

**丙　几项其他税目的内容:零丝、零丝绵、改科绢、人丁丝
折绢、秋租钞、山租钞、牛租、租钞、差拨马。**

在前面我们已经将几项较为普遍的税目的内容,并其与田赋正
项的关系发挥了一二。今更将几项其他比较少见的税目的意义解释
一下:

零丝　凡以丝织绢,所剩余下来不足制绢的丝,就叫做零丝,或

---

① 《皇明经世文编》卷三九七《赵文毅文集》。按明代夏税多出于地,桑丝折绢等项本皆视
　　为夏税,读此可知夏税混入秋粮中趋势之一斑。
② 《天下郡国利病书》卷二四《江南一二》。
③ 如万历《顺德县志》卷三:"秋租钞出于地田,……粤无此,岂初折米带秋粮以征,后遂泯
　　其名乎? 如夏税米,初尚二石四斗有奇,至弘治仅存三升,粮岁增亦不觉其亡矣。……"
　　又如嘉靖《浙江通志》卷三五《官师志》第五之十五:"杨继宗(天顺间)嘉兴知府,……
　　并(夏税)于秋粮中带征,民至今德之。"

"余丝"。"零丝绵"的意义仿此①。

改科绢　在广东有所谓改科田的名目。所谓改科田,就是因为官民各种田地的科则不一样,凡由轻则改重则,或反此者,就叫做改科田②。所谓"改科绢",或即为改科田所出的绢;或即因为原来是科某项税物的,今改科绢,故名。书之以俟将来再考。

人丁丝折绢　乃丁赋之一种,亦名"丁力丝折绢",或"人丁丝绢"③。

秋租钞　就是官有田地出租与人民所得来的钞。福建诸地有此,广东无之④。

山租钞　官山租税所得来之钞。《会典》所载只江西及池州府有之。但今据广东及南直隶江阴县诸志亦有此项⑤。

牛租　据天启姚宗文纂修浙江《慈溪县志》第三卷"永乐十年秋粮"项下载:"官牛十八头,租米四十七石五斗",可见牛租米就是农民借用官牛所出的米。又据《会典》所载,弘万两年输牛租米谷者只山东、

① 例如参看万历福建《南靖县志》卷四《农桑》所载:"民桑若干株,该地若干顷亩,每亩科丝五钱,计丝六斤七两二钱一分,折造生绢五匹,零丝三两二钱一分。"按这里是以每二十两丝折绢一匹。又参看嘉靖《宁德县志》卷一,"荒丝"疑亦类此,例如参看嘉靖浙江《淳安县志》卷四。

② 万历《永安县志》卷二:"古名、宽得(皆都名),官有没官,有职,有贡,有学,有改民科。没官亩一斗六升,职亩二斗四升,贡如职,学亩八升,田地改民如民田,地塘改民如民塘,凡则官重而民轻,赋官轻而民重,役则官尽蠲矣。改民科者,不惮赋役,宁从轻则。"

③ 如参看嘉靖北直隶《开州志》卷三《田赋》,嘉靖北直隶《涿州志》卷三《田赋》,万历南直隶《祁门县志》卷四《赋税》,及清乾隆二十五年北直隶《献县志》卷三。

④ 万历广东《顺德县志》卷二:"秋租钞出于地田,唯官租有之,粤无此。"正德福建《永春县志》卷三《版籍志上·税粮》云:"秋租钞惟废寺地、县学地、废寺山有之。"

⑤ 《天下郡国利病书》卷八三《浙江一·余杭县》云:"官山,宋孝武时官品第一第二听占山三顷,其余照品第有差,亦有没入官山。明朝官山租税,恐多类此。"又据同书卷九八《广东二·阳山县》所载,山租钞,就是当地瑶人洞主所有的山田,设官召人佃种所收的租。又据嘉靖《江阴县志》的记载,从永乐十年至嘉靖二十一年都有山租钞一项的税收。

江西、顺天府、扬州府四处。今据《扬州府志》所载,牛租米一项只所属高邮州有之[①]。又福建建宁府建安、建阳两县及福宁州宁德县均有牛租米[②]。广东《仁化县志》税课门内及浙江《赤城新志》秋粮项下均有牛租钞一项[③]。以上牛租米、牛租钞等项,至后来亦多办纳于田赋中。

租钞、赁钞　指租官民房窑地等所出的钞而言,本为杂课,但浙江赤城的租钞、赁钞,亦皆列入秋粮项下[④]。

差拨马　据《四川总志》所载万历六年所纳的差拨马(《会典》作"差发马")五匹,乃系盐井卫递年征解行都司给军骑操之用。可见这不过是属于卫所的"物料采办",与田赋并不发生关系[⑤]。

由以上的探讨,我们可得以下的结论:明代夏税的物品是以麦为正项,秋粮以米为正项。《万历会典》所载的税粮的项目,不过是仅将所有与田赋正项一同输纳的物品登记下来,其中有极大部分不应列入田赋项下,至少它们在最初的目的并不是要对一般田地所征收的物品。它们可以分作以下数大类:1.或则为对特种田土所征收的物品,与一般的田地之赋无关,如农桑丝、地亩绵花绒等项;2.或则是杂项课程(与田赋原本漠不相关的),如鱼课钞、茶课钞等项;3.或则为以上两类的折纳物品(即"折色"),如鱼课米、农桑丝折米等项;4.或则为土贡,如红花、瑶人粗布等项;5.或则为某地方的"岁办"、"额办"、"坐办"、"杂办"之

---

① 万历《扬州府志》卷四。
② 弘治福建《建宁府志》卷九《田赋》,及嘉靖《宁德县志》卷一《赋税》。
③ 万历《仁化县志》卷上《税课钞》,及弘治《赤城新志》卷五《田粮》。
④ 例如参看弘治浙江《赤城新志》卷五,正统浙江《富春县志》卷四及万历陕西《白水县志》卷二。
⑤ 《四川总志》(万历九年虞怀忠、郭棐等纂)卷一《省志一·田赋》。

属[①]，如差拨马等项。以上各项本来与田赋是风马牛不相及的，但它们在后来因为种种机缘大半混入田赋内征收。其原因概括说来约有两个：1.由于改折上的关系。如田赋正项本为米麦（米麦即名"本色"），今因某种原因（如荒旱水灾歉收，或运输便利等），改以他项折纳（即名"折色"）。例如纳绢一匹折米一石二斗。《会典》上所载税目有一部分是属于这类折纳的性质的。此外又得以米去折纳他项课程，如鱼课在最初是纳鱼油翎鳔等项，今以米去折纳之；这就是鱼课米的由来。枣子易米亦属于此类。由于这一种折纳的行为，就使田赋与它们逐渐发生关系（注意：两者是互为因果的，如田赋与它们的关系愈密切，则以米麦折纳他项税色的事情便日更频繁）。2.由于税法紊乱的结果。例如往日某项固定的税收，因制度破坏而归于无着落，于是因利乘便改归阖县丁田（特别是田）分摊。由此言之，《会典》的记载，不过就是以上两种趋势在时代上的反映。又从各项税目输纳地域的分配看来，南方税项之多远过于北方，这也足以表明明代南方田赋问题是比北方的复杂。

不过我们应注意，《会典》所载，仅限于洪武弘治万历三年，未可视作历代的普遍的情形，例如关于各项税目的输纳地区的分配，各地方志里所载的便往往与《会典》不一样，由此可知。

我们明白了《会典》所记录的真正内容及其代表性的程度以后，我们才不致误将一切杂项的税目当作田赋的正项看待，并且我们可以更正《明史·食货志》若干处的错误。

（原载《中国近代经济史研究集刊》第3卷第1期，1935.5）

[①] 关于这些名称的内容与区别，例如参看《天下郡国利病书》卷三二《江南二〇·徽州府》，及天启浙江《江山县志》卷三《籍赋志》便知。

明开国前后的赋率

——得英堂明史札记之一

　　明开国以前的田赋科则,大约在什一与什二之间。其行于山东者为十取其二,《明史稿·列传八·韩林儿》云:"至正十八年 (1358) 毛贵破济南,于莱州立屯田三百六十所。……凡官民田十取其二。"

　　行于西蜀的赋率,是十取其一,《明史稿·列传九·明玉珍》云:"至正二十二年,建国号西夏,定赋程额,以十分取一为则,蜀人悉便安之。"据《明史稿》及《明史·食货志》所载,太祖为吴王,在至正二十四年,赋税亦是十取一。万历中余士奇、谢存仁等修纂的《都门县志》亦说:"国初赋税,率用什一之法。"

　　明初浙西嘉兴、湖州、杭州诸府田赋甚重,官民田亩税有至二三石者;而浙东赋极轻,如处州府丽水、青田、缙云、松阳、遂昌、龙泉、庆元七县,皆亩税一升。而青田以刘伯温故止征一半。《明史稿·列传一八·刘基传》云:"洪武改元,太祖即皇帝位, ……令处州定税粮视宋制亩加五合,惟青田命毋加,曰:令伯温乡里世世为美谈也。"又《明史》卷一八三《周经传》所载略同。刘辰《国初事迹》亦载:"刘基言:处州青田县山多田少,百姓多于上垒石作田耕种,农 (事) 甚艰。太祖曰:刘基有功于我国家,本县田亩,止是一等起科五合,使百姓知刘基之心。"但万历赖汝霖等纂修的浙江的《景宁县志》第三《民政》,说处州府以刘基故轻赋,并不实(页六)。此系一面过激之词,未可过信。至于浙西赋重的由来,据说是至正末杨宪以一亩作两亩所致。《明史稿·列传一七·杨宪》载:"召为司农卿,时浙西经乱,新附民未复业,宪独以地膏腴,民多蓄积,亩加为二倍,增其赋,额既定,遂不能减,民怨苦次骨。"

总之,明初各地的赋率及赋额,多仍宋元以来之旧,而因近事量为增减。即以处州府而论,《明史稿·列传一六·胡深》云:"至正二十二年会改中书分省为浙东行中书省,以深为左右司郎中总制处州军民事。时山寇窃发,人情未固,深捕诛渠率,广募健儿,得兵万余人,量加田赋,以资军食;盐税旧二十取一,至是倍之。深请得如旧。"又《明史稿·列传一八·章溢》云:"处(州)多山而少田,军需不足,胡深奏免杂赋,行省复有所科,溢奏罢之。……处州粮旧额一万三千石有奇,军兴加至十倍,溢言丞相奏之,诏从其旧。"至天顺间(1457—1464)以至明末(十七世纪中叶)处州府额征税粮皆为六万四千石(参看明万寿堂刊《大明一统志》卷四四,及崇祯刊潘光祖汇辑《舆图备考全书》)。虽较十余万石已减少,但视最初旧额一万三千石之数已远过之了。

(原载天津《益世报》1937年2月21日,"史学"第48期)

明代田赋初制定额年代小考^①

——明代田赋史札记之一

一　役法制定之年与后来史料之附会

明初役法曰"均工夫"，定于洪武元年（1368）二月。据《实录》所载：

> 命中书省议役法，验田出夫，省臣奏议：田一顷出丁夫一人，不及顷者，以别田足之，名曰均工夫。^②

是所载仅及役法，而未有言及赋法也。然后出之史料，如薛应旂《宪章录》及谭希思《明大政纂要》卷一均节录此文^③，而标其目曰此时

---

①此文请与日文《史学杂志》第29编第6期，清水泰次《明初之夏税秋粮》一文参看。

②《太祖实录》卷三〇。

③按，《明大政纂要》（浙江巡抚采进本）卷一"洪武元年二月定赋役法"条下："省臣奏以田一顷出丁夫一，不及顷者，以别田定之，名曰均工夫。""定"当作"足"。

"定赋役法",多一"赋"字,颇嫌未当。郑晓《大政记》更因谓:"洪武元年二月定赋法、役法。"[①]是以为赋法、役法均在同时制定,更是错误。又如朱健《古今治平略·国朝田赋》云:"洪武元年命中书省定赋法"[②],当亦是沿此之失。

关于制定赋役两法之年代之记载,《明史稿》及《明史》所载,更为错误不堪,如曰:"太祖为吴王,赋税十取其一,役法计田出夫,……即位之初,定赋役法,一以黄册为准。"[③]其以计田出夫之均工夫役法,是定于为吴王时,与《实录》所载不符,此其误一;其曰"即位之初,定赋役法",事或亦有之,然继即紧接谓"一以黄册为准",则未免言之过早(盖黄册之制定,乃在洪武十四年),此其误二。

至如《明纪》洪武元年正月内载有"初定天下,官田亩税五升三合,民田减二升,重租田八升五合五勺,没官田一斗二升"[④],盖乃转录《明史稿》及《明史·食货志》之文,更未可以为洪武元年定赋法之据。

明代最初赋法之制定,究在何年?《实录》中似未有记载。现一时亦无法考出。然其初制额之年,则似尚可考,今于下节论之。

二　制定赋额年代之推测

考太祖举兵之初,兵粮之资,募之于民,名曰"寨粮",刘辰《国初事迹》记之颇悉:

①载《吾学编》中。
②《古今治平略》卷一。
③《明史稿》志六〇及《明史》卷七八。
④陈鹤:《明纪》卷二。

太祖亲征太平、建康、宣州、婺州（按：太祖征太平在元至正十五年〔1355〕，十六年征建康，十七年征宣州，十八年征婺州。见《明史》卷一本纪），书押大榜，招安乡村百姓，岁纳粮草供给，谓之寨粮……①

大约军兴之始，就地筹饷，制为定额，实是难能，可以想见。至正二十年庚子（1360）五月，以胡大海之奏，寨粮始罢②。二十三年癸卯改以屯田充军饷③。然屯田统一之规制，至洪武二十五年（1392）始确定④，且非民田之赋，非本文所欲置论者。

赋额究定于何年乎？此亦饶有趣味之问题也。考丙午（元至正二十六年〔1366〕）四月诏曰：

我谓纾民之力……今日之计，当定赋以节用，则民力可以不困。⑤

可见是时仍未定赋额也。

然吴元年（1367）十二月甲辰李善长等奉敕编成之《大明令》⑥已

---

① 载在朱当㴐《国朝典故》中，又载《金华丛书》卷九三子部。按：刘辰，金华人，太祖下婺州，首上，署典签，以亲老告归（《明史》卷一五〇本传）。

② 《太祖实录》卷八，庚子五月"命罢各郡县寨粮。初招安郡县，将士皆征粮于民，名之曰寨粮，民甚病。至是金院胡大海以闻，上命罢之"。但《国初事迹》则谓以常遇春之奏而禁止之。

③ 按：太祖戊戌（元至正十八年）立民兵万户府，寓兵于农（《太祖实录》卷六），是为屯田之始，至癸卯二月又申明将士屯田之令（《实录》卷一二）。

④ 《太祖实录》卷二一六，洪武二十五年二月，"命天下卫所军卒自今以十之七屯种，十之三城守……"。

⑤ 《太祖实录》卷二。

⑥ 《太祖实录》卷二八下。

载有：

> 凡民间赋税,自有定额。①

又据《实录》吴元年：

> 是岁定各县为上、中、下(按原文脱一"下"字)三等,税粮十
> 万石之下者为上县,……六万石之下者为中县,……三万石之下
> 者为下县……②

由此可推出赋税之有定额,当为自至正二十六年至其翌年(即吴
元年)十二月以前所制定。

又自整个之财政系统观之,明代酒醋之征,于庚子(至正二十年)
十二月癸巳(1361)已开始③。辛丑(至正二十一年)二月甲申又立盐法
以资军饷④,则占有最重要地位之田赋,其法之初立,当必更在此时之
前。但当时戎马倥偬,支用无艺,虽制为赋法,亦难以切实遵行。如盐
法制定以后,二年之间,已经两次修改⑤,可为明证。故田赋之有定额,
是在丙午、丁未(即吴元年)之间,或亦不为过迟耳。

---

① 《皇明制书·大明令》卷一《吏令》。
② 《太祖实录》卷二八。
③ 《太祖实录》卷八。
④ 《太祖实录》卷九。
⑤ 按辛丑二月初立盐法,每二十分而取其一(《实录》卷一一),至壬寅(至正二十二年)十
   月,盐货以十分为率,税其一分(《实录》卷一二),癸卯(至正二十三年)闰三月,又复二
   十取一之例(《实录》卷一二)。

三　暂时结论

（1）明初均工夫役法，定于洪武元年。田赋之制为定额似在丙午至丁未之间。明初赋法役法之制定，似非同时。故如《宪章录》及《大政纂要》之标目曰，洪武元年二月"定赋役法"，颇嫌有将两者混为一谈之病。至如《大政记》之"洪武元年二月定赋法、役法"之记载，更是误解前人史例无疑。清王原（深）《学庵类稿·明食货志》云："太祖即吴王位，定赋税十取其一，即帝位，定役法，计田出夫。"此书虽晚出，然似尚较得实际，今特表出之。

（2）有明一代赋役两法之制，至洪武十四年攒造黄册时始告大成。故如《明史稿》及《明史》所谓："即位之初，定赋役法，一以黄册为准"云云，实有语病。

十月十五日于旧大楼

（原载《清华周刊》1933年第40卷第1期）

明初夏税本色考①

——明代田赋史札记之一

关于明初两税之本色，各书皆以秋粮之本色为米，殆无异词。若夏税之本色为何物，则各书所载殊不一致，粗分之约有以下五说：

（一）农桑丝说　《古今治平略》、《考古类编》、《明书》诸书主之②，如《治平略》云：

> ……夏税农桑丝也，以植桑者本农，而蚕事以夏始登故也。

（二）丝绵说　《三才汇编》主之，《田赋考》云：

> 初制……曰夏税，以丝绵……③

（三）布说　亦见《三才汇编》，《田赋总论》云：

---

① 此文请与清水泰次《明初之夏税秋粮》（《史学杂志》第29编第6期）一文相参看。

② 朱健：《古今治平略》卷一《国朝田赋》，柴绍炳：《省轩考古类编》卷八《赋役考》，傅维麟：《明书》卷六八，宋濂《宋学士集》卷九《赠吴府伴读陈生孟旸序》："且察夫民病，请免夏赋之丝。"

③ 龚在升：《三才汇编》卷四。

明……布缕在夏,粟米在秋……①

(四)钞说　其说见《闽书》：

……夏税征钞,秋税征米……②

(五)麦说　《明史稿》、《明史》及《学庵类稿》诸书主之。《学庵类稿》云：

二税夏麦秋米,楚、粤米夏熟者,夏税兼收米。其收绵、布、丝、绢、银、钞、钱,皆准米、麦。……③

《明史稿》及《明史》亦谓：

两税……大略以米麦为主。④

但《明史稿》则以为"谓米麦为本色,而诸折纳税粮者谓之折色"者,是在洪武九年;而《明史》则以为在洪武十七年。

以上各说,究以何说为合,今请分别论之：

(一)农桑丝非夏税本色之证　考明初令天下农民凡有田五亩至十亩者栽桑、麻、木绵各半亩,十亩以上者倍之,田多者以是为差。惰者有罚：不种桑者使出绢一匹,不种麻者使出麻布一匹,不种木绵者使出绵布一匹。洪武元年(1368)奏准桑麻科征之额：麻每亩八两,木绵每亩四两,栽桑者四年以后有成,始征其租⑤。《明史》与《明史稿》均谓此即

---

① 龚在升：《三才汇编》卷四。
② 何乔远纂：《闽书》卷三九。
③ 王原(深)：《学庵类稿·明食货志·赋役》。
④《明史稿》志六〇及《明史》卷七八。
⑤《万历会典》卷一七《农桑》,又参看《明史》卷一三八《杨思义传》。

农桑丝绢所由起。由此可知农桑丝乃种桑之课，与夏税之课于土田者判为两事，更求其论据如下：

(甲) 农桑丝为户税，夏税乃田赋。何瑭《均徭私论》云：

> 唐法有田则有租，即国朝田土纳税粮之意也。有身则有庸，即国朝户丁当差役之意也。有户则有调，即国朝农桑丝绢之意也。[①]

由此可知夏税与农桑丝绢之不同，即唐代租与调之别。洪懋德《丁粮或问》亦云：

> 敢问桑丝之税奚从起也？曰：此所谓户税也。[②]

亦可为证。又黄晔《蓬窗类纪》云：

> 今之夏秋二税，即古所谓粟米之征，唐之所谓租，农桑丝绢即古所谓布缕之征，唐之所谓调……[③]

均可见农桑丝绢为户税，与夏税之课于寻常土田者迥乎不同。

(乙) 农桑丝税率与两税税率不同。《明史》卷七八《赋役》云："初太祖定天下官民田赋：凡官田亩税五升三合，民田减二升……" 此与上揭："桑麻科征之额：麻每亩八两，木绵每亩四两，栽桑者四年以后有成，始征其租" 之记载，截然为两事。亦可为农桑丝非夏税之证。

今更自现存明刊各地方志考之，均以两税与农桑丝分别记载，又可见农桑丝决非夏税也。(例如《和州府志》分粮目为五：曰夏麦，曰农桑

---

①何瑭：《何文定公文集》卷八。

②见《古今图书集成·经济汇编·食货典》之《赋役部·艺文五》。

③明黄晔：《蓬窗类纪·赋役记》(涵芬楼秘笈本)。

丝,曰秋粮米,曰马草,曰马驴站银,是也。)①

　　再就《万历会典》卷二四至二五"税粮一至二"所载洪武、弘治、万历三朝天下各地实征税粮之数分析,知洪武间夏税名目仅包括米麦、绢、钱钞三大项,而尚无农桑丝一项名目,至弘治时夏税中始有农桑零丝与农桑丝折绢等项。故疑洪武时之绢即相当于弘万间之桑丝折绢等项。洪武时绢之输纳几遍全国,唯山西、陕西、四川、广东、广西、云南等六布政司(时贵州布政司尚未置立),庐州、淮安、扬州、安庆等四府,及滁、和两州无之。弘治以后农桑丝折绢之输纳,亦几遍全国,唯弘治时四川、云南、贵州等三布政司,隆庆、太平二府,及保安、滁两州无之。万历时四川、广东、广西、云南、贵州等五布政司,太平府,与延庆(即前隆庆府)、保安两州亦不输纳农桑丝折绢。但夏麦则为各地同输,于此又可见农桑丝非夏税之本位,明矣!

　　然《治平略》诸书以农桑丝为夏税者,亦自有故。考《雷州府志》云:

　　　　田有夏秋二米,起于宋。天禧四年(1020)颁示天下劝农桑官,令所在州邑,农出秋粮,桑出夏税,其制遂定。明初有农桑绢,命天下农民率栽桑、麻、木绵,其不种者制之罚。寻照桑株起科纳绢,久之分派于米。②

又《松江府志》查丝绵折绢之故,亦谓农桑丝折绢始于金元,明沿而未改云云③。可见桑出夏税之制,宋代曾行之,金元时亦有桑丝折绢之税。说者以农桑丝为夏税,当亦自有所本。

①《天下郡国利病书》卷三四《江南二二》。
②《天下郡国利病书》卷一〇一。
③《天下郡国利病书》卷二一《江南九》。

又自上引《雷州府志》文中末数语观之,知农桑丝绢之输纳,初为强制的性质——盖凡有田五亩至十亩者必须栽桑、麻、木绵各半亩,田多者以是为差,不种者有罚(见前)。则是凡有田过五亩者无不须纳农桑丝绢也。此为明初之劝农桑政策。大约其后因感困难而不能实行,故改为照桑株起科纳绢,即凡不植桑之田地可不必纳农桑丝绢矣。至云久之分派于粮,则为后来税法紊乱之结果。此其嬗变之迹,《福建·杂课》所载,最为详尽:

> 农桑绢……明朝洪武初令民有不种桑、麻与木绵者罚之布帛。后又令民于在官旷地种桑,每亩四十株,科(原作料字,疑误)丝五钱,每丝一斤四两,折绢一匹,长三丈有余。乃有司苟且其文,奉行不虔,遂变而征银,每匹一两六钱,水脚一钱八分,俱于通县丁粮办纳,非旧制也。[1]

又洪懋德《丁粮或问》亦曰:

> ……桑丝之税……所谓户税也。昔者元尝课民以桑,劝民勤也,而因为之税。后则惰民之为甲首者,不桑不绩,而分派于粮,图苟且之易征,有司亦从而徇之,故今田一也,税其粮重矣,而又税以无桑之丝、无人之丁……

由此可知税法紊乱之结果,无桑之丝,亦分派于田土使负担之。《无锡县志·田赋》云:

> 桑丝绵绢,后俱并入秋粮夏麦内征收,最后则惟存秋粮米一

---

[1]《天下郡国利病书》卷九五《福建五·杂课》。

项,而不复有夏麦名色矣。[①]

又赵用贤《议平江南粮役疏》云:

> 如京库折丝绢,南京库农桑折丝绢、起运马草等类,此旧征之于山地者,而今亦混于秋粮中矣。[②]

又可见明代中叶以后,农桑丝不但并入夏麦内带征,且有时并入秋粮内带征也。

由上可知农桑丝之被误称为夏税,其原因有二:

(甲) 农桑丝在宋时确是称为夏税;(乙) 明代中叶以后,农桑丝混入夏税或秋粮内带征。

(二)丝绵非夏税本色之证　按丝绵非夏税本色,已可从上一节知之,今不复再加论列。

(三)布非夏税本色之证　《太祖实录》云:

> (洪武三年九月) 户部奏:赏军用布,其数甚多,请令浙西四府秋粮内收布三十万匹。上曰:松江乃产布之地,止令一府输纳,以便其民,余征米如故。

《钦定续通考》按语因谓:

> 自古布缕有征,明初二税,但有绢而无布……当时(即洪武三年九月)输布者惟松江一郡,其后虽有折布之令,以非通制,故不偏举耳。[③]

---

①《天下郡国利病书》卷二四《江南一二》。
②《皇明经世文编》卷三九七。
③《钦定续文献通考》卷二《田赋考》。

更自《会典》卷二四至二五"税粮"考之，知洪武一朝，各地确无有输布者，及至弘治、万历两朝夏税之输布者亦不过江西、湖广、贵州，及常州府四地。亦可为布非夏税本色之证。

（四）钞非夏税本色之证　按《闽书》所载，似专指福建一地而言。故不必细论。若自《会典》分析，则知洪武时夏税输钱钞者仅福建、江西、浙江三布政司，弘治、万历时输钞者亦仅福建、江西、浙江、广西等四布政司及苏州、松江、大名三府而已。亦可见钞之非夏税也。

（五）麦为夏税本色之证　约有如下之证据：

（甲）自《会典》洪、弘、万三朝税粮考之，各地所输夏税无不有麦之一项，且自现存之明刊本地方志观之，多亦作夏税麦。又散见于明各帝《实录》之夏税之折纳，亦多以麦为标准。如《实录》洪武九年四月：

> 命户部，天下郡县税粮除诏免外，余处令民以银钞绢代输今年租税。户部奏：每银一两，钱一千文，钞十贯，米一石，小麦则减直十分之二。绵苎布一匹，折米六斗，麦七斗；麻布一匹，折米四斗，麦五斗。

此可见银、钱、钞、绢、布均仅为代输之税物，其价值均以米麦为标准，是则米、麦为本色，银、钱、钞、绢、布为折色可知。盖若银、钱、钞、绢、布亦为本色，则何必谓为"代输"？又何必一以米麦之值为标准乎？

（乙）考之《实录》、《明史》诸书，米麦歉收及输运困难时，许以银、钱、钞、绢、布等物代输，其事例甚多，不必枚举。如《实录》宣德五年（1430）九月：

> 免山西绛州稷山县夏税。稷山县奏：宣德三年春旱，宿麦不收，所逋夏税未纳，今民艰食，上司征税甚急，乞赐矜怜。上命行在

户部除其税。

亦可证明夏税是以麦缴纳,否则只以宿麦不收,而全免夏税,岂不无谓?

再观于太祖御制《大诰》云

麦方吊旗,而催夏税。秋税谷秧方节,早催秋税。[1]

而《明律集解附例》亦明白规定:

夏税,夏月所收小麦;秋粮,秋成所收粮米。[2]

则夏税本色之为麦,更断断无疑矣。

（原载《清华周刊》1933年第40卷第11、12期）

---

[1]《大诰》第六六《征收不时》。
[2]《明律集解附例》卷七《户律》"仓库收粮违限" 条下纂注。

明代鱼鳞图册考

一 鱼鳞图册之内容

鱼鳞图者,最简单言之,田地之图也。所以图田形之方圆丈尺四至及主名,编列字号,汇订而成册,则名鱼鳞图册(简称曰鱼鳞册)。清代亦简称鳞册,亦有简称为鱼鳞者[1]。凡田分区段,各有四至,内开某人现业。每县则以四境为界,乡都如之,各有大四至。内计为田若干,自一亩至万亩,自一里以至百里(《镇江府志》原文末一"里"字作"亩",疑作"里"字为合),各以邻界挨次而往,造成一图。或官或民,或高或汙,或埂或瘠,或山或荡,逐鄙细注,而业主之姓名随之。年月卖买,则年有开注。由是一县之田土、山乡、水乡、陆乡、洲田,与沿河有水利常稔之田,其间道路之所占几何,皆按图可见[2]。其绘制之次序:先度田形之方

---

[1] 康熙《常山县志》(日本宫内省图书寮抄本)卷八《赋役表·田亩》。
[2] 顾炎武:《天下郡国利病书》卷二三《江南一一·武进县志·额赋》,及同书卷二五《江南一三·镇江府志·均田法》。

圆,次以字号,悉书主名,及田之丈尺四至,最后则编类为册[①]。

二　鱼鳞图册与黄册之关系

　　按明代版籍,有册有图,册为黄册,图为鱼鳞。黄册以户为主,详具各户人丁事产旧管、新收、开除、实在之数——为四柱式。而鱼鳞图册以土田为主,凡土地之性质,诸如原阪、坟衍、下隰、沃瘠、沙卤之别毕具。鱼鳞册以为之经,所以质土田之讼者也;黄册以为之纬,所以定赋役之法者也[②]。故按图以稽荒熟,为某人现业,则田土不可隐;按册以稽某家某户占田若干,坐落某处,则税不可逋。又凡质卖田土,则每年有开注。户虽变迁不一,田则一定不移,是之谓以田为母,以户为子。子依乎母,而的的可据。纵欲于田土转移过割之际,为诡寄埋没之举,以图逃避税粮,而不可得。此鱼鳞图册之制然也[③]。

三　鱼鳞图册名称之由来

　　计有三说:

　　一、以其比次若鱼鳞状得称　如上引《武进县志·额赋》所载:"田地以丘相挨,如鱼鳞之相比。"又如傅维麟纂《明书》所谓:"如鱼鳞相比

---

①《明太祖实录》卷一八〇。

②王鸿绪:《明史稿》志五九及《明史》卷七七《田制》。

③参看《天下郡国利病书》卷二三《江南一一·武进县志·额赋》。又关于鱼鳞册推收规定,可参阅《天下郡国利病书》卷八四《浙江二·海盐县·推收》。

次汇为册,曰鱼鳞图册。"①又《学庵类稿》亦谓"以其比次若鱼鳞然而名也"②。云云。

二、以所绘若鱼鳞得称　如《实录》、《国朝典汇》及《皇明大事记》云:"以图所绘,状若鱼鳞然,故号曰鱼鳞图册。"③而《明史稿》及《明史》及《钦定续文献通考》亦谓"状如鱼鳞,号曰鱼鳞图册"。

三、以排列先后之序常得变动得称　如《靖江县志》云:"靖江之田赋与他县略异,他县赋有恒数,则田有恒额……靖江之赋,定于五万三千六百,而田有涨坝,时多时寡,不逾年而辄易,则科赋之轻重因焉……故他邑册称'铁板',靖册独称'鱼鳞'。鱼鳞者,参时势而先后次之,非一成不易之则也……"④又下节所引王祎记元均役之法,谓鱼鳞册亦名"流水册"。意即近于今日活叶(loose leaves)之装钉。

以上三说,本可并存不悖,故汇举之。

又考万历刊行《会典》"兵部"所载弘治十六年题准"次年该造格眼军册,除有见在编军鱼鳞、类姓等册查算外,果有册籍不存,开具户籍都图里分,申呈上司,取册查算"⑤,则是军册亦有鱼鳞之称也。

---

①《明书》卷六七《土田志》。
②清王原(深):《学庵类稿·明食货志·田制》。
③《太祖实录》卷一八〇,明徐学聚《国朝典汇》卷九一《田制》(万历刻本),明朱国祯辑《皇明大事记》卷八《学校》(崇祯刻本)。
④《天下郡国利病书》卷二四《江南一二》。
⑤《万历会典》卷一五五《军政二》。

四　鱼鳞图册之来源

考宋朱熹绍熙元年（1190）《晓示经界差甲头榜（漳州）》已有："打量纽算，置立土封，桩标界至，分方造帐，画鱼鳞图、砧（碪）基簿……"①等语。又《宋史》嘉定十年（1217）婺州举行经界。初，嘉定八年"赵恳夫知婺州，尝行经界，整有伦绪，……魏豹文代……为守，行之益力。于是向之上户析为贫下之户，实田隐为逃绝之田者，粲然可考，凡结甲册，户产簿、丁口簿、鱼鳞图、类姓簿，二十三万九千有奇，创库匮以藏之，历三年而后上其事于朝"②。可见鱼鳞册在南宋已甚通行。

王祎记元至正十年（1350）肃政廉访使董守悫均役之法云："……其以田之图相次，而疏其号名、亩税粮之数与得业之人于下者，曰'流水'，亦曰'鱼鳞'……"③清袁栋《书隐丛说》亦载，元至正二年，知州刘辉核正余姚田亩，"画田之形，计其多寡，以定其赋，谓之流水不越之簿；又画图，谓之鱼鳞牙次之图；其各都田亩，则又有所谓兜簿者焉；至于分其等第，以备差科，则又有所谓鼠尾册者焉。计其凡六千二百五十余帙，纲举毕张，如指之掌……"④皆可见元时亦有所谓鱼鳞图册。

①《古今图书集成·经济汇编·食货典》卷六一《田制部·艺文二六》；《朱文公文集》卷一〇〇。

②《宋史》卷一七三《食货上·农田》。

③《天下郡国利病书》卷八七《浙江五·金华县》，万历《金华府志》卷六《田土》（宫内）。

④《危素学士文集》卷二《余姚州核田记》；袁栋：《书隐丛说》卷一八（乾隆刻本）。

五　明代攒造鱼鳞图册之经过

《太祖实录》洪武二十年二月戊子载:"浙江布政使司及直隶苏州等府县进鱼鳞图册。先是,上命户部核实天下田土,而两浙富民畏避徭役,往往以田产诡托亲邻佃仆(愚按:明初均工夫役法,计田出夫。其后役法亦以人丁事产为轻重之等差;故富户以田产零星附于亲邻佃仆之户,以图避去重差。详拙著《明代田赋史考略》第一部第十章"役法中"),谓之铁脚诡寄(愚按:亦简称"铁脚诡",见沈文《初政记》。"铁"亦作"贴",见朱国祯《皇明大事记》卷八《学校》,亦作"铁",《会典》卷一七及《钦定续文献通考》。"诡"亦作"鬼",见《天下郡国利病书》[①])。久之相习成风,乡里欺州县,州县欺府,奸弊百出,名为通天诡寄(或简称通天诡),而富者愈富,贫者愈贫。上闻之,遣国子生武淳等往各处,随其税粮多寡,定为几区(愚按:明谭希思《明大政纂要》卷八〔浙江巡抚采进本〕作:"定为九区","九"想系"几"之误),每区设粮长四人,使集里甲耆民,躬履田亩以量度之,图其田之方圆,次书其字号,悉书主名,及田之丈尺四至,编汇为册,其法甚备,以图所绘,状若鱼鳞然,故号'鱼鳞图册'。"[②]

然后出之史籍,于年代上之记载,辄有出入,今试辨别之:

一、洪武二年说　吴侃《在是集》云:"洪武二年(1369)遣国子生

---

① 编者按:梁先生按语或有误。经查,朱国祯书中作"铁脚诡寄",《大明会典》卷一七有"洒派诡寄"、"诡寄"。"亦作铁"疑衍出。

② 《太祖实录》卷一八〇。

武淳等集区中耆民履亩丈量,书主名及四至,次汇为册,名鱼鳞册。"① 又柴绍炳《考古类编》亦载:"于是又令所在履亩丈量 (洪武二年),图其田之方圆、曲直、美恶、宽狭若丈尺,书主名及田四至,如鱼鳞相比次,汇为册,谓之鱼鳞册。"② 由上引两条,虽未能遽即断定鱼鳞图册即于同年完成,然至少亦得鱼鳞册之攒造,实昉自是年之丈量,又《国朝典汇》关于鱼鳞册之纪事一条,亦是列在洪武元年之后,六年之前③。则二年之说,似非毫无所据。

二、十三年说　沈文《圣君初政记》载:"先是,洪武十三年户部核实天下土田,惟两浙富民畏避徭役,往往以田产诡托亲邻田仆,谓之贴脚诡,久之相沿成风,奸弊百出,谓之通天诡。上闻之,遣国子生武淳等往各处查定细底,编汇为册,其法甚备,谓之鱼鳞图册。"④ 是则以武淳等之往各处丈量,是在洪武十三年,而鱼鳞册之攒造亦由是始也。

三、二十年说　《正德会典》载:"洪武二十年令本部核实天下土地,其两浙等处富民多畏避徭役,诡寄田产。遣监生往丈量画图编号,悉书主名,为鱼鳞图册,以备查考。"⑤ 又嘉靖九年 (1530),户部题核大学士桂萼清图议内有:"洪武二十年核实天下地土,其两浙等地富民,多畏避

① 明吴侃:《在是集》二之七,页 8 下 (崇祯辛巳〔十四年〕刻)。
② 柴绍炳:《省轩考古类编》卷九《赋役考》(按是书成于崇祯季年,见序文)。
③ 徐学聚:《国朝典汇》卷九〇云:"国初两浙富民畏避徭役,……奸弊百出,谓之通天诡寄。上素知其弊,及即位,乃遣国子生武淳等往各处,集里甲耆民,躬履田亩以度量之,图其田之方圆,次其字号,书其主名,及田丈尺四至,类编为册,以所绘若鱼鳞然,故号鱼鳞图册。"
④ 载《神乘 (中)》(四库本子部),又见《古今图书集成》之《经济汇编·食货典》卷一二九《赋役部·汇考》一九之五,《广百川学海甲集》(《说郛续》卷五)。
⑤ 《会典》卷一九《户部四·州县二·田土事例》页 19 (弘治十年徐溥等奉敕撰,正德四年李东阳等重校。四库本)。按此条万历本《会典》已删去。

差役,诡寄田产。遣监生往丈量之,画图编号,悉书名为鱼鳞图册,以备查考"①等语,似亦系引《会典》。但均可见洪武二十年间曾令户部核实天下田土。然《明史稿》及《明史》谓武淳等之丈量亦在洪武二十年。疑为误录《实录》,以先是命户部核实土之令与二十年之令混为一谈也②。

论断　遣国子生武淳等分赴各州县履亩丈量一条,除见上引《实录》原文外,以前历年《太祖实录》均未有载。意者《太祖实录》经三四次之修改③,而致有所删漏,亦未可知。但其不在洪武二十年,则似无疑义。因但就《实录》原文观之,亦知派遣武淳等丈量之举,决非同年之事,盖势不能以一月余之工夫而丈量及制册以进也(按鱼鳞图册成于是

---

① 明章潢:《图书编》卷九〇,页30(四库本),又参看《天下郡国利病书》卷二五《江南一三·镇江府志·均田法》)。

② 按《明史稿》志五九载:"洪武二十年命户部核实天下土田,而两浙富民,畏避徭役……奸诡百出,谓之通天诡寄。帝闻之,命国子生武淳等分行州县,……量度田亩,……为册,……曰鱼鳞图册。"除首句二十年与《实录》先是之说有出入外,以下文字,几乎完全相同。而《明史》卷七七更因谓"洪武二十年命国子生武淳等分行州县……量度田亩,……为册,……曰鱼鳞图册"云云,显又是沿《明史稿》之误。又王圻《续文献通考》原载:"洪武二十年丁卯冬十二月鱼鳞册成。初太祖既定天下,遂核实天下土田,造成册籍,既而两浙及苏州等府富民畏避差役,……奸弊百出,名为通天诡寄……太祖廉知之,遂召国子生武淳等往各处……躬履田亩以量之……为册,号曰鱼鳞册。"是明谓即位以后不久又召武淳等往各处丈量也。然《钦定续文献通考》卷二竟载:"洪武二十年十二月鱼鳞册成。帝既定天下,核实天下土田,而两浙富民畏避徭役,……谓之贴脚诡寄。是年命国子生武淳等分行州县……量度田亩,……"云云,是又沿《明史》之误耳。

③ 按《太祖实录》二五七卷,建文元年董伦等修,永乐元年解缙等重修,九年湖广等复修。万历时允科臣杨天民请附建文二三四年事迹于后(《明史》卷九七志第七三《艺文》),是最少亦经过三次之修改。又《明史》载:"叶惠仲以知县征修太祖实录,永乐元年坐直书靖难事族诛。"(《明史》卷一四三《程通传》)则当时忌讳之深可知。而小事之脱略不复载者,亦自意中事也。

年二月）。故愚以为武淳等之派遣，苟不在洪武二年，即在洪武十三年。然以洪武二年为多。盖二年之说，除见于《在是集》及《考古类编》以外，《国朝典汇》所载，亦明谓及即位乃遣武淳等云云①。除作据当时《实录》纂成，当亦比较可靠。故二年之说，或亦较得真相；非若十三年一说之只见于沈文《初政记》而已。

然《初政记》十三年户部核实天下土田一语，则似甚合情理。因十四年春正月太祖诏天下府州县编赋役黄册②，则十三年早一岁之预备工作，似为必需。又遣国子生往各处查定细底，似亦无甚可疑，盖明初制以监生供丈量之差也③。但若二年之说果真，则此时恐已无武淳其人在内，盖淳此时决不至仍为太学生耳④。

至如二十年户部核实天下土地之说，似亦为事实。如《明史·吕震传》："洪武十九年以乡举入太学，时命太学生出稽郡邑壤地，以均贡赋，震承檄之两浙。"⑤可见十九年际又遣太学生出稽各郡县田土。故翌年仍继续其事，甚有可能。特别如《明史》等所谓仍遣武淳等，则恐为辗转传抄之误耳。

再以各国办理土地调查之经验证之。日本之土地台账，前后凡十

----

① 又余继登《典故纪闻》（万历刻本）卷四亦谓："及即位乃遣国子生往各处……履田亩以量度……"虽未明言有武淳其人，但即位后不久召国子生分赴各处丈量则可知。余书亦根据《实录》而成，此条列在洪武二十年项下。

②《太祖实录》卷一三五。

③ 明朱健：《古今治平略》（崇祯刊）卷一《国朝田赋》："国初以监生供丈量之差，履亩画图，有差错则罪之。"又参看章潢《图书编》"均田论"。愚按《明史》卷一五〇《古朴传》："洪武中以太学生清理郡县田赋图籍"，则是至少在洪武中年仍行此也。又参看下引《吕震传》。

④ 吾友明史专家吴晗兄为予言，明初国子生迁拔甚易，甚至有由国子生直接授尚书或侍郎者云。

⑤《明史》卷一五一，列传第三九。

一年始编成；朝鲜约八年余；至其他各国，亦大都经过十余年不等；法国所编定之土地登记册（Cadastre），且以六十年（1793—1852）而始成功①。虽明代土地之调查，决不如近代各国调查之精密，然当时测量技术之窳陋，与各地交通之不便，则举行一次调查，似亦非短时间内所可蒇事。故愚以为二年遣国子生丈量之举，实为鱼鳞册攒造之开始（或早于此时亦未可知，参考下节），其后十三年以至二十年间之丈量事，似亦有之。至两浙及苏州等府县之鱼鳞册之完成，则在廿年二月。

又《续文献通考》②及《皇明泳化类编》③均载："洪武二十年冬十二月鱼鳞册成。"今以《实录》考之，知十二月应作二月。

六　杂论

以上论断，均仅就《实录》与各书而考证其异同。然鱼鳞册之攒造，似更在洪武二年以前。按《明史·周祯传》："端复初……元末为小吏，常遇春镇金华，召致幕下，未几辞去。太祖知其名，召为徽州府经历。令民自实田，汇为图籍，积弊尽刷。"④考太祖于元至正十七年（1357）七月克徽州，十八年十二月克婺州⑤。《常遇春传》："十八年……从取婺州，转同金枢密院事，守婺。"⑥则复初之为徽州经历，当在十九年

①参看王先强：《中国地价税问题》，页206（民国廿年七月初版）。

②《古今图书集成》之《经济汇编·食货典》卷一二九《赋役部·汇考》一九所引。

③明邓球著：《皇明泳化类编》（隆庆戊辰二年刻本）卷八六《赋役》。

④《明史》卷一三八，乾隆《江南通志》卷一三九《人物志·宦绩·江宁府》作"端木复初"。

⑤《明史》卷一《太祖本纪》。

⑥《明史》卷一二五《列传》。

际。此可见洪武纪元前七八年，徽州已有田土图籍矣。又洪武元年正月甲申诏遣周铸等一百六十四人往浙西核实田亩[1]，似亦与鱼鳞册之编制有关。故倘若二年派国子生武淳等往各处丈量为果有之事，则又可由此推出元年之丈量成绩或不甚佳，或则尚未竟全功，故又有第二次派出之必要（按：周铸与武淳之奉诏，各书皆分条记载，周前武后，似非一事）。

又按《明史·陈修传》："天下朝正官各造事迹文册，图画土地人民以进，……自昆山余熂始。"[2]考熂洪武十七年正月晋吏部尚书，十八年四月罪诛[3]。是则田土图册（即鱼鳞图册也）之渐蔚为划一之制度，似在十七八年间已开其端，特至二十年而浙江及直隶等府县之图册始告完成，进呈户部，为一统之模范耳。

钱薇《均赋书与郡伯》中有云："国初……奏置里甲自开公济始……议编轮徭，自崔庄敏公（按即崔铣）始，……周文襄（按即周忱）巡抚东南……巡视阡陌，立丘段，造为鱼鳞图册。……"[4]又《复邑令田赋书》亦云："我国开国之初，委任尚书开济设立十甲以括户，太祖又督监生等沿丘履亩，以区别田地，其后周文襄公造为鱼鳞册，以备稽考，一代田赋，诚无遗算。……"[5]自行文之语气观之，似有以周忱为鱼鳞图册之创定者之意，然自《实录》考之，知洪武二十年顷浙江苏州等府县之鱼鳞图册，确已造成。意者周文襄公巡抚江南时[6]，对于昔日之鱼鳞图

①《太祖实录》卷二九。
②《明史》卷一三八《陈修传》。
③《明史》卷一一一《七卿年表》。
④明钱薇：《海石先生文集》（原名《承启堂稿》，万历癸丑四十一年梓行）卷一三。按薇生于弘治十五年，终嘉靖三十三年，见家传。
⑤同上。
⑥按周忱巡抚江南在宣德五年（1430），见《钦定续文献通考》卷二。

册,又加以一番整顿,故钱薇云然耳。

又自前第四节观之,宋代嘉定间之有鱼鳞册者为婺州(按即浙江之金华县),元代至正间之有鱼鳞册者亦在婺州及余姚。至明代之鱼鳞册又始成于两浙,此亦可注意者也。

附记:本篇材料之搜获,与见解之形成,多得助于吾友吴晗兄。谨书此以致谢意!

一九三三年七月廿五日于北平清华大学

(原载《地政月刊》第1卷第8期,1933.8)

明代的户帖

一

户帖的名称,唐宋以来便有。它是一种户口产业登记,其功用,一方面为查核户口,另一方面是编审赋役。《唐会要》卷八四《租税下》载:

> (文宗) 太和四年 (公元830) 五月敕:剑南西川宣抚使谏议大夫崔戎奏:准诏旨制置西川事条,今与郭钊商量两税钱数内,……旧有税姜芋之类,每亩至七八百 (文),征敛不时,今并省税名,尽依诸处为四限等第,先给户帖,余一切名目敕停。敕旨:宜依。[①]

宋太祖初定天下,即令诸州置造户帖,且列为州县交代事宜之一。建隆四年 (963) 十月诏曰:

> 如闻向来州县催科,都无帐历。自今诸州委本州判官、录事、参军,点检逐县,如官元无版籍,及百姓无户帖、户抄处,便仰置造,

①亦见《旧唐书》卷四八《食货上》。

即不得烦扰人户。令佐得替日,交割批历;参选日,铨曹点检。①

可见存于官厅的为册籍,颁于人民者是户帖及户抄,此制明代亦然,详后。及神宗患田赋不均,熙宁五年(1072)重修定"方田法"。诏以东、西、南、北各千步,面积当四十一顷六十六亩一百六十步,为一方。每年九月县委令佐分地计量,随陂原平泽而定其地,因赤淤黑垆而辨其色,方量毕,以地及色参定肥瘠而分五等,以定税则。至明年三月毕,揭以示民,如一季内无讼议发生,即书户帖连庄帐付之,以为地契及均税之法则。当时有方帐,有庄帐,有甲帖,有户帖。人民分烟析产,典卖割移,官给契,县置簿,皆以当时所方之田为据②。熙宁七年四月四日诏:

> 方田每方差"大甲头"二人,以本方上户充;"小甲头"三人,同集"方户",今(应为"令"字之误)各认步亩。方田官躬验逐等地色,更勒甲头、方户同定,写成草帐。于逐段长阔步数下,各计定顷亩,官自募人覆算。更别造方帐,限四十日毕。先点印讫,晓示方户,各具书算人写造草帐,庄帐候给。户帖连庄帐付逐户以为地符。③

方田法,原定先自京东路行之,诸路继仿。其后岁稔农隙乃行,而县之多山林者,或行或否。元丰五年(1082),神宗知官吏扰民,诏罢之。徽宗崇宁三年(1104)宰臣蔡京等请复行方田,言:

> 神宗讲究方田利害,作法而推行之:方为之帐,而步亩高下丈

---

① 《宋会要稿》第127册,《食货十一之十·版籍》。
② 《宋史》卷一七四《食货志上二·方田》,马端临:《文献通考》卷四《田赋考四》;《宋史》卷一五本纪一五《神宗二》:"熙宁五年八月甲辰,颁方田均税法。"
③ 《宋会要》第122册,《食货四之二·方田》。

尺不可隐；户给之帖，而升合尺寸无所遗。以卖买则民不能容其巧，以推收则吏不能措其奸。今文籍具在，可举而行。[①]

诏从之，推行自京西、北两路始。其后方田法虽罢不举行，然户帖与它的关系由上可见。高宗绍兴五年（1135）十一月，以军费调度不足，诏诸路州县出卖户帖，令民开具田宅之数，依值纳费[②]。绍兴十六年六月十日，权知郴州黄武言人户典卖推税事，诏令户部立法。

> 户部今（令?）修下条：诸典卖田宅，应推收税租，乡书手于人户契书户帖及税租簿内，并亲书推收租税数目，并乡书手姓名。税租簿以朱书，令佐书押。又诸典卖田宅，应推收税租，乡书手不于人户契书户帖及税租簿内亲书推收税租数目、姓名、书押令佐者，杖一百。许人告。又，诸色人告获典卖田宅应推收税租，乡书手不于人户契书户帖及税租簿内亲书推收税租数目、姓名、书押令佐者，赏钱一千贯。从之。[③]

即凡人民典卖田宅，乡书手必须于该户的契书、户帖，及以朱色书写并经令佐书押的税租簿内，亲写应推收关系的密切，由此亦可想象得到了。

宋濂《跋傅氏户券后》云：

> 右户券二番，姑苏傅君著（字则明）所藏。装褫成卷，请予题其后。予颇记元太宗以岁甲午（宋理宗端平元年，公元1234）正月

---

① 《宋史》卷一九本纪一九《徽宗一》："（崇宁三年七月）辛卯，行方田法。"《宋史》卷四七二列传二三一《奸臣二·蔡京》："推方田于天下。"

② 《宋史》卷一七四《食货志上二·赋税》；《宋史》卷二八本纪二八《高宗五》："（绍兴五年十一月）命州县卖户帖以助军费。"

③ 《宋会要》第127册，《食货一一之八》。

灭金,越十有九年壬子(宋理宗淳祐十二年,公元1252)而北籍方定。世祖以至元丙子(宋前幼帝德祐二年,公元1276)正月平宋,越十有五年庚寅(元世祖至元二十七年,公元1290)而南籍方定。开基创业之君,其甚不易也盖如此。是券之存,犹可见元初政令之概,不特著之能保守先世遗物而已也。……①

这里的户券似即名帖的别名,若然,则元代亦有户帖的设置了。

二

户帖的规制,到了明代才可详考。它的格式,今幸在晚明史籍中偶然仍保留着几份。转录如下,以资申论。

崇祯《嘉兴县志》卷九《食货志·户口》载:"洪武三年(公元1370)命户部籍天下户口,每户给以户帖,重民事也。"②于是户部制户籍,各书其户之乡贯、丁口、名岁,合籍与帖,以字号编为勘合,识以部印,籍藏于部,帖给于户,仍令有司点户比对。其法甚严,故版籍无一隐漏者。今里人杭州府儒学训导林春华家有先世户帖一纸,如式录后:

> 户部洪武三年十一月二十六日钦奉圣旨,说与户部官知道,如今天下太平了,也止是户口不明白俚,教中书省置天下户口的勘合文簿户帖,你每(们)户部家出榜去,教那有司官将他所管的应有百姓都教入官,附名字写着他家人口多少,写得真着,与那百姓一

---

① 《宋学士全集》卷一四,《宋文宪公全集》卷四六。
② 崇祯十年黄承昊重修《嘉兴县志》(日本宫内省图书寮藏)。

个户帖。上用半印勘合,都取勘来了。我这大军如今不出征了,都教去各州县里下着绕地里去点户比勘合。比着的,便是好百姓;比不着的,便拿来做军,比到其间有司官吏隐瞒了的,将那有司官吏处斩。百姓每(们)自躲避了的,依律要了罪过,拿来做军。钦此。除钦遵外,今给半印勘合户帖,付本户收执者。

　　一户林荣一,嘉兴府嘉兴县零宿乡二十三都宿字圩民户,计家五口:

　　　　男子二口

　　　　　　成丁一口,本身年三十九岁。

　　　　　　不成丁一口,男阿寿年五岁。

　　　　妇女三口

　　　　　　妻章一娘,年四十岁。女阿换,年十二岁。次女阿周,年八岁。

　　　　事产　屋一间一披。

　　　　　　田,自己民田地六亩三分五毫。

　　右户帖付民户林荣一收执准此　洪武四年　月　日方字壹百玖拾号(按此行字仅得左半边,“勘合”义从此出)

　　　　部(下画花押六处)

上开为《嘉兴县志》转载明初户帖的格式。

其次,秀水盛枫著《嘉禾征献录》卷二二《卜大同传》云:“卜大同,……本获嘉县人。元至正间,有(卜)官三者,赘嘉兴杨寿六家。”其下小注云:

　　附洪武颁给户帖一道:洪武三年十一月二十六日钦奉圣旨,说与户部官知道,……(文同前),除钦遵外,今给半印勘合户帖,付本户收执者:一户杨寿六,嘉兴府嘉兴县思贤乡三十三都上保必暑字圩,匠籍。计家八口,男子四口,成丁二口:本身年六十岁。女夫卜官三,年三十一岁。不成丁二口:生男男阿寿,年六岁。生男男阿孙,年三岁。妇女四口:妻母黄二娘,年七十五岁。妻唐二娘,年五十岁。女杨一娘,年二十二岁。生男女孙奴,年二岁。事产:屋二间二舍,船一只,田地自己一十五亩一分五厘六毛。右户帖付杨寿六收执,准此。洪武四年　　月　　日。杭字八百号①

以上两个都是南方的户帖。

今从明末谈迁著《枣林杂俎》卷上《逸典》"户帖式"一条内,又可见北方户帖的格式:

> 洪武三年十一月辛亥(按即二十六日),给民户帖,以户帖半印勘合,令有司各户比对。不合者遣戍,隐匿者斩。男女田宅牛畜备载。以后,户部尚书邓德,左侍郎程进诚,侍郎某,郎中某,员外郎某,主事某,各押名。又本州县正从官、知印吏亦押名。(户)部官押名,俱刻;本州县押名,细书。帖不满二尺。偶阅《密县志》,具户帖式于左:
>
> > 一户傅本七口,开封府钧州密县民,洪武三年入籍(原系包信县人民)。男子三口:成丁二口(本身五十岁,男丑儿二十岁);不成丁一口(次男小棒槌一岁)。妇女四口:大二口(妻四十二岁,男妇二十三岁);小二口(女荆双十三岁,次女

---

① 《檇李丛书》第二集内。又据明末许元溥撰《吴乘窃笔》(《指海》第八集)"洪武安民帖"条云:"余族多世居平江之汲水桥,国初尤盛。至今犹家藏一帖,上有玺一颗,又半颗。文曰:'户部,洪武三年十一月二十六日钦奉圣旨(文见前不录)。'按读此知高皇不徒用法之严,安民至意,何等明白晓畅,视《盘庚》之诘屈聱牙,岂可同日语哉!"

昭德九岁）。事产:(瓦屋三间,南北山地二顷)。右户帖付傅本收执,准此。[①]

由上可知南北的户帖,大体上都是一样的。帖内先开圣旨,继列户主的姓名、籍贯、乡都保圩(如《嘉兴县志》及《征献录》所载),及所隶户籍,——按明代户籍分为民、军、匠、灶等,《嘉兴县志》及《杂俎》所载属民户,《征献录》所载属匠户。次列男子成丁、未成丁口数,及其姓名年龄;与妇女大小口数及姓名年龄。最后开载家内财产的数目,田地房屋等不动产外,如船只(见《征献录》)、牛畜(《杂俎》所记,然该书所揭户帖内无之)等不动产亦一一开列。事产一项应分为旧管、新收、开除、实在四款——即所谓四柱式。上揭各户帖无之,想因为它们都是最初的户帖的缘故。

《嘉兴县志》及《征献录》在户帖之首均载有圣旨,《杂俎》无之,想系转录时削去。由圣旨内可知户帖的格式是由中书省户部制定。户部里置有户帖及户籍两事。两者合编同一的号码,于两联的骑缝处加盖户印,帖籍各得印的半面,故曰“半印勘合”。户帖亦名户口勘合帖,见后引王鏊跋文。户籍留存部内,户帖分别擎给各户收执。帖上盖有户部关防之一半。帖的后端,参《嘉兴县志》及《杂俎》所载,列有户部尚书、侍郎以次官员的押名,皆为刻好了的字体。本州县正、从官吏亦押名,皆细写。帖长,据《杂俎》所记,不及二尺。

从圣旨推测,当时户帖似由户部制好,颁发各地有司分给人户填写。——地方官或据户部颁式翻印,然后分发,亦未可知。此与后来由

---

① 张氏《适园丛书》本。

州县颁发不再送呈户部铃盖的办法不同①。又，当时朝廷令不出征的军士分赴各州县清查比对户帖所填确实与否。官吏隐瞒，百姓躲避的，均依律问罪，因为开国初年，一切制度均待中央积极的推动。且版图甫定，疆域较隘，故由中央总办尚易。

在户帖内我们可以注意的有好几桩事项：一、人口的移动，如入赘浙江嘉兴县杨寿六家的卜官三，原为河南卫辉府获嘉县人；入籍开封府钧州密县的傅本，原系河南汝宁府光州息县包信镇（《杂俎》原作包信县，疑误）人。二、土地财产的分配，如林荣一一家五口，仅得田六亩余；杨寿六一家八口，仅得田一十五亩余。其余如家庭组织的构成，年龄职业的分配等项，亦均可由户帖中得出，但可惜现存张数太少，不能作较大规模的分析罢了。《杂俎》所载洪武三年户部尚书邓德，亦足补《明史七卿年表》之阙，因年表起自洪武十三年，其前并无记载。

三

户帖的创置，据《明实录》：

　　（洪武三年十一月辛亥）核民数，给以户帖。先是，上谕中书省臣曰：民，国之本，古者司民，岁终献民数于王，王拜受而藏诸天府，

───────────

①明万文彩辑《后湖志》卷五"奏准给发各户帖文（弘治四年，1491）"载："……造（黄）册完日，州县各计人户若干，填写帖文各一纸，后开年月，并填委官里书人役姓名，用印铃盖，申达司府知会，给发各户亲领执照，使知本户旧管、新收、开除、实在丁粮各若干，凭此纳粮当差，下次造册，各户抄誊似本，开报州县，以为凭据。"（亦见《万历会典》卷二〇《户部七·户口二·黄册》）这是造黄册完后，始给户帖，与明初根据户帖以造册不同。注意，文中只言户帖由州县申达府及布政使司，并无进呈户部的字样。

是民数有国之重事也。今天下已定,而民数未核实,其命户部籍天下户口,每户给以户帖。于是,户部制户籍户帖,各书其户之乡贯、丁口、名岁,合籍与帖,以字号编为勘合,识以部印,籍藏于部,帖给之民。仍令有司岁计其户口之登耗,类为籍册以进,著为令。①

又《会典》载:

洪武三年,诏本部籍天下户口,及置户帖,各书户之乡贯、丁口、名岁,以字号编为勘合,用半印钤记。籍藏于部,帖给于民。令有司点闸比对,有不合者,发充军;官吏隐瞒者,处斩。②

《国朝典汇》亦载:

洪武三年,诏户部籍天下户口,置户帖。……

但又载:

洪武四年,诏核民数,给以户帖。③

综上各条观之,户帖奉诏设置,在洪武三年冬月,毫无疑问;但其颁发于民,则在洪武四年。证以上引各户帖原式,帖首钦奉圣旨,记在洪武三年,帖尾则书洪武四年,亦可恍然悟了。

户帖之行,先从宁国府开始,创制者为知府陈灌,《明史》卷二八一列传一六九《循吏·陈灌》:

---

① 《太祖实录》卷五八(国立北平图书馆藏)。
② 《正德会典》卷二〇《户部五·户口一·丁口·事列》。或《万历会典》卷一九《户部六·户口一·户口总数》。
③ 明徐学聚:《国朝典汇》卷八九。

除宁国知府,时天下初定,……灌建学舍,延师,选俊秀子弟
受业。访问疾苦,禁豪右兼并,创户帖以便稽民,帝取为式,颁行天
下。……洪武四年,召入京,病卒。①

户帖的功用,不但是户籍的根据,而且也是征收赋役的根据。在上
揭各户帖中,我们明明看见有产业(当时名曰事产)一项的记录,便是
为征税的目的而设。《宜兴县志》云:

国初每户各给户帖,备开籍贯、丁口、产业于上。②

这种说法是对的。至如《实录》、《会典》和《国朝典汇》诸书所载
“各书户之乡贯、丁口、名岁”云,显然将产业一项遗漏去了。

户帖颁给人民以后,便成为身份证明书。如洪武十三年间因以前
发出的大明宝钞已多折烂,许令人民以旧易新(名曰倒钞),但倒换之乡
民商人须将户帖及路引呈验。《万历会典》云:

洪武十三年,令在京在外各置行用库。凡军民倒钞,令军分
卫所,民分坊厢,轮日收换。乡民商旅则以户帖路引为验。其钞务
(足)贯伯昏烂,方许入库易换,量收工墨价直。③

康熙《无锡县志》卷二七《户口》云:

明朝旧制,人生十六岁则成丁出幼,编名黄册,入籍当差,而有
人丁徭里之征。其册十年一造,临期每户各给官帖,备开籍贯、丁

---

① 《枣林杂俎》引《宁国府志》云:“知府庐陵(人)陈灌,作户帖以定版籍,民甚德之,后以其
　法诏行天下。”
② 《天下郡国利病书》卷二四《江南一二·宜兴县志》。
③ 《万历会典》卷三一《库藏二·钞法》,《太祖实录》卷一三一。

产。有司躬亲审图,皆据户帖见额添减开除。……

则户帖亦名官帖。

洪武十四年(1381)正月,全国户籍制度已确定建树起来,这即所谓黄册[①]。黄册与户帖的关系,前者是十年一造,后者每年由地方有司核实更改,以求切近实际。前者是由后者类编而成。由于后来户帖之逐渐失实,以至废弃不用,黄册亦变成具文,这是明代户籍制度败坏的经过。《武进县志》载攒造黄册规则云:

> 其法各给户帖,备开籍贯丁产。有司岁加稽察。十年一造(黄册)。造必审图,皆据户帖现额添减开除。自后给帖废而稽察莫加,遂多失实矣。[②]

又万历《福宁州志》卷七《食货志·户口》亦云:

> 国朝洪武二十四年,户给一帖,以书丁产,岁核于有司,十岁而登之黄册。然郡邑大夫数岁一更,若过宾之于传舍,不甚急也,而户帖遂废。[③]

据说户帖的废止和失实,由于地方官更动频繁所致。《宣宗实录》载:

> 宣德五年(1430)八月乙未,兼掌行在户部事兵部尚书张本言:"天下人民,国初俱入版籍,给以户帖,父子相承,徭税以定。近年各处间有灾伤,人民乏食,官司不能抚恤,多至流徙。朝廷累免差徭,谕令复业,而顽民不遵者多。官吏里甲或徇私情,或受贿赂,

---

①《太祖实录》卷一三五,参拙著《明代的黄册》(《中央日报》1936.8.6)。
②万历《武进县志》卷三《钱谷一》。
③原注:"引隆庆志。"按《天下郡国利病书》卷九二《福建二·福宁州·户口》亦录此条。

为之隐蔽。请严禁令，禁限回还。①

似可见户帖之制已趋紊乱。正德间吴县人王鏊《跋邢丽文家藏洪武三年定户口勘合帖》云：

> 尝窃伏读皇祖实录，见其芟刈群雄，经画海宇，莫非出自神谟，臣下仰成焉耳。今观户口勘合，亦其一事，百姓盖日用而不知也。桥山之弓，曲阜之履，刑氏独能存之，谨再拜而题其后。②

从"百姓盖日用而不知也"一语，似乎当时在吴县户帖仍然通行。又正德元年（1506）王鏊撰的《姑苏志》第14卷《户口》亦载明初每户各给户帖，但没有言及其废止事。

（原载《人文科学学报》第2卷第1期，1943.6）

---

①《宣宗实录》卷六九。
②《震泽先生集》卷三五《题跋》。

明代的预备仓

　　我国以农立国,素重仓庾之积,如汉的常平,隋的义仓,宋的社仓,皆为世人所称道。而明的预备仓,其规制尤善。惜行之未收实效,而不获与以前诸仓并称。

　　明初设仓庾储粟,以赡军赈民,南北两京及各布政司、府、州、县,各都司、卫、所,以至王府,莫不具备。其收贮有时,支给有数,注销有册,各有通例。两京、直隶行省之仓,百司官吏月俸取给于是;边境之仓,则收卫所屯田所入以给军。在州县则设预备仓贮谷,以备饥荒。预备仓之法甚详。凡民愿纳谷者,或赐奖为敕义民,免其徭役,或充吏,或给冠带散官。又令有司以官田地租税、契引钱及无碍官银,籴谷收贮,万历间多取于罪犯抵赎。又以所贮米谷多少为官吏考绩殿最。择要说明如后:

　　洪武元年 (1368) 太祖命户部尚书杨思义令天下立预备仓[①]。凡每州县于四境设立预备仓东、西、南、北四所,用官钞籴谷,储贮其中。又于近仓之处,佥点年高笃实民人或大户看守,以备荒年赈贷。官籍其数,敛散皆有定规。当时天下州县多所储蓄。自洪武以后,渐以废弛。

――――――――――

① 《明史稿》列传二一,本传。

永乐元年（1403）三月，直隶、北京、山东、河南饥，编修杨溥上疏言（《皇明名臣经济录》〔宫内〕十二《内阁·杨溥·预备仓奏》），已说到"南方官仓储谷，十处九空，甚至仓亦无存"（见下）。至宣德七年（1432）六月巡按湖广御史朱鉴又说："洪武间府州县四乡皆置仓谷，多者万余石，少者四五千石。仓设老人监之，富民守之，遇水旱，以贷贫民，今皆废毁。宜遵旧制，俾旱涝有资。""（宣宗）从之，乃诏修天下州县仓。"①自后预备仓时有兴废，不具述。

关于修复仓储的办法，即为规定各州县预备仓必应存贮的数量，乃以此为州县官考成的标准。正统四年（1439）大学士杨士奇上言：

> 太祖笃意养民，备荒有制。天下郡县，悉出官钞籴谷贮仓，以时敛散。历久弊滋，豪猾侵渔，谷尽仓毁。风宪官不时举正，守令漫不究心。事虽若缓，所系甚切。请择遣官廉干者往督有司，凡丰稔，州县各出库银平籴，储以备荒，具实奏闻。州县官以此举废为殿最。风宪巡检各务稽考，有欺蔽怠废者，具奏罚之。②

正统六年河南、山西巡抚于谦上疏，主张州县官积谷不及拟定分数者，不准离任：

> 今河南、山西积谷各数百万计。臣欲于每岁三月，令府州县申报缺食下户，随分支给，先菽秫，次黍麦，次稻，俟秋成偿官，而免其老疾及贫不能偿者。府州县吏秩满当迁，若预备粮储未足，不听离任。仍令风宪官以时稽察。③

---

①《通鉴纲目三编》卷六。
②《明通纪》。
③《明史稿》列传四九，本传。

限定积谷之数,至弘治间始可考。弘治三年(1490)三月定州县每十里以下务要积粮一万五千石;军卫每一千户所积粮一万五千石;每一百户所三百石。每三年一次查盘。有司少三分者罚俸半年,少五分者罚俸一年,六分以上者九年考满降用。军卫不及三百之数者,一体住俸。但这个规定,事实上恐怕没有施行了多久。故如嘉靖初谕德顾鼎臣言:"成(化)弘(治)之时,每年以存留余米入预备仓,缓急有备。今秋粮仅足兑运,预备仓颗粒无存,一遇灾伤,辄奏留他粮及劝富民捐赈,以应故事。乞亟查复预备仓粮。"嘉靖六年(1527)乃令抚按二司督责有司设法多积米谷,以备救荒,仍仿古人平籴常平之法,春间放赈贫民,秋成抵斗还官,不取其息。如现在米谷数少,将贮库官钱并问过赎罪折纸银两,趁秋成时,委贤能官一员籴买,比时估量添二三文,府以一万石,州以四五千石,县以二三千石为率。明立簿籍查考,岁荒减价籴与穷民,仍禁奸豪不许隐情捏名,多买罔利,事发重治。可见限额已大为低降。及两年以后,又欲恢复弘治三年的旧制,规定尤为详细。嘉靖八年奏准州县积粮之法,如下所示:

十里以下	积谷一万五千石(按与弘治同)
二十里以下	二万　　石
三十里以下	二万五千石
五十里以下	三万　　石
百里以下	五万　　石
二百里以下	七万　　石
三百里以下	九万　　石
四百里以下	一十一万石

续表

五百里以下	一十三万石
六百里以下	一十五万石
七百里以下	一十八万石
八百里以下	一十九万石

三年之内,务够一年之用。如数为称职;过数或倍增,听抚按奏升,不次升用。不及数者以十分为率:少三分者罚俸半年,少五分者罚俸一年,少六分以上者为不职,送部降用(按此亦与弘治同)。知府视所属州县积粮多寡以为劝征。其军卫三年之内,每一百户所各积谷三百,数外多积,百石以上者,军政等官俱给花红羊酒激劝,不及数者住俸。

　　这次规定,似更无法维持。《明史·食货志》说:"其后(指嘉靖六年以后),积谷尽平粜以济贫民,储积渐减。隆庆时,剧郡(府)无过六千石,小邑(县)止千石,久之数益减,科罚亦益轻。万历中,上州郡至三千石而止,而小邑或仅百石。有司沿为具文,屡下诏申饬,率以虚数欺罔而已。"据《会典》所载,万历五年(1577)议准行各抚按详查地方难易,酌定上、中、下三等为积谷等差:如上州县每岁以千石为准,多或至二三千石;下州县以数百石为准,少或至百石。务求官民两便,经久可行。自本年为始,著为定额。每年终,分别蓄积多寡为赏罚,其不及数者,查照近例,以十分为率:少三分者罚俸三个月,少五分者半年,六分者八个月,八分以上者一年,仍咨吏部劣处。全无者降俸二级,亦咨部停止行取推升,待有成效,抚按酌议题请复俸,若仍前怠玩,参究革职[①]。可见《食货志》"数益减,科罚亦益轻"之说为有据。

①万历刊《会典》卷二二《户部九·仓庾二·预备仓》。

仓储何以总是亏空呢？有种种原因：第一，所定标准太高，不易达到，以致有司视为具文。弘治及嘉靖间皆定每一州县十里以下积谷一万五千石，据潘潢《积谷议》：

> 查得先该户部奏行天下府州县官，各照里社积谷备荒，立格劝惩，不为不密。但如每一小县，十里之地，三年之间，不问贫富丰凶，概令积谷万五千石，限数既多，责效太速，以致中才剥削取盈，贪夫因缘为利，往往岁未及饥，民已坐毙，及遇凶荒，公私俱竭，为困愈甚……合无本部备行都察院转行各处御史申明宪纲，严督所属……该管官员，亦照所辖完坏多寡分数，定注贤否，一体旌别其人，分纸价赎罪赃罚银钱香钱引契鱼盐茶酒等税，不系解部者，悉如御史王重贤等所言，尽数籴谷入仓备灾，不许分外分毫科罚侵克。……①

又御批《通鉴辑览》意见亦同：

> 预备仓之设，固欲广为备蓄，以济凶荒，但良法善意，亦当措置有方，期于通行无阻。若必十里而积粟万石，则穷乡僻壤，何所取资？势必购籴绎骚，欲兴利而反以滋弊。况令州县军官皆以及数者为旌擢，则有司惟志在取盈，必至横征苛派，累及闾阎，尚何实惠之足言乎？

此论预备仓制度的得失，甚为中肯。

第二，因为经手人户侵盗私用，及豪猾冒借亏欠——后者为尤甚。正统五年（1440）严定借用未还及侵吞亏折之罪，至佥当房妻小发辽东

---

① 孙承泽：《春明梦余录》卷三六《户部二》。

边卫充军,然弊风不为少戢。天顺三年(1459)秋,建安老人贺炀上书论时事,言:

> 预备义仓本(以)赈贫民,乃豪猾多冒支不偿,致廪庾空虚。乞令出粟义民,各疏里内饥民,同有司散放。[1]

大户侵盗私用,以致谷储空虚,从永乐元年三月编修杨溥《请预备仓储疏》内所说可见:

> ……自洪武以后,有司杂务日繁,前项便民之事,率无暇及。该部虽有行移,亦皆视为具文。是以一遇水旱饥荒,民无所赖,官无所措,公私交窘。即如去冬今春,畿内郡县艰难可见。况闻今南方官仓储谷,十处九空,甚者谷既全无,仓亦无存,皆乡之土豪大户侵盗私用,却妄捏作死绝及逃亡人户,借用虚立簿籍,欺瞒官府。……[2]

可知预备仓之设,名虽为赈济贫民,但因散放仓粮时有司不行躬亲勘察,致使看仓里甲大户多生奸弊。又,里甲大户虑贫民无力偿还借谷,故真正待赈之鳏寡孤疾无所依倚饥民,反一概不报,贫民丝毫得不到实惠。如正统八年吏科给事中姚夔《陈时政八事》说:

> 预备仓本赈贫民,乃发廪时,里甲虑贫民不能偿,辄隐不报,致转贷富室,倍称还之,收获甫毕,遽至乏绝,是贫民遇凶年饥,丰年亦饥也。乞敕天下有司每岁再发廪,必躬勘察,先给最贫者,然后

---

[1]《明史稿》列传四五《黄泽传附》;《明史》卷一六四《张昭传附》。
[2]乾隆《御选明臣奏议》卷一;《皇明名臣经济录》(宫内)一二《内阁·杨溥·预备仓奏》。

及其余。①

成化三年大学士商辂《政务疏》中所说尤为详尽：

> 一广蓄积。臣窃照各处预备仓所储米谷，本以赈济饥民，每岁官司取勘口数，里老止将中等人户开报，其鳏寡废疾无所依倚著实饥民，一概不报，盖虑其无力还官，负累赔纳。故臣思宋时朱子社仓之法，丰年取息二分，中年取息一分，凶年无息，止收其本，数年之后，息米不可胜计，此诚良法也。今后各处预备仓，饥民关过米谷，不拘丰年中年，岁通取息一分，有系鳏寡废疾户内别无人丁无所依倚之人，俱照数关给，不必追征，将所收之息抵补其数，抵补之后或有余剩，自作正数入仓。如此非惟饥民得济，而数年之后，仓廪亦渐充实矣。访得各处提调正官，不行亲阅，展转委付，致使看仓大户人等多生奸弊。放支之际，或插和糠秕沙土等项，每米谷一石，止得五斗六斗者有之；及还官之时，或刁蹬留难，多收斛面，或高估价值，折收银物，名虽无息，其实加倍。今后乞令巡按分巡等官严督府州县正官，放收之际，务在亲行提调，痛革前弊，庶几官无虚费，民得实用矣。②

以预备仓粟赈贷灾贫民人，大约可分为两种方式：其一赈济方式，即不须归还的；其二借贷方式，即须要归还的，——后者又分有纳息与不纳息两种。洪武二十七年定灾伤去处放粮则例，大口六斗，小口三斗，五岁以下不与。此疑为救济方式，是不须归还的。至永乐二年定苏松等府水淹去处给米则例（即无偿者），每大口米一斗，六岁至十四岁六

---

① 《明史稿》列传五五，本传。
② 《御选明臣奏议》卷四。

升（按已较洪武时大减），五岁以下不与，每户有大口十口以上者止与一石。其不系全灾，内有缺食者，原定借米则例（即须偿还者），一口借米一斗，二口至五口二斗，六口至八口三斗，九口至十口以上者四斗，候秋成抵斗还官[①]，所谓抵斗还官，即为无利借贷。然亦有有利息的借贷，如正统七年令福建布政司凡预备仓粮给借饥民，每米一石，候有收之年，折纳稻谷二石五斗还官。按正德二年议准各司州县卫所问刑衙门凡有例纳该米者，每石折谷一石五斗，收贮各预备仓[②]。倘按上折合率计算，则是借米一石，便纳谷息一石了。而商辂之言"名虽无息，其实加倍"，当是实情。至嘉靖六年又令春间放赈，秋成抵斗还官，不取其息（见前）。但未知究竟实行情形如何？

附录：

《兰溪县新迁预备仓记》：洪惟我太祖皇帝……命所司出官钞以易谷，而储之乡社以备凶荒，以恤艰厄，谓之预备仓……于时兰溪始有东西南北四乡之仓，视岁丰歉而敛散之，民是以不饥。列圣相承，建其有极，敛福锡民，太平无事，年谷屡登。长民者懒于其职，监视弗虔，所储蓄者积而不散，往往干没于豪猾之手，而仓随以坏矣。宣正以来，岁或不收，而生灵嗷嗷，无所仰给，朝廷始用大臣之议，令天下郡县劝募富人入粟于官，以为荒备。其输粟至千石者，赐以玺书，旌为义民。时无锡薛侯理常，乃作大仓于县城之南数里仓岭之下，储谷以数万计，又谓之义民仓，民固有获其利者。夫何历时滋久，奸弊百出，而仓非曩时之旧矣。弘治壬子之春，昆山王侯倬，以才进士两宰剧县，皆著能声……下

---

①《万历会典》卷一七《户部四·灾伤》。
②参看《万历会典》卷二二。

车之初,岁适大祲,民穷无告,亟发廪以赈贷之,而视其仓屋,皆坏漏弗支,所储之谷,失亡大半,而在庾者又皆陈腐不可食矣。侯为之太息流涕,访诸父老,咸谓是仓地处幽僻,四无民居,监临以政务纷冗,弗遑时至,而主守之人,又皆一二十年弗与更代,久而易懈,至有死亡逃散而莫之守者,其势易为侵盗。又在大河之滨,盗者不劳负担,夜舟满载而之四方者,不知其几。加以水滨卑湿,阴润所蒸,在仓而腐者亦有之矣。仓储亏耗,职此之由,而守仓人役以亏耗责偿而破荡其家者甚众,则是仓虽曰惠民,而适以为民害也。……守仓之役,前此多以乡民,则往来守视,非其所便,今而易以市人,则朝夕不离乎是仓矣。先以久无更代,则亏耗数多,而难于责偿,今而定为岁一交盘之法,则无久役,而民不困矣。仓虽既成,人犹惧其储蓄之弗广,侯以是岁当重造版籍,推割产税,而受田之家皆物力富强者也。随其所收多寡,计亩而劝之,得白金二千七百余两,易谷万有千石,自足当前亏损之数,而仓储不虚,非复向之名存实亡者矣。……[①]

（原载天津《益世报》1937年3月21日,"史学"第50期）

---

① 章懋:《枫山集》卷四。

易知由单的起源

　　田赋易知由单就是催粮的通知单。单内印好了应缴纳的款项,及输纳的期限各栏(多数还载有田地的科则,田地的额数,及折合银钱数等项)。在开征田赋以前,地方政府在单内各栏下一一填写明白,然后将单分发各花户,使纳税者得以依期如数缴纳于政府。这种单据,现代称之曰"通知单",间中亦称作"背单",或"印归",然亦有仍用"易知由单"的名称者,如江苏武进县等地是。

　　易知由单的名称,在明代中期已有之。及嘉靖、万历以后,时人多认其为防止征收弊病的一种重要工具,积极提倡。至清代初年,曾拟推行全国,各省纷纷试办,盛极一时。但经过了快要到四十年的推行时期,和无数臣工的议奏题请,终于康熙中期谕令各省陆续停刻,由单至此稍衰。其后太平天国亦有征粮由单之设,又在光绪末年湖北等省仍奏请设立由单,但这由单的内容已与明代及清初迥乎不同了。

　　清初顺治、康熙两朝的易知由单,现今中央研究院历史语言研究所,仍保存有昔日内阁大库所藏的河南、陕西、江南三省(当时江南一省包括后来江苏、安徽两省在内)的原件共三百余份。著者已付整理,将为文发表。这些都是赋役条编的易知由单(亦名便民易知由单)。除此以外,盐课方面,亦有易知由单。禹贡学会今年六七月间从北平纸商购得盐课易知由单多种,我希望将来亦有人加以整理,将研究所得公之于世。本文只就明代的易知由单加以检讨。

明代的由单原件,至今已难得保存。可幸其格式,在明刻的地方志中偶然尚有转录一二。这些都是极难得的材料,因为如果没有这些记载,我们便会对于明代由单的内容,同时对于当时田赋上若干问题,都难以彻底明白了。今将所发现的材料,再为转载如下,以资参考。其一万历杨维新纂《会稽县志》卷六《均平考》页十九至二十"均平由帖"项下载:

> 某县为节冗费,定法守,以苏里甲事。今遵奉题准均平事理,出给由帖备开年分应征应派银数付照,仰速照依正数办完,送县交纳,当堂投柜,即将由帖填注纳银数目日期,掌印官亲批"纳完"二字,用印钤盖,付还备照,并不许分外加取称头火耗。里长在官勾摄,甲首悉放归农,毋违!须至示给者。本县该派均平银　千　百　十　两　钱　分　厘。嘉靖四十年分通县人田共折丁　千　百　十　丁,每丁派银　钱　分　厘　毫　丝。一户人丁田丁折丁　丁,共派　。　　　　本年某月某日照数赴县纳完讫。
>
> 右给付某执照。

这里的由帖,就是由单的别称。县志原注云:"均平之征,其后并入条鞭中,则此帖可废矣。"故在卷七《户书三·徭役下》又载有一条鞭由帖格式的:

> 会稽县每户钱粮由帖。绍兴府会稽县为给由帖,以便输纳事。照得本县图册虽定,至于各项钱粮,小户未能周知。但恐里递科诈甲首,户长科诈户丁,深为未便。除概县粮差总数,刊刻板榜揭示

外，今将每户粮差数目，另造由帖，家喻户晓，使人人一览即知自己钱粮若干，其均平均差虽每年所派不一，姑就当年者而较之，则九年派算，增减不过毫厘，未必大相悬绝。为此，帖仰概县人等，俱要遵照由帖内事理依数完纳。如有里递隐匿不给，及经手吏胥人等算对不实，挪移作弊者，依律究遣，决不轻贷。须至由帖者。计开一户某，系某都某图某籍。人丁若干，盐粮银若干。山田若干，该马折饷水银若干。水田若干，该马折饷水银若干，耗米若干。升田若干。山地若干，该粮折饷银若干。水地若干，该粮折饷银若干，米若干。山若干，该钞饷银若干。荡若干，该折银若干，米若干。池塘漊若干，该折银若干，米若干。以上人田地山荡共折正丁若干，除免办丁若干。均平均差白榜银共若干。通共各折银若干，共米若干。某年月日给。

　　总书某人，书算手某，对同吏某。诸亩如无者，则下注"无"字。无免丁者亦然。

又附注云：

　　右知县杨节所刻一条鞭由帖，自人丁至漊，折为一总；均平均差，又自为一总。而黄绛、麻纱、茶株等钞，若曹娥三江二场之盐，则各有专课，不关概县之丁亩，故不与焉。是帖也，人持一纸，五尺童子，莫之敢欺矣。

以上两种由帖，皆首开颁发的目的，完纳的手续，及禁止浮收作弊的命令等项。次列各户丁田所派银米的数目。最后载颁给由帖的年月日。但前列均平由帖并附载有全县该派的银额，一条鞭由帖则无之。又万历《绍兴府志》卷十五《田赋志二·赋下》亦载有由帖的式样，今不备录。

再次，万历间胡时化、魏豫之等纂修的《合肥县志》上卷页九十至九十四附"由票颁行定式"：

直隶庐州府合肥县知县胡　　为征收粮差事。案照先奉本府帖文抄，蒙颍州兵备道案验，该蒙巡按直隶监察御史王　　案验，及奉钦差督抚副都御史王（宗沐）颁行一条鞭法，审编粮差，通将各项总攒类派，投柜征收，分项起解。奸民之侵渔悉除，而猾胥之赃弊顿绝；官府之差役不缺，而闾阎之索骗尽蠲，信可垂诸永久者。我姚邑试之有成效矣。今照本县地方寥阔，田土瘠沃不同，税粮轻重不一。已经丈量折亩均摊。但闾阎百姓贫富不等，又吊阅各里黄册及赋役册军册，复取各里丁粮审册，参酌互比，虚心审编，务查田粮丁力近上佥选里长，凡系下户单丁，即行黜革，别选本里民户或邻图承役。惟照田粮多寡，定拟九则格眼。如果迷失抛荒者，方准通里人户均摊赔纳银米，额逃粮尽者，倒户免派。所有审定丁粮差则数目，若不刊刻执照，恐奸顽里歇户棍人等复踵旧弊，科收揽纳，瞒哄乡愚，有负丈田均粮爱民之至意也。合行款开，以便输纳。仍将粮差共一由票给户收照，须至由票者。

计开：

一夏税：每地一石，该派麦一斗五合一抄六撮一圭。每粮一石，该正银一两九厘三毫三丝八忽四微一尘六纤，该水脚银一分三厘七毫八丝四忽三微六尘四纤。

一秋粮：每田塘一石，该派秋粮六升五合五勺三抄三撮四圭三粟。每粮一石，该兑军本色正耗米一斗七升八合九勺六抄一撮，该折色正银一两九厘三毫三丝八忽四微一尘六纤，水脚银一分三厘七毫八丝四忽三微六尘四纤。

一免粮：每田塘一石，该免粮七升六合六勺九抄四撮四圭。每粮一石，该正银二钱五分三厘二毫三丝五忽五微，该水脚银四厘八毫四丝二忽一微七尘。

一粮则：有优免者，每夏麦秋粮一石，连水脚，总征银六钱七分一厘九毫三丝八忽八微六尘。无优免者，每夏麦秋粮一石，连水脚，总征银一两二分三厘一毫二丝二忽七微八尘。

夏麦：光禄寺麦。派剩各马房仓麦。凤阳府仓麦。扬州府仓麦。京库农桑丝绢。存留本府永丰仓麦。本府儒学仓麦。军饷。本县儒学仓麦。

秋粮：兑军本色。给军盘缠。二六轻赍。芦席。凤阳府仓米。内府甲丁二库折银硃等料。京库马草。南京户部定场草。备用本折马匹。解京草料。军饷。塘课钞。工部四司料价。存留本府儒学仓米。本府永丰仓米。带征军饷。本府永丰仓草。养马免粮，备补银。

一丁则：人丁每田一百石以下，六十石以上，作为上三则。六十石以下，十石以上，作为中三则。十石以下，一石以上，作为下三则。如上三则户内人丁亦有不等，其田一石以下者，照下下户出银。倘有加增，俱在本户内田多者，毋得一概混派。

四差：

一里甲：户口食盐起运京库钱钞。内府厨料果品等物并加派价。蜡茶。肥猪绵羯羊。两京药味。天鹅。胖袄裤鞋皮翎劂角。砖料。本府进表盘缠。本县公堂日用心红纸札卓（桌）围等项。颁春装塑等项。府县灯节。乡饮酒礼二次果品等物。春秋二丁。孤贫夏冬二季布花。岁贡盘缠。庐[州]六[安]二卫军器。科举坊牌。解京稻皮。类造两京黄册大总。新增备用银。新增刑具。里甲支应。走递马匹。走递夫役。伞扇轿乘。应试生儒。岁考生童。附季考茶饼。岁考花红。府县新官到任家火。门神桃符。修理各衙门。备用纱灯。应用酒席公馆家火。朝觐官吏夫马盘缠。本府宿库看堂打扫。本县正堂灯夫。府县朔望行香讲书纸笔。议设预备杂用。存留本府钱钞。

一均徭：南京各衙门直堂皂隶。南京各衙门柴薪皂隶。南京太仆寺柴薪皂隶。本府同知员下祗候。本府经历员下祗候马夫。本府知事员下祗候马夫。府县儒学各膳夫。本县知县员下祗候马夫。本县具丞主簿典史三员下祗候马夫。本县儒学斋夫。解京消乏水灾富户。徐州闸夫桩草。解京京匠。本府门子。上下察院书院三处门子。上下公馆并新建及店埠镇公馆门子。本府经历知事照磨三衙门子。本府快手。军饷。户部济边。应役什物鞍马草料。徐州闸夫工食。本府常积库库子。本府税课司巡拦。本县快手。军饷。户部济边。应役什物鞍马草料。本县直堂门子。本县直堂皂隶。本县禁兵。本县儒学库子。儒学仓斗级。石梁镇巡检司弓兵。户部济边。应役。府县总铺并东南二路金斗龙塘等铺。西北二路并井张高墩等铺。本府永丰仓斗级。本府惠民仓斗级。本县预备仓斗级。本府常川代写书办。本县常川代写书办。本府常川算手。本县常川算手。本府仓费。本县库子。本县仓费。交监造册循环雇夫等项。

一驿传：上马。中马。下马。水夫。馆夫。上中下马铺陈外帮走递。驴头外帮走递。金斗驿上中下马铺陈粮价外帮走递。派河驿上马驴头铺陈粮价外帮走递。护城驿下马驴头铺陈粮价外帮走递。高井驿中下马粮价铺陈外帮走递。梅心驿馆夫库子。滁阳驿驴头粮价铺陈外帮走递。大柳驿中马驴头粮价铺陈外帮走递。南京龙江递运所水夫防夫。守堤河夫工食。操江战船。

一民壮：军饷。军门军饷。马道。户部济边。应役什物鞍马草料工食。吹鼓手。户部济边。应役鞍马工食。步行民壮。户部济边。军门听差募役。兵备道常川募役。应役工食。

以上四差，每夏麦秋粮一石，派征银三钱五分一厘一毫八丝三忽九微二尘。上上丁该银五钱一分七厘七毫六丝。上中丁该银四钱八分七厘七毫六丝。上下丁该银四钱四分七厘七毫六丝。中上丁该银三钱七分七厘七毫六丝。中中丁该银三钱七厘七毫六丝。中下丁该银二钱三分七厘七毫六丝。下上丁该银一钱六分七厘七毫六丝。下中丁该银九分七厘七毫六丝。下下丁该银二分七厘七毫六丝。

某乡某图　甲里长

里长	户	实在田	秋粮	人丁		丁银
		地	夏粮	成丁		共该粮银
		塘	免粮	优免		兑军
甲首	户	实在田	秋粮	人丁		丁银
		地	夏粮	成丁		共该粮银
		塘	免粮	优免		兑军
十甲仿此		实在田	秋粮	人丁		丁银
畸零寄庄户		地	夏粮	成丁		共该粮银
		塘	免粮	优免		兑军

本里	名下绝户田	领	图	领
	户田	秋粮	人丁		丁银
	地	夏粮	成丁		共该粮银
	塘	免粮	优免		兑军

按上为"户由"，颁给各里排长以便征收。此外又有"门由"，给发花户依期完纳。门由的格式如下：

直隶庐州府合肥县知县胡　为征收粮差事。案照先奉本府帖文抄，蒙颍州兵备道案验，该蒙巡按直隶监察御史王　案验，及奉钦差督抚副都御史王　颁行一条鞭法，通将各项粮差并九则丁银，总攒类派，投柜征收，已经总给户由各里排征收外，惟恐小民乡愚未晓，合再另刊门由给发，听民自便输纳。为此票仰本户收执，照依后开田地塘粮丁银数目，依期完纳，亲自投柜，眼同销注，廒经仍执票当堂验完，用印钤盖，各户收执，毋听里歇诓费，取究未便。须至由票者。(原注：如此单不尽开，户接纸写完送印。)

某乡某图　　甲排年里长

　　下一户　实在田　秋粮　丁银

　　　　　　　地　　夏粮　粮银

　　　　　　　塘　　免粮　兑军正耗米

一门　丁　田　秋粮　丁银　癸酉　甲戌　乙亥　丙子　丁丑

　　　地　　夏粮　粮银　戊寅　己卯　庚辰　辛巳　壬午

各门仿此　塘　　　免粮　兑军正耗米

　　　　粮银　　　　粮银　　　　粮银　　　　粮银

　　癸酉　　　　甲戌　　　　乙亥　　　　丙子

　　　　差银　　　　差银　　　　差银　　　　差银

　　　　　　　　粮银　　　　粮银

　　　　　丁丑　　　　戊寅

　　　　　　　　差银　　　　差银

　　　　粮银　　　　粮银　　　　粮银　　　　粮银

　　己卯　　　　庚辰　　　　辛巳　　　　壬午

　　　　差银　　　　差银　　　　差银　　　　差银

　　　　右票给付户长　准此

万历元年　月　日司　吏薛朝兴承

由票　每年定限　月完足

以上户由及门由,其内容大致亦是相同的。由之首皆冠以知县的告示,内说明设立由帖的目的,完纳的手续,及浮收舞弊的禁令各点。两者的文字亦几乎有大半相同。但户由备开全县及里甲长人户的赋役项目及其科则,门由则只载各该花户的丁田税粮之数而已。从户由所载,我们可以知道当时合肥县夏税秋粮以及四差所包括的项目及其科则等项,诚为很重要的资料。又户由与门由两者比较,可知户由之制,与会稽县的均平由帖相近;门由则与会稽县的一条鞭由帖相近。

但这里的门由户由,是同时制定互相为用的。故我疑其为两联单式——且大多数为三联单式,——即以门由掣给花户,户由颁发排年里长,另一联存根截存州县政府备查,丁元荐《西山日记》下《日课》云:

> 云门何氏语林,讳良贵,论赋法,有经纬二册:一则以产归丁,一则以丁就产,合之,会记者无所上下其手矣。国家立由票,一存县,一付纳户,一付征输者,钤印,呼"蝴蝶由票",此良法也。

可以为证。又万历《保定府志》卷十九《户役志》载隆庆三年(1569)六月十三日直隶保定府通判冯惟敏奉巡抚保定等府地方右佥都御史朱大器批《议处派征比解钱粮事宜》,其中"给簿由"一款云:

> 切照各处派粮,俱登"赤历簿",大户执之以收受,官司据之以稽查者也。吏治清明,则奸蠹不生;一失综核,弊端百出:或未给而先收,或已收而不销,或盗印二三册,或涂抹不明,或分厘大户各执一扇,彼此混乱无稽,每遇盘查,动称拖欠。小民重征而无所控诉,案牍滞积而刑狱不清,一经问理,牵连花户辄数十人,此由赤历不

明之故也。本府洞知此弊，已拟各属发式，每社钱粮赤历一本，下用县印，上用府印。各甲各户，由帖相同，顺挨填定，空纸十余行，以便纳户。仍给纳户"小票"，纳银若干，就令收头用私记图书于票内银数与赤历相对处钤盖，以杜收头销记不明之弊。相应著为定规，永为遵守，则对勘清而凤弊革矣。

又万历《怀远县志》卷五《籍税》载《征收规则》：

> 本县置造赤历一本，内开某人田地及丁各若干，夏秋税粮及马价各若干。各花户给以"由票"，所载与赤历相同。由道府加印，发县征收。

由上可见由票与赤历所载是相同的，盖以便对勘，以为防止混收之计。存于州县或里社大户的簿册，作征收税粮的根据者，名曰"赤历"；掣给里甲人户执照的单票，使人民先知所纳的额数者，名曰"由单"，或"由帖"，或"由票"，亦名"蝴蝶由票"。

明代的易知由单，起于何时呢？有人谓为崇祯间（1628—1644）祁彪佳所创始（《祁忠惠公遗集》）。但据我们所知，疑不尽然，因在景泰（1450—1456）中年韩雍巡抚江西时，已设有"预知单"的则例[1]。至正德元年（1506）令江西州县每年将各户该征夏税秋粮造写实征手册，照依"布政司则例"填给"由帖"，给散纳户，置立印信号簿，粮长委官各收一扇，里长催粮赴仓，眼同照依钱帖交纳，折银等项亦就当官秤封贮库，各登号簿，委官于由帖内写一"讫"字，与纳户执照[2]。上面的布政司则例，疑仍沿用韩雍所定下的则例；所谓"由帖"，当即"预知单"。

---

[1] 参看柴绍炳：《考古类编》卷八。
[2]《万历会典》卷二九《征收》。

由单名称甚多，除见上述外，亦名"青由"。嘉靖三十七年（1558）奏天下正赋户给青由，先开田亩粮石，仍分本色金花折银，使民周知轮纳。其一时加派，不得混入，亦不分官员举监生员吏户人等，一例均派。另给"印信小票"与民收执，事毕停止[①]。因为不分官员举监生员人等一律均派，所以在会稽县的一条鞭由帖及合肥县的户由及门由中，都载有优免的则例。至于"一时加派不得混入"由内的办法，在清代亦是采用的。清制额定钱粮，俱填易知由单内；该有增减，另给"小单"，以免奸胥借口[②]。故清代"小单"的作用，与明代的"小票"有所不同。

总之，明代易知由单经过景泰、正德、嘉靖以来的推行以后，至万历间各地行之者已甚普遍。如张居正《答楚按院陈燕野辞表闰书》中便有"易知单册"的名称。根据国立北平图书馆现存明刻各地方志考察，我们知道北直隶的交河县、文安县，南直隶的铜陵县、绩溪县、六合县、怀远县、青阳县、松江府、镇江府、江宁县、上元县、常州府及所属武进县，浙江的绍兴府及所属会稽县、余姚县、温州府、龙游县、常山县，江西的瑞州府、秀水县、宁都县，福建的泉州府，山东的新泰县、沂州、青州府、莱州府，山西的榆次县，河南的林县，湖广的黄冈县，云南的邓川州等地，皆有易知由单一类的设备。以上各地由单的名称不尽相同，如北直隶交河县名曰"合同由票"或"由帖"，湖广黄冈县及云南邓川州名曰"易知单"，南直隶青阳县简名之曰"单"，镇江府及常州府名曰"青由"。

（原载天津《益世报》1936年11月22日，"史学"第43期）

---

①《万历会典》卷二九。
②《清史稿》卷一二一《食货志二·赋役》。

易知由单的研究

在封建社会里，田赋是统治政权对农民阶级的一种最重要的剥削。田赋，按说是应由土地所有者去负担，然而实际的负担者不是地主阶级，而是农民阶级。封建时代的田赋的对象不只是土地上的剩余生产品，还有是土地上的生产者——农民——的劳动力的本身。所以自田赋的形态而言，不只有农产品实物的提供，还有农业劳作以外的各种力役的榨取。换言之，统治政权对农民的剩余劳动的剥削是凭借政治的与社会的风俗习惯的力量去进行的，所以是一种超经济的剥削。因之，我们倘要明白封建社会里的统治阶级和农民阶层的彼此的关系，田赋的研究最能提供给我们具体的答案。

中国封建社会，在本质上与世界上一般的封建社会原无二致，不过在中国有一两点特点比之一般的封建社会发达得特为明显的，这就是官僚主义与中央集权的封建制度。关于这两点，读者从范文澜先生主编的《中国通史简编》可得到详尽的启示。

　　过去中国田赋史的研究，多以正史和政书为限。这些材料，皆成于统治阶级或其代言人之手，当然难以得到实际。比较可用的方法，我以为应当多从地方志、笔记及民间文学如小说平话之类去发掘材料，然后再运用正确的立场、观点和方法去处理这些材料。必须于字里行间发现史料的真正意义；还给它们真正面目。然而这种工作，无异沙里淘金，往往费力多而收获少。除了书本上的材料以外，还有一类很重要的史料，过去不甚为人所注意的，就是与田赋有关的实物证据，如赋役全书、粮册、黄册、鱼鳞图册、奏销册、土地执照、田契、串票，以及各种完粮的收据与凭单都是。本文所要介绍的——易知由单，也就是其中之一。

　　记得以前朱偰先生曾搜集一批串票，利用这些材料，编成《田赋附加税调查》一书，大约于一九三五年间在商务印书馆出版。当时读者对此书的批评，毁誉不一，但朱先生的努力尝试是值得提出的。

　　所谓易知由单，就是政府用来催纳税人纳税的一种通知书。单内开载田地的种类、科则、应纳的款项，及缴纳期限等事，以上一般通则，皆依一定的格式刊印。至如各花户应纳的银粮细数，则多用毛笔随各栏下填注。此单应于开征以前发给纳粮人，使得依期如数缴纳给政府。原具有使纳粮人容易知道纳粮的成案及其事由的用意，故名曰易知由单。这种单子，现在或称作"通知单"，或名曰"背单"，或"印归"，然亦有仍沿用"易知由单"的名称的，如江苏武进县便是。

　　易知由单的名称，大约是起源于明代。由单的最早历史，无法确定，但知至迟至明正德初已有之。今就可考见的材料说来，由单的发展史可分为两期：一、极盛期，自明嘉靖至清康熙中年，大约有一百六七十年。二、衰落期，自康熙中以迄近年，约二百五六十年。总共至少已有四百二三十年的历史了。明代自嘉靖以后，由单颇盛行一时。当时人多认为它有防止征收弊病的功用，积极提倡，至万历似已遍于全国。清承此制不改。清初对由单的编造，更郑重其事，它不只成为全国的定制，且中经许多大小官吏的奏议题请，屡屡修改补充，它的内容备极复杂的能事。到了康熙中年，因为它名不副实，且工费浩大，故令各省陆续停刊，由单的制度，至此稍衰。总观这一百七十年的历史，由单的内容一般是趋向于完备以至于复杂程度的方向发展。田赋由单以外，更推广到盐课及军政方面，各皆有由单，故名之曰盛期。自此以后，自康熙中年——即十七世纪八十年代——以至现代，由单的名称和制度仍然继续下去，但根据现有的材料作考察，知道它的内容和格式简单化了许多，且各地可有可无，已非全国的定制，姑名之曰衰落期。

本文根据的材料，除一般史籍以外，关于明代部分，有刊载于明刻本地方志的易知由单原样四份；关于清初部分，有前清内阁大库所藏的顺治康熙两朝，河南、陕西、江南三省——当时的江南省，包括后来江苏、安徽两省在内——的易知由单的原件共三百余份。这三百余份的原件，原归前中央研究院历史语言所保藏。其后由史语所转赠给社会科学研究所。由笔者于一九三五年间负责整理，均已作成统计表格，并已进行初步的分析，对于原单的尺寸大小，都有详细的记录。结果全部留在南京，将来再付整理可为文发表，或可由今中国科学院社会所出版。至于清末的部分，笔者藏有光绪二十九年（1903）湖北荆门直隶州的便民易知由单一张，附载本文发表（附图六）。以上关于清代的原始资料，或由笔者自藏，或经笔者亲自过目，最为宝贵。关于太平天国的原单，据今所知，现存的大约共有六七张之多。其中照片一张，载凌善清《太平天国野史》（一九二三年出版）书中。又有两张原件系钱端文先生所藏，曾于一九三六年在浙江文献展览会陈列，这两张原件由某君自展览会摄影回来，曾刊载一九三六年十二月份《逸经》第二十期，第五页；及一九四〇年《广东文物》卷二，页一二五至一二六。今承谭彼岸先生以底片相借，使得附行本文，见附图三、四，合志谢忱。至于今年春间在沪举行的太平天国起义百年纪念展览会中的原单，据载共有四张，我一点也未有寓目，只据绍溪先生的记载，照抄原文，以当介绍，并附以私评，颇疑其中有伪造的可能。且对于时贤聚讼已久的天朝田亩制度亦试提出新的见解。民国的由单，比较易得，今只从一九三四年万国鼎等编著的江苏武进南通《田赋调查报告》第五十八页转录一份。

　　以上所引，皆以田赋漕粮的易知由单为限。在清初名曰赋役条编易知由单，亦名便民易知由单。此外，盐课方面，亦有易知由单，一九三六年六七月间，禹贡学会从北平纸商购得盐课易知由单多种，现今不知放存何处，我希望将来有人亦加以整理，将结果公布出来。

　　本文除了参考易知由单的原件以外，更利用了几件前清内阁大库的旧档——顺治康熙两朝的题本数件。那一大批内阁旧档，约计共五十二万三千二百余件，又六百余册，现存北京大学国学研究所。该校曾设立档案整理会于一九二二至一九二四年三年间进行整理，但因工程浩大，只完成了一些初步的工作，更无法付印。参看赵泉澄先生《北京大学所载档案的分析》一文（载北平社会调查所《中国近代经济史研究集刊》第二卷第二期，一九三四年五月出版）。为了研究方便起见，一九三六年至一九三七年，前中央研究院社会科学研究所向北京大学借抄上批档案。由刘隽先生及我轮流负责提调其中与经济财政史有关的资料，再选择出来交人抄写，先后抄得三万余件。本文所用的题本数件，便是笔者当年随时摘录下来的。这些都是向未发表过的材料，所以在下面征引时不厌冗长，大多数是全部转录。一年多来，国内历史学界的研究风气甚为蓬勃积极，但最具体的成绩，莫过于史料的搜集与发刊，其中尤著的，如向达、王重民诸先生关于太平天国、义和团运动诸期史料的提供。笔者对于新史学的知识正在努力学习的初步，所以本文即对于一般常见的史料的引用亦稍为详细一些。

关于易知由单本身对史学研究的价值，我拟试作数语评定。易知由单有了四百多年的历史，即使它自身或尚不能严格地构成一种独立的制度，至少已变成田赋制度中的一部分，从这点看来，它的研究价值是不成问题的。从现存的易知由单，我们可以知道各地田地的负担、税率、征收限期种种，这些都是不必细说的了。特别是明代中叶以至清初遗留下来的由单，其中记载的款目特为详尽，它们的内容几乎与赋役黄册一样，可以说是州县的一部收入报告书，它们的价值特高，非后来的由单所可比拟。将来各地修新式的方志时，这一批材料正大可利用。随便举个例来说，从明末清初这一批由单的记载来看，当时各种赋役，皆已折纳银两，可以证明实物田赋已让位给货币田赋。然而在地租方面，直至最近，仍以缴纳实物为主。记得在民族抗战的前一年，陈正谟先生在《中国各省的地租》一书中说到调查过全国地租的方式，以实物地租占绝对的优势，大约为百分之七十九（?）。这种情形，恐怕到现在仍然。然而政府所收的田赋，早在四五百年前便已折纳货币了。且据我所知，国有公有的土地，所收的地租，亦多先行折纳货币。唯有握在私人地主手里的土地，仍大半停留在实物地租的阶段。这种经验，在欧洲中古经济发展史上，亦是一样的。

易知由单除了供给我们许多关于田赋史上的重要资料以外，它亦可以作为其他方面的研究的根据。值得我们推荐的，就是李光涛先生根据清初易知由单证说明末至清初某些州县的人口锐减的情形。他的研究论文，发表在《历史语言研究集刊》里面，本数记不清楚了。其次罗尔纲先生在他的大著里面利用现存的太平天国的易知由单和其他物证，推论太平天国不曾实行天朝田亩制度（见本文附录一）。这些光辉的成绩，都是值得赞扬的。其实，易知由单所载的材料，可以供吾人利用的正多,例如关于官爵、人名,和其他史迹等,足以补史传之阙的,俯拾即是。

我们整理易知由单之后,有几点感想:其一,清初留存下来的几百张易知由单,给我们猛一看来,最先得到的感觉,就是他们纸张篇幅之大。它们普通每张多为二三尺阔一二尺长的一大张纸(每张的长阔及它们的平均尺寸我都有记录,但留在南京,没有带回来)。倘若我们记得这是法定每户皆应发给一张的,并检查它们的内容之过度复杂,便更会觉到人财物力的浪费,实在未免有"大而无当"之感。我们只要看每张由单的开首,备载例行的公事,其所开的手续,承上转下,复由下呈上,层层叠叠,极迂回的能事。且每年由单的式样,由中央户部颁发,而其刊刻则在州县为之。这些,还有其他各点,都证明了过去中国的社会,确是中央集权和官僚政治的封建社会。

其次,使我们触目的,便是由单在表面上似乎过度的认真。如银数的计算单位为两,但两以后还有钱、分、厘、毫、丝、忽、微、纤、沙、尘、埃、渺、漠等十二三位的尾数,只管说在征收上积少成多,未便割爱,但怎样向老百姓征收这些分量?这些分量,岂是在当时的天秤上称得出来的?如果真有实事求是的精神,如果真肯将这番精神和态度去研究科学,去进行物质与化学的试验,则我们中国的科学发达当不致如今日的水平。可惜未免过于注重实用的价值,却忽略了应用到科学上的研究及在科学问题上的处理。另从由单内容的不断增益方面看来,当时人的心理真有点像以为只要将一切有关命令和办法完全记载在由单上,便可以收到"便民易知"的实效,所以不只全县的额征田地丁粮及其逃亡、抛荒、新收、实在之数,与起运、存留的数目都一一地开载,甚至如禁止私派,和处罚、蠲免的条文,最好都能三令五申地尽量添入由单之内,因之由单的内容越来越膨胀庞杂,其结果是头绪纷繁,令人茫然无从查晓,且总数与细数往往不合,极糊涂拆烂污之能事,以此而名曰"便民",名曰"易知",真正是典型的历史讽刺,同时揭穿了过去"官僚政治"——不,更切当的名称或者可以叫作"吏胥政治"——的真面目。我的印象以为如果将由明嘉靖以至清康熙一百六七十年来所用在编造全国的易知由单,以及在中央地方大小官吏的题议策计,及在公文上的往来,所有这些各方面的人财物力,都移作从事实际的建设,或者可能已多建筑成一道万里长城,至少也可以完成五部《四库全书》,或十四种版的《大英百科全书》了。然而过去的"官僚政治"不过以此为舞弊生财的大道;且对于衙门的胥役,亦假此使以为谋生之计。真正的重担,是压迫在农民身上,管他便与不便,易不易知。但毕竟使读者有一点安慰,就是说中国有无穷无尽的人力,只要正确地组织和发动起来,任何帝国主义都可以打倒的,更不用说扫除封建主义残余了。

本文内所刊载的几件由单,便充分说明我以上所说的几点。如果我们将明末清初的由单作为封建制度下的产品去了解,则知太平天国的由单正是在行动上反封建的,而在意识上仍不免含有封建的色彩的物证,所以在由单里仍保留了许多专制和迷信等字样。至于清末湖北荆门州的由单,正提供给我们当年帝国主义所加给我们的灾害的物证,内中载有庚子赔款的实录,这是一篇血账,我们国耻的纪念品!

以上是易知由单给我的启示。若从由单本身以外,再去寻找其他史料的旁证,更知道制度自制度,事实还事实。法令的奉行,多表现在违犯之时。所以变乱定式,虚填伪报,勒索敲诈,弊病层出不穷。由单原本定于开征前每花户发给一张的,事实上则往往于完粮后才发,且有时一州县只印数张,张皇招贴,无非虚应故事而已。甚至送部期限,亦一延经年。因为封建政权是软弱无能的,尽管法令定得如何的严密,计划草得如何的周到,实际上不但一点没有用处,且结果适得其反。一切一切,都暴露出在封建政权上面要实行中央集权时所面临着的矛盾。

总括以上所言,易知由单的研究,不但替我们解决了田赋史上许多重要的问题,并提供了若干关于过去社会、政治、文化和意识形态各方面的强有力的暗示。只有从这些角度去了解,我才敢希望或者可免得挨"小题大做"的骂。

本文关于清初顺治十八年永宁县的统计表三张,由同学陈国能君代为计算。誊写工作皆由何安娜女士任劳。复承谭彼岸先生检示材料多则。谨向三位深致谢意。

病中写此,潦草成篇,未能多方考订,深加思索,疏略谬误之处,尚望读者教正。

一

往日明代易知由单的原件,今日似尚未有人发现。幸而从现存的明刊方志当中还可以找到好几张由单的格式。这些虽然不是原件,但却是根据原件全部过录的,可以说是极宝贵的资料,如果连这些记录都没有保留下来,那么我们对于明代由单的内容当然不会有明确的认识;同时对于当时赋役上若干重要问题,也就失去许多重要的参考的线索。今先将我找出来的几张格式,转录如下。

其一,是浙江会稽县的均平由帖与一条鞭由帖的格式。万历杨维新纂《会稽县志》卷六《均平考》页十九至二十"均平由帖"项下载:

> 某县为节冗费,定法守,以苏里甲事。今遵奉题准均平事理,出给由帖备开年分应征应派银数付照,仰速照依正数办完,送县交

纳,当堂投柜,即将由帖填注纳银数目日期,掌印官亲批"纳完"二字,用印钤盖,付还备照,并不许分外加取称头火耗。里长在官勾摄,甲首悉放归农,毋违! 须至示给者。本县该派均平银　千　百　十　两　钱　分　厘。嘉靖四十年分通县人田共折丁　千　百　十　丁,每丁派银　钱　分　厘　毫　丝。一户人丁田丁折丁　丁,共派　。　　　　　　本年某月某日照数赴县纳完讫。

　　右给付某执照。

这里的由帖,就是由单的别称。《县志》原注云:"均平之征,其后并入条鞭中,则此帖可废矣",故在卷七《户书三·徭役》下,又载有一条鞭由帖的格式:

　　会稽县每户钱粮由帖。绍兴府会稽县为给由帖,以便输纳事。照得本县图册虽定,至于各项钱粮,小户未能周知。但恐里递科诈甲首,户长科诈户丁,深为未便。除概县粮差总数,刊刻板榜揭示外,今将每户粮差数目,另造由帖,家喻户晓,使人人一览即知自己钱粮若干。其均平均差虽每年所派不一,姑就当年者而较之,则九年派算,增减不过毫厘,未必大相悬绝。为此,帖仰概县人等,俱要遵照由帖内事理依数完纳。如有里递隐匿不给,及经手吏胥人等算对不实,那移作弊者,依律究遣,决不轻贷。须至由帖者。计开一户某,系某都某图某籍。人丁若干,盐粮银若干。山田若干,该马折饷水银若干。水田若干,该马折饷水银若干,耗米若干。升田若干,山地若干,该粮折饷银若干。水地若干,该粮折饷银若干,米若干。山若干,该钞饷银若干。荡若干,该折银若干,米若干。池塘溇若干,该折银若干,米若干。以上人田地山荡共折正丁若干,除免办丁若干。均平均差白榜银共若干。通共各折银若干,共米若干。某年月日给。

　　总书某人，书算手某，对同吏某。诸亩如无者，则下注"无"字。无免丁者亦然。

又附注云：

　　右知县杨节所刻一条鞭由帖，自人丁至娄，折为一总；均平均差，又自为一总。而黄绛、麻纱、茶株等钞，若曹娥三江二场之盐，则各有专课，不关概县之丁亩，故不与焉。是帖也，人持一纸，五尺童子，莫之敢欺矣。

　　以上两种由帖，皆于帖首记述颁给由帖的用意，完纳的手续，以及浮收作弊的禁令等事。中开各户的丁田应派的银米的数目。帖末记年月日。两者皆发给花户收执，以便依照派额完纳。以上各点，是均平由帖与一条鞭由帖所相同的。但前帖载有全县该派的银额及其科则，后帖无之，然另刻刊板榜，以揭示全县粮差之数。此为两帖相异之处。

　　关于由帖与一条鞭法的关系，我拟在此解说几句，兹先引清康熙《延绥镇志》内一段话于下，然后再以私见补充。《镇志》云：

　　一条鞭法者，自隆庆二年（1568）江西巡抚刘光济奏行始。盖通州县十岁中夏税、秋粮，存留、起运额若干，均徭、里甲、土贡、雇募加银额若干，通为一条，总征而均支之，有征收不输（"输"字似为"轮"字之误）甲，总十岁中所输之数，书之于帖，而岁分焉，此即今之由单也，立法诚善矣。然岁输有常，而帮贴仍在。至其所书之数，有甲户而无子户，执甲户而问之，其总数易知也；执子户而问之，其分数难辨也。岂由单者，其使之由而不使之知之意欤？（《镇志》卷四之二《人物下·白栋传评》）。

上文谓一条鞭法始于刘光济，这是一般相传的说法，其实殊不尽然，但于此不必深论。我现今所要阐明的只是以下两点：

一、在应役者亲身供应徭役的力役制度底下，劳动力的征发，是按户编派各役之名，政府是难得准确地规定劳动力的分量的。只有在力役改折为银两以后，政府才可以得到一个比较客观的数量，——此即为劳动力所折合的银数，是一个比较固定的数目。由此我们可以知道为什么自从行了一条鞭折银以后，政府在徭役方面始便于颁发由单，因为此时徭役已有定额——至少是有了折合劳动力的共同标准及其计算单位。又因为一条鞭法改十年轮差之制为每年均输——即以十年平均之数作为每年应摊派之数，所以《延绥镇志》说云："……征收不轮甲，总十岁中所输之数，书之于帖，而岁分焉，此即今之由单也。"这也就是《会稽县志》一条鞭由帖中所说的，"其均平均差虽每年所派不一，姑就当年者而较之，则九年派算，增减不过毫厘，未必大相悬绝"的理由。

二、《镇志》又云："然岁输有常，而帮贴仍在。至其所书之数，有甲户而无子户，执甲户而问之，其总数易知也；执子户而问之，其分数难辨也。"这一段话亦要略加解释，原本在按户编役的力役制度之下，因为有些役名，如库子、斗级之类，是特别繁重的，未便专责之于一户，于是以数户合编一役，其中以一主要户为正户，其余为贴户。《镇志》所说的甲户，当即为正户，子户当即为贴户之意。自行条鞭折银以后，所有这些正户、贴户的名色，按理是应当取消的了。然条鞭法行了不久，旧病复生，帮贴之事仍然如故。这就是上引《镇志》一段话所说到的事实。

关于均平由帖及一条鞭由帖，亦见于《钦依两浙均平录》卷一，及万历《绍兴府志》卷一五《田赋志二·赋下》。但所揭式样与《会稽县志》所载的大致相同，故不复转录。

其次，让我再介绍南直隶合肥县的户由与门由两种格式。

万历间胡时化、魏豫之等纂修的《合肥县志》上卷页九十至九十四附"由票颁行定式",其一为"户由式",如下:

　　直隶庐州府合肥县知县胡　　为征收粮差事。案照先奉本府帖文抄,蒙颍州兵备道案验,该蒙巡按直隶监察御史王　　案验,及奉钦差督抚副都御史王(宗沐)颁行一条鞭法,审编粮差,通将各项总攒类派,投柜征收,分项起解。奸民之侵渔悉除,而猾胥之赃弊顿绝;官府之差役不缺,而闾阎之索骗尽蠲,信可垂诸永久者。我姚邑试之有成效矣。今照本县地方寥阔,田土瘠沃不同,税粮轻重不一。已经丈量折亩均摊。但闾阎百姓贫富不等,又吊阅各里黄册及赋役册军册,复取各里丁粮审册,参酌互比,虚心审编,务查田粮丁力近上金选里长;凡系下户单丁,即行黜革,别选本里民户或邻图承役。惟照田粮多寡,定拟九则格眼。如果迷失抛荒者,方准通里人户均摊赔纳银米,额逃粮尽者,倒户免派。所有审定丁粮差则数目,若不刊刻执照,恐奸顽里歇户棍人等复踵旧弊,科收揽纳,瞒哄乡愚,有负丈田均粮爱民之至意也。合行款开,以便输纳。仍将粮差共一由票给户收照,须至由票者。
计开:
　　一夏税:每地一石,该派麦一斗五合一抄六撮一圭。每粮一石,该正银一两九厘三毫三丝八忽四微一尘六纤,该水脚银一分三厘七毫八丝四忽三微六尘四纤。
　　一秋粮:每田塘一石,该派秋粮六升五合五勺三抄三撮四圭三粟。每粮一石,该兑军本色正耗米一斗七升八合九勺六抄一撮,该折色正银一两九厘三毫三丝八忽四微一尘六纤,水脚银一分三厘七毫八丝四忽三微六尘四纤。

一免粮：每田塘一石,该免粮七升六合六勺九抄四撮四圭。每粮一石,该正银二钱五分三厘二毫三丝五忽五微,该水脚银四厘八毫四丝二忽一微七尘。

一粮则：有优免者,每夏麦秋粮一石,连水脚,总征银六钱七分一厘九毫三丝八忽八微六尘。无优免者,每夏麦秋粮一石,连水脚,总征银一两二分三厘一毫二丝二忽七微八尘。

夏麦：光禄寺麦。派剩各马房仓麦。凤阳府仓麦。扬州府仓麦。京库农桑丝绢。存留本府永丰仓麦。本府儒学仓麦。军饷。本县儒学仓麦。

秋粮：兑军本色。给军盘缠。二六轻赍。芦席。凤阳府仓米。内府甲丁二库折银硃等料。京库马草。南京户部定场草。备用本折马匹。解京草料。军饷。塘课钞。工部四司料价。存留本府儒学仓米。本府永丰仓米。带征军饷。本府永丰仓草。养马免粮,备补银。

一丁则：人丁每田一百石以下,六十石以上,作为上三则。六十石以下,十石以上,作为中三则。十石以下,一石以上,作为下三则。如上三则户内人丁亦有不等,其田一石以下者,照下下户出银。倘有加增,俱在本户内田多者,毋得一概混派。

四差：

一里甲：户口食盐起运京库钱钞。内府厨料果品等物并加派价。蜡茶。肥猪绵羯羊。两京药味。天鹅。胖袄裤鞋皮翎觔角。砖料。本府进表盘缠。本县公堂日用心红纸札卓(桌)围等项。颁春装塑等项。府县灯节。乡饮酒礼二次果品等物。春秋二丁。孤贫夏冬二季布花。岁贡盘缠。庐[州]六[安]二卫军器。科举坊牌。解京稻皮。类造两京黄册大总。新增备用银。新增刑具。

里甲支应。走递马匹。走递夫役。伞扇轿乘。应试生儒。岁考生童。附季考茶饼。岁考花红。府县新官到任家火。门神桃符。修理各衙门。备用纱灯。应用酒席公馆家火。朝觐官吏夫马盘缠。本府宿库看堂打扫。本县正堂灯夫。府县朔望行香讲书纸笔。议设预备杂用。存留本府钱钞。

一均徭：南京各衙门直堂皂隶。南京各衙门柴薪皂隶。南京太仆寺柴薪皂隶。本府同知员下祗候。本府经历员下祗候马夫。本府知事员下祗候马夫。府县儒学各膳夫。本县知县员下祗候马夫。本县县丞主簿典史三员下祗候马夫。本县儒学斋夫。解京消乏水灾富户。徐州闸夫桩草。解京京匠。本府门子。上下察院书院三处门子。上下公馆并新建及店埠镇公馆门子。本府经历知事照磨三衙门子。本府快手。军饷。户部济边。应役什物鞍马草料。徐州闸夫工食。本府常积库库子。本府税课司巡拦。本县快手。军饷。户部济边。应役什物鞍马草料。本县直堂门子。本县直堂皂隶。本县禁兵。本县儒学库子。儒学仓斗级。石梁镇巡检司弓兵。户部济边。应役。府县总铺并东南二路金斗龙塘等铺。西北二路并井张高墩等铺。本府永丰仓斗级。本府惠民仓斗级。本县预备仓斗级。本府常川代写书办。本县常川代写书办。本府常川算手。本县常川算手。本府仓费。本县库子。本县仓费。交监造册循环雇夫等项。

一驿传：上马。中马。下马。水夫。馆夫。上中下马铺陈外帮走递。驴头外帮走递。金斗驿上中下马铺陈粮价外帮走递。派河驿上马驴头铺陈粮价外帮走递。护城驿下马驴头铺陈粮价外帮走递。高井驿中下马粮价铺陈外帮走递。梅心驿馆夫库子。滁阳驿驴头粮价铺陈外帮走递。大柳驿中马驴头粮价铺陈外帮走递。

南京龙江递运所水夫防夫。守堤河夫工食。操江战船。

　　一民壮：军饷。军门军饷。马道。户部济边。应役什物鞍马草料工食。吹鼓手。户部济边。应役鞍马工食。步行民壮。户部济边。军门听差募役。兵备道常川募役。应役工食。

　　以上四差,每夏麦秋粮一石,派征银三钱五分一厘一毫八丝三忽九微二尘。上上丁该银五钱一分七厘七毫六丝。上中丁该银四钱八分七厘七毫六丝。上下丁该银四钱四分七毫六丝。中上丁该银三钱七分七厘七毫六丝。中中丁该银三钱七厘七毫六丝。中下丁该银二钱三分七厘七毫六丝。下上丁该银一钱六分七厘七毫六丝。下中丁该银九分七厘七毫六丝。下下丁该银二分七厘七毫六丝。

某乡某图　甲里长

里长	户	实在田	秋粮	人丁		丁银
		地	夏粮	成丁	共该粮银	
		塘	免粮	优免		兑军
甲首	户	实在田	秋粮	人丁		丁银
		地	夏粮	成丁	共该粮银	
		塘	免粮	优免		兑军
十甲仿此		实在田	秋粮	人丁		丁银
畸零寄庄户		地	夏粮	成丁	共该粮银	
		塘	免粮	优免		兑军

本里　　名下绝户田　领　图　领

		户田	秋粮	人丁		丁银
		地	夏粮	成丁	共该粮银	
		塘	免粮	优免		兑军

按上为"户由",颁给各里排长以便征收。此外又有"门由",给发花户依期完纳。门由的格式如下：

> 直隶庐州府合肥县知县胡　为征收粮差事。案照先奉本府帖文抄，蒙颍州兵备道案验，该蒙巡按直隶监察御史王　案验，及奉钦差督抚副都御史王　颁行一条鞭法，通将各项粮差并九则丁银，总攒类派，投柜征收，已经总给户由各里排征收外，惟恐小民乡愚未晓，合再另刊门由给发，听民自便输纳。为此票仰本户收执，照依后开田地塘粮丁银数目，依期完纳，亲自投柜，眼同销注，廒经仍执票当堂验完，用印钤盖，各户收执，毋听里歇诓费，取究未便。须至由票者。(原注：如此单不尽开，户接纸写完送印。)

某乡某图　　甲排年里长

下一户　实在田　秋粮　丁银
　　　　　地　　夏粮　粮银
　　　　　塘　　免粮　兑军正耗米

一门　丁　田　秋粮　丁银　癸酉　甲戌　乙亥　丙子　丁丑
　　　　　地　夏粮　粮银　戊寅　己卯　庚辰　辛巳　壬午
各门仿此　塘　　　免粮　兑军正耗米

　　　　粮银　　　　粮银　　　　　粮银　　　　粮银
癸酉　　　　甲戌　　　　乙亥　　　　　丙子
　　　　差银　　　　差银　　　　　差银　　　　差银

　　　　　　　　　粮银　　　　粮银
　　　　　丁丑　　　　戊寅
　　　　　　　　　差银　　　　差银

　　　　粮银　　　　粮银　　　　粮银　　　　粮银
己卯　　　　庚辰　　　　辛巳　　　　壬午
　　　　差银　　　　差银　　　　差银　　　　差银

右票给付户长　准此

万历元年　月　日司　吏薛朝兴承

由票　每年定限　月完足

以上所载的合肥县户由及门由式样各一张,其内容大致是相同的。由之首皆冠以知县的告示,内说明设立由帖的目的,完纳的手续,及浮收舞弊的禁令各点。两者的文字亦几乎有大半相同。但户由备开全县及里甲长人户的赋役项目及其科则;门由则只载各该花户的丁田税粮之数而已。从户由所载,我们可以知道当时合肥县夏税秋粮以及四差内所包括的项目及其科则等项;门由内所开的甲子,乃代表各该门丁应编派粮、差的年份。由此可见过去中国赋役制度的复杂情形的一斑,诚为很重要的资料。又户由与门由两者比较,可知户由之制作,与会稽县的均平由帖相近;门由则与会稽县的一条鞭由帖相近。

至若从编制的时间次序看来,均平由帖制定在先,一条鞭由帖改造在后,所以《会稽县志》以为本县自均平归入条鞭以后,均平由帖可以废而不用,止专用一条鞭由帖便可。至于合肥县的门由,乃是与户由同时编造的,两者有互相为用之妙——即以门由掣给花户,户由颁发排年里长;此外,似乎还有一种存留在州县地方政府以备查核的存根。明末丁元荐《西山日记》下《日课》云:

> 云门何氏语林,讳良贵,论赋法,有经纬二册:一则以产归丁,一则以丁就产,合之,会记者无所上下其手矣。国家立由票,一付县,一付纳户,一付征输者,钤印,呼"蝴蝶由票",此良法也。

换言之,与现代所谓的三联单的办法相近。上引《西山日记》所说的赋法经纬册,其中有一种在许多地方都名叫作赤历簿,乃是一种总册,为征收赋税的比较最完全且亦为最后的根据,所有颁发给各花户的由帖中的记录,必须与赤历所载相符 (参拙著《释一条鞭法》,载《中国社会经济史集刊》七卷一期第一一四页)。隆庆三年 (1569) 六月十三日直隶保定府通判冯惟敏奉巡抚保定等府地方右佥都御朱大器批《议处派征比解钱粮事宜》,其中"给簿由"一款,就是论赤历簿与由帖应有的关系。疏云:

> 切照各处派粮,俱登"赤历簿",大户执之以收受,官司据之以稽查者也。吏治清明,则奸蠹不生;一失综核,弊端百出:或未给而先收,或已收而不销,或盗印二三册,或涂抹不明,或分厘大户各执一扇,彼此混乱无稽,每遇盘查,动称拖欠。小民重征而无所控诉,案牍滞积而刑狱不清,一经问理,牵连花户辄数十人,此由赤历不明之故也。本府洞知此弊,已拟各属发式,每社钱粮赤历一本,下用县印,上用府印。各甲各户,由帖相同,顺挨填定,空纸十余行,以便纳户。仍给纳户"小票",纳银若干,就令收头用私记图书于票内银数与赤历相对处钤盖,以杜收头销记不明之弊。相应著为定规,永为遵守,则对勘清而夙弊革矣。(万历《保定府志》卷一九《户役志》)

按:前引朱大器议处钱粮事宜一奏,亦见《穆宗隆庆实录》,唯较《府志》所载之文,远为简略。关于由帖与赤历的关系,据万历《怀远县志》卷五《籍税》载《征收规则》:

> 本县置造赤历一本,内开某人田地及丁各若干,夏秋税粮及马价各若干。各花户给以"由票",所载与赤历相同。由道府加印,发县征收。

由上可见由票与赤历所载应是相同的,盖以便对勘,以为防止混收之计。存于州县或里社大户的簿册,作征收税粮的根据者,名曰赤历;掣给里甲人户执照的单票,使他们先知所纳的额数者,名曰"由单",或"由帖",或"由票",亦名"蝴蝶由票"。

关于明代易知由单的演变,从现存的史料考察,我以为由单之设,似以江西为最先;时期至迟不会迟过正德初年,且可能更早。由正德初以至嘉靖初,可以说是初期。初期的由单,似止开载夏秋两税的款项,并未列入徭役各款,内容比较简单。及嘉靖中年以后,徭役盛行折银,于是始有专为徭役银而设立的由单,如前揭会稽县的均平由帖及一条鞭由帖均属此类。稍后,一条鞭法盛行,于是税粮徭役合载一单,甚至全县额数科则,及优免则例等,无不备载。其内容已复杂到极点,如合肥县的户由可为例证。这种大而无当的设置,在张居正当国整饬吏治的时候,也曾与一条鞭法同时积极地推行,颇风行一时。然不久便毫无实际,一点也不能解决赋役的积弊。于是大小官吏只要能够整顿由单,以得到实征实收之效的,都可以称为循吏,有资格入名宦传。历史上的名宦,往往不过如此。今试详细论证以上各点如下:

《大明典志》载:正德元年(1506)令江西州县每年将各户该征夏税秋粮造写实征手册,照依"布政司则例",填给由帖,给散纳户。置立印信号簿。粮长、委官,各收一扇。里长催粮赴仓,眼同照依钱帖交纳。折银等项,亦就当官秤封贮库,各登号簿。委官于由帖内写一"讫"字,与纳户执照(《万历会典》卷二九《征收》)。是则至迟在正德初,由帖已行于江西。先是,景泰初年韩雍巡抚江西时,已设有预知单则例(见柴绍炳《考古类编》卷八)。按韩雍以景帝景泰二年(1451)十二月巡抚江西,至英宗天顺元年(1457)二月改官。当时他所订的预知单,疑即为由帖之前身。

世宗嘉靖六年(1527)兵部尚书李承勋《陈八事以足兵食疏》,其中

"谨收纳以清宿弊"一款云：

> 何谓谨收纳以清宿弊？州县夏秋税粮，开仓收受，各有定期；起运存留，各有定数；本色、折收、加耗、灾免之类，各有定法。夫何近年以来，上下各官，留心国计者，名为俗吏，用心劳而反得谤；怠事奉承者，称为识时，自处逸而获美称？以此各官鲜肯实心任事。每岁正当冬月收成之后，州县多以会计不定，不出由票，示民易知。细民办粮，交纳上司，辄将州县正佐管县等官，或委勘事，或派远差，无人监收，多致费耗。……（《李康惠公奏议》。参《明史》卷一九九，本传）

观于上文，由票与易知二字，已并举而言之，可知自正、嘉以来，"易知由单"一名词，必已相当流行，且亦已成为定制。但不肖的官吏，有时或借口预算未定，故不于开征前出示由票。然细绎上文，知此时由单所载似亦仅以州县为限，尚未兼载徭役。兼载徭役，似在嘉靖中年以后，说已见前。及至隆庆、万历初年，随着一条鞭法的发展，易知由单之设立亦有了推广。

张居正《答楚按院陈燕野辞表间书》云：

> 辱示敝省钱粮查刷，已有次第。易知单册正月可完，知公为楚民计虑深远。仰戴，仰戴！（《张太岳文集》卷二三，页14）

知万历初年湖北已完成了全省的易知单册的编造。

万历中年以后，百政因循，于是地方官往往以整顿由单而得名。如清同治《晋江县志》卷六《官守志》云：

> 陈之淯，字澹夫，号宜苏，江夏人。万历三十九年（1611）由进

士知晋江县,邑赋多逋。为易知单以便民,里胥弊绝,民皆乐输。

而崇祯间南畿巡按祁彪佳尤为知名。崇祯六年（1633）正月彪佳《陈民间十四大害疏》内说:

> 一曰虚粮之苦,易知则例,小民多未见闻。第据县符,便为实数。遂致贫户反溢数倍,豪家坐享余租,此飞洒之弊也……（《祁忠惠公遗集》卷一）

今按董旸所撰传谓:

> 三吴赋税差解役重,公立易知由单,清赋弊,定解法为四则:曰至急,次急,稍缓,可缓,等杀其数。每征,辄照限分拨。设籍院司,循环对勘,奸胥无能上下其手。（前书,卷十《遗事》。参《明史》卷二五,本传）

清乾隆《江南通志》卷一一二《职官志·名宦》亦载:

> 祁彪佳,字幼文,山阴人。崇祯时,巡按南畿,……立易知由单,以清赋弊。……（原注:引《广舆记》）

易知由单,照例只开载有定额的钱粮正项,凡临时加派款项,是一概不登在由单上面的。《大明会典》云:

> 嘉靖三十七年（1558）奏,天下正赋,户给青由。先开田亩粮石,仍分本色金花折银,使民周知输纳。其一时加派,不得混入;亦不分官员举监生员吏户人等,一例均派。另给"印信小票",与民收执,事毕停止。（《万历会典》卷二九）

上引"青由",即为"由单"的别名。其"一时加派,不得混入",与"另给印信小票"的办法,到了清代,仍然是通行的。清代定制:额定钱粮,俱填易知由单内。该有增减,另给小单,以免奸胥借口(见《清史稿·食货志二·赋役》)。清代的小单,似乎与明代的印信小票的性质相同,——凡是与定额有出入的征收,均另给小单为据。又依前《会典》所载,"不分官员举监生员吏户人等,一例均派"的办法,是专指加派的部分而言。若田粮正项,则各有优免的则例,税率是不一致的,参看前揭会稽县的一条鞭由帖,及合肥县的户由与门由,便可知道。

关于明代易知由单的格式,我已发现了的,除了上面所揭的万历《会稽县志》及《合肥县志》所载的四种式样以外,亦见于万历《绍兴府志》卷十五,及日本尊经阁藏的《钦依两浙均平录》卷一。但后开两书所载的由单,亦即为《会稽县志》所载的均平由帖与一条鞭由帖两种的格式,彼此大致相同,故不再劳转录。十几年前,作者曾在国立北平图书馆善本甲库及他处翻阅过的明代地方志,将近二百种,其中如北直隶的交河县、文安县;南直隶的松江府、镇江府、常州府及其属县武进,以及江宁县、上元县、铜陵县、绩溪县、六合县、怀远县、青阳县;浙江的温州府、绍兴府及其属县余姚、龙游县、常山县;江西的瑞州府、秀水县、宁都县;福建的泉州府;山东的青州府、莱州府、沂州、新泰县;山西的榆次县;河南的林县;湖广的黄冈县;云南的邓川州,以上各该府县志,虽未载有由单的式样,但皆载有与易知由单有关的记录。以上各地所给的名称,是不大统一的,如北直隶交河县名之曰"合同由票",亦称由帖;湖广黄冈县和云南邓川州名之曰"易知单";南直隶青阳县简名之曰"单",镇江府及常州府叫它作"青由"。

二

关于清代，尤其是清初的易知由单的参考资料，我们搜集得较为丰富，且获有原单数百份可作第一手的研究。今试分为三部分去讨论：一格式，二沿革，三与由单有关的法令及其执行实况。

1.清代易知由单的格式　我现今选出顺治十八年（1661，即南明永历十五年）的河南省河南府永宁县的奉旨便民易知由单一份作例。该原件已影成照片，见附图一。因为恐防图样翻印得不清楚，且为便于查阅起见，我们先将单首的"告示"全文，及单末的里甲花户的征银栏格各字样等，全部转录如下，然后再将全单内关于赋役条款的部分，分别作成三表：1.永宁县地丁钱粮表，2.新收河南卫地丁钱粮表，3.新收弘农卫地丁钱粮表。以上三表，系用最简单的方式列出，以便查核计算。全单的式样大约如下所述：由单上方，有"奉旨便民易知由单"一横栏，作大字，中盖朱色汉满文府印关防。单首的"告示"原文说：

> 河南省河南府永宁县为仰奉纶音等事，承奉本府帖文，蒙分守河南道宪牌，蒙布政司札付，蒙总督巡抚部院宪牌，准户部咨前事等因，题奉圣旨："这易知由单，屡□行催报部。止江南一省，[北直隶]顺[天]永[平]二府；其余迟延，是何缘故？即立限催报，以本年肆月贰拾伍日为始；再行迟延，重治不饶。该部详议速奏。"钦此钦遵。移咨到部院，为此仰府州县官吏钦遵圣旨内事理，务将额征地丁，备造征收赤历，给民易知由单，即行刊刻。除送部查验外，每花户各给壹张，令其家喻户晓。敢有额外横征私派者，许花户执单

呈告，定行题参治罪。须至单者。

　　计开　永宁县　顺治十八年分……（以下分列县卫地丁钱粮数目，见后分析表三张。）

从上录告示的原文，我们可知这件公文旅行的历程，最先是朝廷颁布的"圣旨"下至户部，由部转下督抚部院，以至布政司及巡守分道，而至本府，最终始达本县。本县遵奉以上各高级机关的训令来执行任务，任务完成后，还须依次层层上报。上录"谕旨"的大意，无非催促各地赶快编造由单呈报户部；且可知是时已编造由单的省、府，为数尚寥寥无几。又从告示中，可知应由各府州县刊刻由单，每花户各给一张；另造征收赤历，俱各开载额征地丁数目，其目的在杜绝额外横征私派之弊。

　　至于单尾所载的里甲花户人丁的征银的栏格，共分为本身地亩，人丁该银，优免银，及实征银数栏，更附载人丁土地二项的各该银两总数，其后分填输纳三限，更后为年月日栏，上盖朱色汉满文县印；最后为县押，由县官签名花押为记号[1]。如下所录：

里　甲花户	人	丁该银	优免银	实征银
本身竹地		该银	水地	该银
川地		该银	岗地	该银
坡地		该银	稞籽	该银
丁地贰项共该银			优免银	实征银
一限		二限		三限

顺治十八年　月　日

县押

---

[1] 关于花押的起源及其流变，可参看清胡承谱《续只麈谭》卷上"押字"条。

我们根据由单所作成的三张表,占了由单的原来记录的绝大部分,且亦为最繁琐的部分。但粗浅来说,不外地丁的等则、数额及其征银款目与总数几项。至就编造的体例言之,可分为:

$$旧管-开除+新收=实在$$

这就是往日所说的四柱式。此外,更就钱粮的支拨地点,详分为起运、存留、本色(稞籽)及折色等项。从单内可知本色各项,皆已折成银两。清初于各州县附设卫所,当时属于永宁县的有河南卫及弘农卫,故分为三表。但以上三表的内容,大致是相同的。由此可知由单的编制方法及其内容,与成立稍后的赋役全书是相同的,且它们的作用亦是相同的。若把清初的易知由单与明代的相比较,则前者的款式与上揭的合肥县的户由甚为接近,但前者的繁琐复杂的程度较之后者,有过之而无不及。我们只就记载钱粮单位的数尾言之,亦可知一二。如银的单位为两,但"两"后还有钱、分、厘、毫、丝、忽、微、纤、沙、尘、埃等十一位的尾数。更如卫辉府新乡县的易知由单内所载,尘、埃以下,尚有渺、漠两个尾数。且在同一单中,字体正写与简写兼出,如河南府镇平县的由单,"微"字亦写作"未";"纤"字亦写作"先","尘"字亦写作"臣"。此等情形,自明代中叶以来便是如此。万历间陈继儒《松江府志》"查钱谷琐碎易眩之故"一条云:

> 赋额如海,见者望洋。况米之数,则曰升,曰合,曰勺,曰抄,曰摄,曰圭,曰粟,曰颗,曰粒。银之数,则曰厘,曰毫,曰丝,曰忽,曰微,曰纤,曰沙,曰尘,曰埃。此项积之无补于丘山,而算之甚眯于心目。惛惛闷闷,得无为骊龙之睡乎? 龙睡,而盗者攫其珠去矣。前辈云:银至厘而止,米至合而止,其下宜悉抹除之。不然,堕入奸人云雾中,可恨也。此钱谷混淆之所自始。(《白石樵真稿》卷一

清顺治十八年河南省河南

项目	地分类（亩）	地总数（亩）	丁分类（人）
原额柒等共地		826,121.8091	
原额银			
万历年间每亩加征九厘			
二项共原额银			
遇闰加额银			
原额银连闰共			
减奉旨免征荒地		617,406.4591	
减奉旨免征荒地银			
新旧成熟五等共地及稞籽			
旧管熟地及稞籽	200,972.28		
新入十五年劝垦川地	4,000.00		
新入岗地	2,000.00		
新入坡地	1,743.07		
新旧成熟五等共地及应征银*	208,715.35	208,715.35	
内分：(1) 一等成熟竹地	2,752.78		
每亩原征额并九厘等银 .156398两			
加闰银.00149885336两			
每亩实征.15789585336两			
(2) 二等成熟水地	6,911.448		
每亩原征额并九厘等银 .1173两			
加闰银.00112841765两			
每亩实征.11842841765两			
(3) 三等川地	20,062.397		
每亩原征额并九厘等银 .0782两			
加闰银.00074788511两			
每亩实征.07894788511两			
(4) 四等地	0		
(5) 五等岗地	38,759.0011		
每亩原征额并九厘等银 .048874两			
加闰银.0005683462两			
每亩实征.0493423462两			

府永宁县地丁钱粮分析表（表一）

丁总数（人）	秼籽（石）	征银分类（两）	征银总数（两）
			42,803.40103393
			$(826,121.8091 \times .009)$
			7,435.0962819
			50,238.49731583
			579.80374
			50,818.30105583
			41,885.87076583
	109.083		
	109.083		8,932.43029
		$(2,752.78 \times .15789585336)$	
		434.6525472	
		$(6,911.448 \times .11842841765)$	
		818.5118503	
		$(20,062.397 \times .07894788511)$	
		1,583.8838134	
		0	
		$(38,759.0011 \times .0493423462)$	
		1,912.4600507	

项目	地分类（亩）	地总数（亩）	丁分类（人）
（6）六等坡地 　　每亩原征额并九厘等银 　　.029324两 　　加闰银.00027676268两 　　每亩实征.02960076268两	140,229.7239		
（7）七等稞籽 　　每斗原征额并九厘等银 　　.029068两 　　加闰银.00028144033两 　　每斗实征.02934944033两			
除乡绅举贡生员吏承优免杂办银			
实征地银			
原额人丁			
原额丁银			
除逃亡人丁			
除逃亡丁银			
见在活丁： 　内分：（1）下上丁（每丁五钱） 　　　　（2）下中丁（每丁二钱四分） 　　　　（3）下下丁（每丁九分）			135 1,152 1,977
三则人丁共派银			
除乡绅举贡生员吏承优免每丁三分			
实在行差			
实征丁银			
丁地二项并加增九厘除免外连闰共 　其中：（1）起运京边折色 　　　　（2）起运京边本色并改折 　　　　（3）存留各上司并本县俸薪各 　　　　　　役工食河夫驿站宾兴支发 　　　　　　等项连闰共 　　　　（4）裁剩并裁扣改解户部连闰共			

读表注解：（1）＊其本色米布花铅矾牛角鹿皮等项俱系一条鞭派征银两置买起解并无另
　　征本色。

　　（2）‡此数字系表示一分类数字，即新旧成熟五等地内的分类的稞籽数。

　　（3）括弧内数字系表示税率。

资料来源：根据"奉旨便民易知由单"作。

丁总数（人）	秆籽（石）	征银分类（两）	征银总数（两）
		$(140,229.7239 \times .02960076268)$ $4,150.9067779$	
	109.083↕	$(109.083 \times .02934944033)$ 3.20152505	
			662.8
			8,269.63029
19,587			
			2,742.18
16,323			
			（一）2,220.27
		$(135 \times .5)$ 67.5 $(1,152 \times .24)$ 276.48 $(1,977 \times .09)$ 177.93	
3,264		521.91	521.91
424			$(424 \times .03)$ 12.72
2,840			
			509.19
		5,253.49685 1,413.123405 1,510.8765 601.323535	8,778.82029

清顺治十八年新收河南卫地丁钱粮分析表（表二）

项目	地分类（亩）	地总数（亩）	丁分类（人）	丁总数（人）	征银分类（两）	征银总数（两）
原额地		17,000				
原额银						453.625*
除有主荒地		0				
除无主荒地		14,445.75				
得新旧共管熟地： 　(1) 旧管熟地 　(2) 新入十五年 　　开垦地	2,448.75 105.49	2,554.24				
除荒银						329.87973472*
共征地银（每亩实征额连闰共 .0493423462两）						(2,554.24×.0493423462) 126.03219436*
原额人丁及地额征徭				0		
见在中下丁： (1) 中丁（每丁派银 .3两）(2) 下丁（每丁派银 .2两）			105 17	122	(105×.3)31.5 (17×.2)3.4	
共征丁银					34.9	34.9
丁地二项共派银 其中:(1) 起运户工二部折色等项 (2) 起运工部本色牛角实征二分九厘一毫一丝实征价银员本色 (3) 裁解存留经费等银共实征连闰					146.32395306‡ 1.1644‡ 13.443841‡	160.93219436‡

读表注解:(1)括弧内数系表示税率。

（2）*原额银减去荒地银得123.74526528两本等于共征地银(即新旧熟地乘税率)，但此处共征地银等于126.03219436两，两数不符。

（3）‡起运户工二部折色,起运工部本色牛角实征价银及裁解存留经费等银三项之和等于160.93219406两,与丁地二项共派银160.93219436两,两数不符。

资料来源:根据"奉旨便民易知由单"作。

清顺治十八年新收弘农卫地丁钱粮分析表（表三）

项目	地分类（亩）	地总数（亩）	丁分类（人）	丁总数（人）	征银分类（两）	征银总数（两）
原额地		3,088.2				
原额银						125.85
除有主荒地		0				
除无主荒地		2,810.2				
见种熟地		278.0				
除荒银						117.620988
共征地银（每亩实征额连闰共.02960076268两）						(278×.02960076268) 8.229012
原额人丁及原额征徭				0		
新收人丁				15		
共征丁银（每丁五钱）						(15×.5)7.5
丁地二项共派银 其中：(1) 起运户工二部折免等项					12.835112	
(2) 起运工部本色牛角实征半只实征价银买本色					1.00	15.729012
(3) 裁解存留等项连闰共					1.8939	

读表注解：括弧内数字系表示税率。

资料来源：根据"奉旨便民易知由单"作。

二，《天下郡国利病书》原编第6册《苏松》页65，亦载此）

　　所以到了清康熙二十四年（1685）重修赋役全书时，命止载切要款目，删去丝、秒以下尾数，以除吏书飞洒驳查之弊。是为《新修简明赋役全书》。然以九卿议，旧书行之已久，新书停其颁发，止令所司存贮（参王先谦编《东华录》康熙二十四年三月己巳条，及十一月丁巳条，十二月条）。其实这些极细微的数量，就使能够搬到为物理学作试验的精细天秤上面去，恐怕也不容易得到真正的准确的结果，无非是便于大小吏

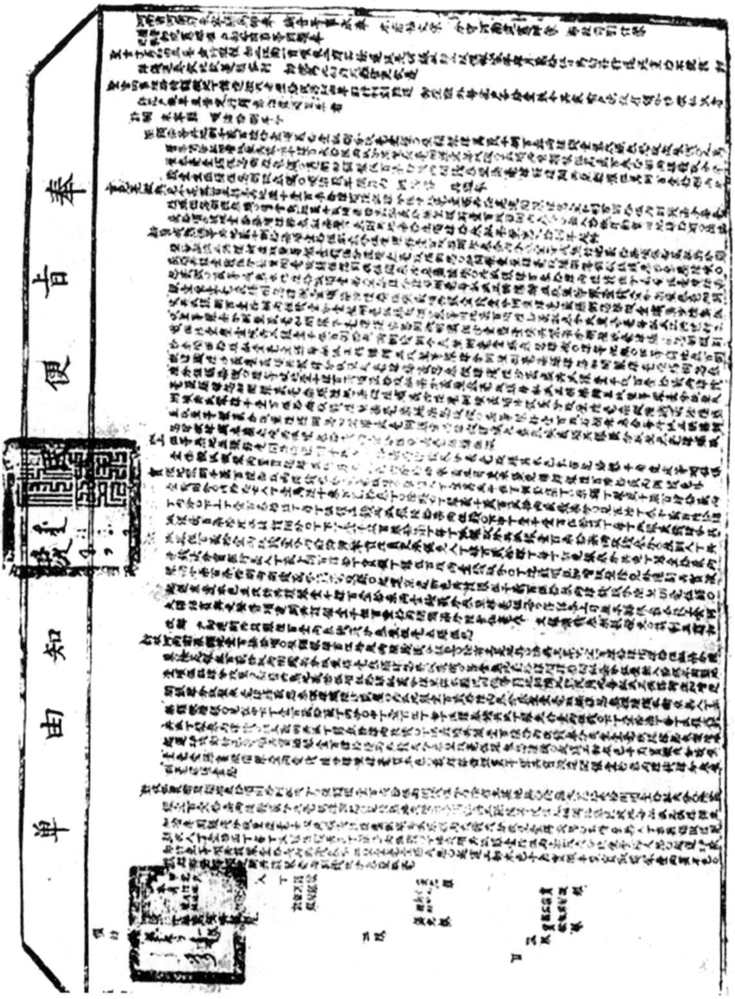

附图一

胥及经征人员的上下其手罢了。更可笑的,政府一方面是这样精确细致的规定,另一方面,根据我们的核算,知道原单中的总计与分计有好几处不相符合的地方——见三张附表的注脚①。以此而名曰"便民",名曰"易知",真可谓尽了"挂羊头卖狗肉"的能事。

2.由单的沿革 明崇祯十七年(1644)三月,朱由检(明思宗)殉国。九月,清定都北京。爱新觉罗福临(清世祖)即位,纪元顺治。时汉人方大猷、宁承勋等献策请行易知由单,以清理赋役款项,来收拾民心,朝廷虽已采用他们的建议,但直至顺治六年(1649,即明永历三年)始颁行易知由单。其后,屡有定制及改造。至玄烨(清圣祖)康熙二十六年(1687)令直隶、山西等免刻易知由单。其余各省,除江苏外,明年亦免。是以由单之积极推行,将近有四十年的光景。自此以后,由单仍是通行的,证以太平天国及清光绪末年湖北、山西等地以至民国后,仍行由单之制可知,但那时的由单的内容已简单化了许多。今将史实证据胪列于后:

先是顺治元年(1644)福临初登帝位,为便于新政权的剥削,令各省文臣赍钱粮册籍以朝。时山东巡抚方大猷言:钱粮款项宜清,并刻由单,俾熟地粮米实数,定为一编,使民易晓。御史宁承勋亦以赋役之制未颁,官民无所遵守,请敕所部于赋役全书外,给易知由单,一应正赋以外,所有明末火耗加派无艺之征,通行裁革。悉照"恩诏"内,或全免、免半、免三分之一者,刊定书册,令天下识所遵行。这些都是施小恩于人民以收统治实效之计。据载:"其言皆见采用。"但由单的颁行各省,直至顺治六年始获实现。是年户科给事中董笃行请颁行易知由单,将

---

① 为保留真面目起见,我们在分析表中全部过录;其实只计算到单位后的第三、四位,已很够的了。

各州县额征起运、存留,本色、折色分数,漕、白二粮,及京库本色,俱条悉开载;通行直省,按户分给,以杜滥派,从之。于是,乃题准由单式:每州县开列上中下地,及正杂各项;末编总数,刊定成式,颁发各布政司,照式刊板,转行有司,给散花户。至顺治八年,苏松巡按秦世祯条陈兴除钱粮利病八事,其中关于由单的规定的有二事:一曰,额定钱粮,俱填易知由单;设定额之外有增减,则另给"小单",使奸胥不能借口。一曰,由单详开总散("散"即分数)数目、花户姓名,以便磨对。此外,又设立"滚单",以次追比。从疏中,又知当时另有所谓"粮簿",收粮时应加司府印以防奸弊;又有"排门册",在查田均派民差时,取以对验;布政司的"征解册",一季一提,年终报部。关于赋役全书的修订,早在顺治三年及顺治九年均有诏令举办,及顺治十一年(1654,即明永历八年)四月,户部又请将前明赋役全书,从速订正,创造新书。又令自十二年为始,责成布政司汇造黄册。至顺治十四年十月订正各省赋役全书全功大体告成,其体例具载各直省每年额定钱粮征收起存总散实数,及漕白杂项改折则例。先开地丁原额,继开荒亡,次开实征。又次开起运、存留。起运分别部、寺、仓口;存留详列款项细数。继有开垦地亩、招徕人丁,续入册尾。每州县各发二部,一存有司查考,一存学宫,令士民检阅。又辅以丈量册、赤历、会计册等。至于征收方面,则行一条鞭法,给以易知由单。一条鞭者,以府州县一岁中夏税秋粮存留起运之额,通为一条,总征而均支之。至运输给募,皆官为支拨,而民不与。关于由单的规定,先是顺治九年覆准:"有司每年开征一个月前预颁由单,使小民通晓,其颁发民间,与报部存查者,务期一式。如单外多派丝毫,听抚按纠劾。"而又佐以截票、串票、印簿、循环簿及粮册、(征收)奏销册。当时直省奏报钱粮,又有自奏销册内抄誊装订,止换注语的"无序册",其所载条款,即奏销册之数目(以上参《清朝文献通考》卷一《田赋考》,

《顺治朝东华录》及《康熙会典·户部·赋役一·奏报》)。各种册籍单票,至此可说是灿然大备,极洋洋大观之能事了。

由上可注意的是,由单的编制体例,与赋役全书最相近。至于两者不同之点有四:一、由单的编制,以县为单位;赋役全书则往往以省为编制的单位。二、由单是纸一大张,每一花户发给一纸,全书为书册式,装订成本,每州县各发二部。三、赋役全书关于钱粮款项的开支及其用途记载甚为详细,由单多不登载之(明代合肥县的户由是例外,但非清制)。四、由单分发给各花户时,应随即填注各该花户该完纳的田粮徭役银两的数目,其记载应与赋役黄册及赤历的记载相同,但赋役全书多不开载此数。

我们还应注意的,是清代由单的设立及其通行,是在新赋役全书之前。在新书尚未修订完竣的时候,由单可以说是州县征收赋役最重要的根据了。关于赋役全书与易知由单的关系,我们从顺治十一年正月十七日户部满汉尚书车克、陈之遴等《谨题为圣明釐革新赋役尤为重务等事》一疏,可见一斑。该疏大意谓河南省正在编造中的全省赋役全书,因丁地起存款项参差,难以稽核,故先将祥符一县的册造好,作为标准格式,全省赋役全书即按照此式编造。其中与由单有关系的规定,就是顺治十年奉谕本色永改折色解纳的项目,查照户部题定的价值造入全书内;至于应解本色,将全书原价造入,但每年于二月间开征以前查照当时市价题明,填入易知由单内办解。这种规定,对于奉谕永远折色的款项的处理,其折价是固定而不复改变的了;但对于应解本色的款目的折价,则依照每年时价征收,故填入易知由单内办理。换言之,全书所载的为定额的,由单所载的为实征的数目。这疏为前清内阁大库旧档,原件现存北京大学史料室。今节录疏文如下:

……该本〔河南清吏〕司案查豫省造送赋役文册,向因地丁起存款项参差,难以稽核。于〔顺治〕九年七月将祥符一县备造册式,咨回豫抚,遴选精明监司推官,将发去册式备察增减裁留,并会议裁减本色改折等项,细加斟酌,照式造册,送部去后;今复准该抚咨送文册逐项细加查对,其中尚有开列未明者,复将祥符一县地亩荒熟人丁存亡并起运存留及支剩解部款项数目,逐一分晰明确,造成一册,发回照式另造,内有十年钦奉上传本色永改解折者,查照题定价值造入;其应解本色者,将刊书原价造入,每年于二月间查照时价题明,填入易知单内办解。每府造一府总,通省造一省总,务须款项清楚,总散相符。诚恐该省造送稽迟,相应呈堂具题请敕该抚速造送部案呈到部。该臣等看得赋役全书关系国计民生,其中因革损益,必明晰精详,方可经久无弊,豫省赋役,臣部久经颁发册式,今准该抚咨送文册开报款项尚未详明,臣部复将祥符造成一册,令该抚照式酌造,虽各州县钱粮多寡不同,起存款项互异,而册式规模自当画一,请敕该抚遴选精明监司推官照式星速酌造,并造府总省总,一同送部查核,毋致再有参差,耽延时日可也。……

朱批云:"依议行。"由单行了不到四十年,至康熙二十六年 (1687) 明令于明年停止刊送。时玄烨谕:"各省刊刻由单,不肖官役指称刻工纸版之费,用一派十,穷黎不胜其困。嗣后,直隶由单,免其刊刻。晋省由单先经该(巡)抚题请免刻,亦一并停止。明年,悉免各省刊刻由单。惟江苏所属,于地丁银内刊造,仍听册报如旧。"(参《清朝文献通考》卷二《田赋考二》。此事王氏康熙朝《东华录》似未载) 话虽如此,易知由单的制度以及其名称,一直到了清末以至民国仍然存在。中经太平天国时代,亦有所谓"漕粮便民预知由单"及"便民易知由单",不过这些由单的内容,已简单化得多了。

　　清末的易知由单,我藏有光绪二十九年湖北荆门州原件一张,载附录二中。至于清末由单的积弊与清初的正相同。光绪中山阴汤震(蛰仙)《危言》卷二,便说到:"滚单,由单,率若具文,即有行者,但载银数,民仍瞠目无所知,徒耗一层单费而已。"(此书有自序,题光绪十六年作)且由单往往不散发于开比之前,而颁给于纳粮之后,以致预先通知的用意完全失去。如樊增祥《批王家秩禀词》所说:

　　　　禀折均悉。据称近年以来,各里里书借征信册为名,所有易知由单不散于开比,而散于年终,现由该绅等拟定规条,请示遵办等语。查由单之设,所以使大小花户,咸晓然于粮数之多少,不受额外苛索;若纳粮而后给单,是全失立法之本意。况由单与征信册绝不相涉。由单专为纳粮,征信册专为欠粮;一发于开征之前,一造于停征之后,何得两相牵扯,故事稽延? 所禀各条,并皆洞悉病源,周密妥善,准如所议立案,一面分别示谕各该里书,里长,粮正,粮差,及花户等,务去积弊,咸与维新,仍候禀明列宪施行。折存。(《樊山公牍》)

又《批印簿》云:

　　　　所拟章程各条,细密周妥,酌定里书、粮差口食,不丰不俭,恰合乎中,应即如所议行。前禀由单一节,业已谕饬总书任姓等,赶将本年易知由单于二月一律造齐,送案钤印,定限三月二十日以前发给阖县花户收报,以免弊混。自此以后,定于头年冬季预造次年由单,以便开征散发。至买地过粮一层,书手居为奇货,动称须至十月造册,送府钤印之时,方能过拨。去年本县为定新例,凡买地之家，随时皆可过粮，不必定等造册之日。该书手遇有过拨之事，即于册内旧名之上，粘一浮签，改写新户姓名，换造新册时，即照新名书写，一开一收，至为便捷。倘有推延勒掯者，准粮户指名控究，此又在诸君子所定章程之外者也。行将别矣，惭负吾民，留此数行，他日请念。

上批下半截所言买地过粮一段，与由单尚无直接之关系，故不具论，至上半截所云"定于头年冬季预造次年由单，以便开征散发"的办法，与清初部题定例，次年由单于上年十一月颁发的规定颇相近（参看下文）。

　　其实，早在咸丰末年苏州冯桂芬已建议完粮时不问有无由单，但开细数，即准完纳的办法，以杜粮书改串朦征的弊病，他的《均赋议》附记云：

　　　　太守乔公出示，有"不论有无易知单"一语，为绝弊极善之政。乃三县粮书见之大恚。夫粮书挟单舞弊，书中已详言之。尤有甚者，则改串朦单之弊也。粮书于造册之时，先于真户之外，虚造一同图同名不同数之户，谓之鬼户。如真户赵大完米一石，即再造一鬼户赵大完米一升。开征后，该粮书代完一升，截串，以升字改作石字。凭串向赵大取一石之价，赵大不知也。而此一石之串，遂永成实欠在民矣。有捐抵局查出吴县许春圃一案可证。此舞弊，惟不论有无易知由单，但开细数即准完粮一法，可以绝之，宜粮书之大恚也。（《校邠庐抗议》卷下）

　　3. 与易知由单有关的法令及它们执行的实况　清代由单之制，虽然只盛行于顺治康熙两朝三十多年间，但中经多次的修订和补充，而尤以在康熙朝时为频仍,这因为由单之困难与弊病至此渐见,不得不改弦更张,以求切合实际。今胪列各种有关法规,依其性质分为数类,更检论它们实施的情况。

(1) 关于内容及格式的重要规定。

顺治六年 (1649) 题准由单式,已见前。及顺治十三年覆准由单款式:先载州县地丁原额。次列除荒、实征、总数。又次开里甲花户某则地,除荒,实征银粮若干;某则人丁,除逃亡,实征银若干。后开地丁共该纳银粮若干。饬令州县照式刊刻,使小民易晓(《康熙会典·户部·赋役一·奏报)。按,本文上揭顺治十八年河南府永宁县便民易知由单的格式与此正合。

顺治十五年工科给事中史彪古言:"国家之财用,原取足于正供。乃今之州县,有一项正供,即有一项加派。应敕直省抚按将见行申饬私派之令,刊入易知由单,使闾阎之民共晓德意。岁终,仍取所属印结报部,以凭察核,庶私派止而公输裕。"福临以所奏皆深切时弊,令所司议行(《清通考》卷一《田赋一》)。

康熙五年 (1666) 户部覆准:应征白粮地亩,每亩征米若干,均半改折银若干,令开入由单。

康熙六年覆准:各省由单款项繁多,小民难以通晓,嗣后务将上中下等则地,每亩应征粮米实数开明。至湖广、陕西二省,每粮一石派征本折数目,向未开载,令行照例开注。

康熙十五年议准:由单报部后,或增减改写,应征钱粮,及新垦地粮款项不行填入,及不应征之钱粮错入由单,并割补由单者,该管官罚俸一年,巡抚罚俸六个月。如刊刻由单模糊,字样舛错,遗漏用印者,该管官罚俸六个月,巡抚罚俸三个月。

康熙十七年覆准:各省报销过米豆草束价值,刊单,粘次年由单之后,送部查考。如派给民间不照部价者,督抚参究(以上参《康熙会典·户部·赋役一·奏报》)。

(2)关于由单制度简单化的规定。

康熙二年(1663)五月丙戌,户部议准自康熙三年起,令直隶各省,所有解京各项钱粮皆总解户部,不必复如前时之由各部寺分管征收,以求简单划一。且为适应此重定的办法起见,赋役册与由单上的纪录亦作应有的调整。《东华录》记此事云:

> 〔工科〕给事中吴国龙奏:“直隶各省解京各项钱粮,自顺治元年起,总归户部。至七年,复令各部寺分管催收,以致款项繁多,易滋奸弊。请自康熙三年为始,一应杂项,俱称地丁钱粮,作十分考成。除每年正月扣拨兵饷外,其余通解户部。每省各造简明赋役册送部查覆。其易知由单颁给民间者,尽除别项名色。至各部寺衙门应用钱粮,年前具题数目,次年于户部支给,仍于年终核报。”户部议如所请,从之。(王先谦编《东华录·康熙三》。参《清通考》卷二)

《康熙会典·户部·赋役二·考成》记云:“康熙二年覆准,除漕粮、白粮、各仓米石、盐课、芦课、颜料等项不并入地丁钱粮外,其各部寺一应起解钱粮,总作十分考成。”可作为上文的补充说明。

康熙二十年十月初六日,山西道监察御史蒋鸣龙题为《请更由单之式以副易知之实事》云:

> ……有事实利民,而民莫获其利者,莫如今日之由单是已。臣请为皇上陈之。凡州县征收钱粮,设立由单,预期颁发,原欲使小民照单输纳,得免有司横征暴敛之苦,故以易知之名系之。夫谓之

易知，则单前止应刊载地丁科则，某项地每亩该征银若干，某项丁每丁该征银若干，单后系以花户姓名，某人地若干，该纳银若干，丁若干，该纳银若干，每户给与一张，俾家喻户晓，一目了然，庶官吏无额外之科，小民有照单之便也。臣见今之由单，头绪纷纭，项款繁杂，大而起运存留，细至裁存仓口，无不刊载，连张广幅，阅不能尽，不惟民不能知，即官吏亦未能通晓；不惟不能给发花户，即官亦不能多行印刷也，不过印刷数张，解司道户部，虚应故事而已，亦殊失立法命名之意矣。况丁田钱粮仓口款项起运存留裁减增加，自有简明赋役全书可考，每年又有奏销各册可查，与易知由单了不相涉，亦与民间花户了不相涉也。至各州县起解由单，各立定限，迟延有罚，每年冬月预期刊刻，呈送司府磨对。稍有错误，吏胥乘势吹求，翻驳不已，势必改刊，其间工匠纸张、起解路费，出之官乎，抑出之民乎？虽循良之吏，恐亦不能点金猝辨也。臣查康熙十二年间原任河南藩司臣金铉条议将由单改正简明式样，见存部中可查，迄今河南一省官民便之，是其明效大验也。臣请敕部照河南定式，颁发各省藩司，于头年冬季将地丁科则以及随时增减款项，定为划一，颁发各州县，使如式刊刻，给散花户，不惟吏胥无所容其批驳，实小民可永免其横敛矣。倘不肖有司于由单之外微有增加，即系私派，一有此弊，许督抚纠参；或臣等别有访闻，亦许据实奏明，将见贪吏闻风儆惕，地方幸甚。如果刍荛可采，伏祈睿鉴施行，为此具本谨题请旨。

同年十月十二日朱批云："该部议奏。"（前清内阁大库旧档）上文所说"不惟民不能知，即官吏亦未能通晓；不惟不能给发花户，即官亦……不过印刷数张，解司道户部，虚应故事而已"等语，将由单的实际情况全盘托出,无怪到了康熙二十六年诏令各省停止刊刻了。

（3）刊刻及颁发期限。呈报户部期限及处罚条例。

顺治九年（1652）覆准:有司每年开征一月前预颁由单,使小民通晓。顺治十年题准:每年由单,令于岁前十一月朔颁发。顺治十七年（1660）覆准:州县由单,每年预将来岁钱粮开造"样单",限十月初一日申报上司酌定,于十月十五日发州县刊颁。（参上引蒋鸣龙题云:"每年冬月预期刊刻,呈送司府磨对。"）

关于报部期限及处罚条例:顺治十年题准,由单报部之期俱限十二月终旬。如有迟延,州县官每一个月降一级调用,司道府官每一个月罚俸半年,经承吏发配。三个月以上,州县官革职,司道官降一级调用,经承吏遣戍,督抚不行指参者,以徇从论。顺治十三年复定由单报部日期及违限处罚的办法,均较前三年所定的为宽。关于由单报部,是年题定应量地之远近而酌定期限如下:

地名	到部期限
直隶	十二月终
山东、山西、河南	正月终
河南、浙江	二月中
江西、湖广、陕西	二月终
福建、广东	三月中
四川、广西	三月终

同年,关于刑罚的规定:

官吏别	迟报月数	处罚条例	附注
州县卫所官	一个月	罚俸三个月	
	两个月	罚俸六个月	
	三个月	罚俸一年	

	四、五个月	降一级	
	六、七个月	降二级	俱调用
	八个月以上者	降三级	调用*
司道府部司转报官	一个月	罚俸一个月	
	四、五个月	罚俸六个月	
	六、七个月	降俸一级	留任
	六个月以上者	降一级	调用*
经承吏	一个月	革役	
	三个月以上者	发配	
	半年以上者	遣戍	

*按此条为康熙六年所规定。

事实上,违限的情形,甚为普遍;且因实际上的困难,违限一事,往往无法避免。如顺治十二年四月二十一日户部满汉尚书交罗巴哈纳、戴明说等题本中所说及的福建省情形,大意谓按照当时的功令,由单应于十二月终旬到部(按此为顺治十年户部题准)。然因闽省距北京有六千里之遥,非一月之期可到;故延至二月初一日始能解到户部,即已违限满一个月。且省内交通原亦不甚方便,更因盗贼阻塞,如汀州卫的由单,于十年十月二十日具由发铺已解至白莲驿,但遭吴赛娘作乱,铺兵张隆被杀遗失,其后虽另差官三次亲赍,均为"寇阻"。赴道投缴之期已延迟。又如福宁卫著经承许应甲于十一月初四日赍送就省刊缴,不意"海寇"(按当指郑成功的部队)联舟,沿海阻塞。后又遇强贼哨探截劫,赤身逃回。故延迟三个月始缴部。原疏上半部已残缺了一大段,今就其尚未残破的部分择要如下:

……本道看得易知由单所限日期,凛奉严谕,敢不冰竞祇遵。

第闽中僻处山海,寇盗猖獗,非他可比,且至京有六千余里之遥,原限以十一月初一日颁发〔州县〕,十二月初一日缴〔抚〕院,年终到〔户〕部。今福建八府一州,闽〔县〕等五十二县,福州等六卫,遵限严行,往来于羊肠鸟迹贼丛虎口之中,幸于十年十一月初一日颁发,陆续缴到,随依限于十二月初二日缴院转缴矣。但到部之日,查在次年二月初一日。实因路途僻远,处处梗阻,以致莫能如期。至于德化等五县(原文后又载有"除海澄县未〔收〕复外,实只四县"等语),平海等十卫,乃至次年三四月内方缴。当即严行究查,各职披沥苦情,缘为盗贼充斥,山海交讧,差递由单,或系被寇遗失,或为铺递稽延,凿凿在案,似非粉饰之辞。且邵武卫守备姜玉铉、平海卫守备马十仓,俱已物故。乞念耽误有因,据实题覆,合将该年份稽迟易知由单经管县卫官员并经承胥役姓名开报:〔中略〕题请应否仰邀恩诏事在赦前宽宥免议,出自圣裁。……(前清内阁大库旧档)

大约顺治十年,户部题准所定的期限过于逼切了,所以到顺治十三年始稍宽定期限——闽省改定三月中到部,当是由于顾全事实,然违限的事例仍甚普遍。今据康熙三年(1664)四月二十九日户科都给事中史彪古《谨题为由单关系国赋,颁发不宜久迟,请严宽限之例,以杜弊端事》一疏内所言:知桂省原定限于三月终送到部科查验,比康熙二年户部议覆已宽限两个月了,然仍有延至十月十二月方到的,又有至翌年正月三月方到的,且有些州县至翌年四月底尚未报到的。题本云:

　　窃照督抚总理全省,事务繁难,不能依限清理者,准与题请宽限。至若州县专司钱谷,一岁之田地户口,查案了然。由单刊发,在州县无甚繁难,在抚臣无庸宽限者也。臣办事垣中,查康熙二年份由单,如广西省定限三月终送到部科查验,乃该抚于三月间始行具题宽限，户部议覆宽限两月，而该省诸司复迟之又久，有延至十月十二月方到者，有至今岁正月三月方到者，且有州县尚未报到者。迟延至此，设使小民俟单颁发，然后输纳，是误国课；抑先征纳钱粮，而后颁给，又是徒具虚文。保无贪吏蠹役希图私派，借此以朦溷耶？即今三年分由单又违限未到，年复一年，积习相沿，臣恐各省效尤，将来不独广西为然也。伏乞天语敕部嗣后各直省由单务令依限颁发，依限移报，不得任其托故宽限。如有征输后方行颁发者，该部即照例严加议处，庶贪官污吏不得借以丛奸乎！抑臣更有请者，各省蠲免灾荒，已经部议。果系真实者，照例分别蠲免，流抵次年本户额赋，由单颁发既在头年刊刻，合无一并明晰填入单内，令穷檐之下，家喻户晓，则蠲免不致中饱，而皇仁得以下究矣。如果臣言不谬，伏乞敕部议覆施行，为此具本谨题请旨。

同年五月初五日朱批："户部议奏。"（原件见北大现存《户部造完奏章文册》内）上引题本末段建议凡各省蠲免灾荒之数，系从翌年本户额赋中流抵者，应明晰填入单内，以免中饱。这一个意思，在其后三年间复有人提出，被采纳了，见下节。

（4）关于记载蠲免钱粮的规定。

康熙六年户科给事中姚文然言：蠲免灾荒，除本年应蠲钱粮，即于本年扣免外；亦有本年纳户之钱粮，收完在前，奉蠲在后，则以本年应蠲钱粮，抵次年应纳正赋，名曰流抵。欲使人人均沾实惠，必须将流抵一项载入由单。但部题定例：次年由单，于上年十一月颁发。计该州县磨算钱粮数目款项，造成式样，送布政司磨对，必须在上年九十月间；而各抚题报灾伤，夏灾报在六月，秋灾报在九月，计题报到部又需月日。部中具覆行查被灾分数，必候该抚查回，部覆奏允，然后行咨该抚，又转行各地方官,虽至速已至本年十一月、十二月,及次年正月、二月,久已在颁发由单之后矣,何从填入乎? 然流抵不填由单,部中所取者,地方官印结耳。印结出于官吏之手,民未尽知也,奸胥贪官因此侵冒者不少。惟有于流抵之下年填入由单之一法。譬如康熙五年免灾钱粮,应流抵康熙六年者,自应于六年抵免讫,即于康熙七年由单之首填入一项,内开:某府某县于康熙五年分蒙恩蠲免重灾田若干亩,每亩免钱粮若干;或次灾田、轻灾田,合县共该免银若干两,除本年已完若干两外,尚该流抵银若干两,俱于康熙六年分内于原被灾本户名下额赋,各照分数流抵讫,并无贪官侵欺等情。此后刊入康熙七年分额丁额赋等项。如此则应蠲之分数与抵免之银数,每户各报一单,一目了然,官吏自无所借手矣。至于蠲免者,亦于蠲免之下年,由单之首,照依此式,但改"流抵"字样为"蠲"而已。疏上,敕部议行。

(5) 禁止私派令刊入的规定。

顺治十五年工科给事中史彪古言:"国家之财用,原取足于正供。乃今之州县,有一项正供,即有一项加派。应敕直省抚按将见行申饬私派之令,刊入易知由单,使闾阎之民共晓德意。岁终,仍取所属印结报部,以凭察核,庶私派止而公输裕。"福临以所奏深切时弊,令所司议行。大约当时的人总以为由单是一种万应灵药,只要将禁令刊入,便可收效。证以事实,知殊不然。康熙七年谕户部云:"向因地方官员滥征私派,苦累小民,屡经严饬,而积习未改,每于正项钱粮外加增火耗,或将易知由单不行晓示,设立名色,恣意科敛,或入私囊,或贿上官,致小民脂膏竭尽,困苦已极,朕甚悯之……"其下又言督抚司道等官年来纠参甚少,皆缘受贿徇情,故为隐蔽,文长不录(《清通考》卷二)。于此可知大官与小吏狼狈为奸,决非在单据上着手所能解决。然而当时人似乎一点也未看到这点,总是迷信易知由单,还想将这种制度推到其他方面去。

（6）推广易知由单于灶户及宦户的建议。

已经到了由单快成了强弩之末的时候，在康熙十六、十七两年时，还有言官上奏请另立灶户及宦户的由单的。他们未免太过天真幼稚了。康熙十六年十月二十八日陕西道试监察御史傅廷俊《谨题为饬刊灶户丁地由单，以昭划一之法事》云：

> 臣惟直省州县由单之设，原因小民不知钱粮款项，恐有司加派私征，里胥诡寄飞洒，故将额征各款项明白开载由单，一报部查核，一给散民间，使百姓逐户晓然，照单输纳，法至善也。是由单之法不独州县当行，凡有地丁钱粮，如卫所运司灶场等处，无不当行者。臣查长芦运司所辖南北共二十场，共丁一万二千有奇，共地八千七百顷有奇，他如滩地草荡地进贡白盐等项，种种不一，其间地丁之额数，派征之额数，起运若干，存留若干，新增奉裁各若干，款项既已繁多，乃历年以来，各场并无由单报部查核，又无由单给散民间，蚩蚩之民，岂能知之？而各场大使派征灶户，虽轻重不等，大约有征至一两五六钱者，有征至一两八九钱者。灶丁之赋较之民丁之赋竟浮数倍。斥卤穷灶，何堪当此？即各大使有无额外派征，不可概定。但愚民不见由单，不知款项，将何所凭据，而信其无加派滥征之弊乎？况民户有由单，灶户独无由单，尤非民灶画一之法也。合无请祈敕部酌议，将直省各运司所属各场灶户地丁钱粮照民户地丁由单之例，刊刻由单。每岁于十月内刊刻完备，年月上用大使印，送该运司覆订明白，于由单横字上用运司印，一面报部查核，一面给散民间。庶民灶画一，而永免滥征私派之弊矣。伏乞睿鉴，敕部议覆施行，为此具本谨题请旨。

同年十一月初三日朱批云："该部议奏。"（内阁旧档）关于盐课易知由单，年前禹贡学会所藏的，可以参考。

又，康熙十七年六月二十日吏科给事中李宗孔《谨题为另立宦户易知由单，开增除以清溷冒，通有无以安民生事》，其首段大旨谓近年因"军需起见"（按指吴三桂兵事），定官户名下田按加三起税，以致影响田地买卖。中陈救济的办法数事。最后说：

> 若不将宦户另立易知由单，头绪断然不清。臣请嗣后一县另为一单，开明：本县官户各若干，本年田地交易若干，新增若干，应除若干，应豁若干，加一加二若干（按李氏建议行加一加二以代加三纳粮），本县官户通盘打算，共银若干，一目了然，送部科磨对；如有差错，即指名参究。此法行，田土可以交易，有无可以转移，……地之高下有定，赋之重轻惟均，宦户之分途既清，奸吏之隐射难施，上可以广皇仁，而下究无亏正供也。……

同月二十七日朱批："知道了，该部知道。"（前清内阁大库档案）李氏说的好处还不止如上所录的，但可惜是未免治丝益棼，所以再不到十年，就连田赋的易知由单亦明令停止了。然而由单的维持，毕竟对于官吏与胥役有种种好处，所以直到清末还有好些地方仍然保留这种办法。康熙三十一年七月廿一日四川巡抚噶尔图《蜀省清厘赋役一案疏》内未尽事宜登答册云：

> 一流寓之旧户，应请一例载丁；后来之新户，仍从宽例。查通省流寓，自清丈以来，由单从未载丁，原为广示招徕之意。今查流民在川居住年久者，自当一体载丁。……（内阁旧档）

可知此时四川仍行由单。

附录一　论太平天国的易知由单

——兼论天朝田亩制度

关于太平天国的易知由单的原件,现在已发表的,共有六或七种之多。最先发表的一张,是在1923年,见于吴兴凌善清编纂的《太平天国野史》卷九《食货》,页5（上海文明书局印行）。那是一张根据原件拍照的制版,今依照凌氏书中的原来模样摹写一份,其中原有两三个不甚清晰的字样,今经辨别清楚,已代为填上所缺的笔画,附载本文,如附图二所示。

其次,又有两张,归钱瑞文收藏,曾于1936年在浙江文献展览会陈列,某君在展览会中摄影,携回沪上,刊载于1936年12月份《逸经》第20期,第5页;其后,又转载于1940年《广东文物》上册,卷二,页125—126中。这两张摄影,谭彼岸先生处存有底片,今承惠借制版,见本文附图三、四。

以上三张由单,我都只见照片,未见原件。已经发表了的照片,惜皆未记原件的长阔尺寸。最近在上海举行的太平天国起义百年纪念展览会中,据载共陈列了四张由单,我不但原件没有见

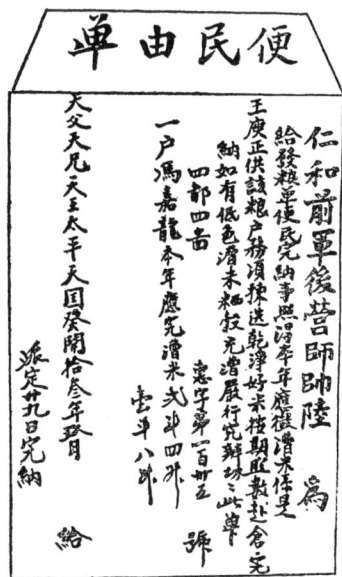

附图二（第四行漕米乃丑米之误）

歸　　王　鄧　爲
預給由單備辦
換給執照今據朱
田一十二畝（？）分　　圖花戶朱　皆　備　票運米赴倉完納漕糧
地十九石　斗
蕩灘　　應微漕米拾壹石五斗
天国癸開拾　　日　給

附图三及释文

歸　　王　鄧　爲
給
田六畝三（？）
地二（？）　十五　圖花戶　納漕糧事今據中營軍帥
蕩　　應微漕米壹石一斗（？）　朱鳴玉
天父天兄天王太平天国癸開十三年　月　日給

附图四及释文

过，就连照片也没有看到。今只根据绍溪《上海太平天国起义百年纪念展览会中的实物和文献》一文撮录如下：

> 有几张完纳漕粮的预知由单，很有史料价值：一张是壬戌十二年天军主将邓光明在浙江所发，两张是辛酉十一年浙江海宁县朗天义陈文炳（后封听王）属下所发，另外一张是癸亥十三年前军后营师帅陆某所发……（见《文物参考资料》2卷2期，页85。1951年2月28日中央人民政府文化部文物局出版。按此文原载1951年1月27日上海《大公报》第二版）

现在先将本文转载的几幅附图略加诠释，然后再对上海展览会陈列的几份由单加以检讨。首先要解释的就是凌氏书中的便民由单（附图二）。该单为浙江仁和县（今属杭县）的漕粮由单，单首开载"前军后营师帅陆"云云，按"师帅"为第十三等官（或列为第十五等），统五旅师，共率二千六百二十五人（一作二千五百人。今据笔者自藏的1853年伦敦出版的 *The Chinese Revolution* 一书页165记作前数）。陆某疑可能指殿前南破忾军主将认天义陆顺德（后封来王），或炎五副将军陆瑛，未定。根据《天朝田亩制度》的规定，当时的社会组织是一种寓兵于农的组织，在一军里面，除设军帅、师帅、卒长、两司马各官外，并设典分田二，典刑法二，典钱谷二，典入二，典出二，俱一正一副；即以师帅、旅帅兼摄，来主管一军授田司法以及财政等事。所以此处漕粮的征收，由师帅发出告示。第六行"应完漕米"行下，分列填写入"贰斗四升"及"壹斗八升"两行，似为两次所应完纳之数。癸开十三年为公元1863年，即清同治二年。单末之左下方盖有四边环绕花纹（关于天国印章花纹定制，可

太平天国　浙江仁和县　贰军后帅师

参考《贼情汇纂》卷六《伪礼制·伪印》)的关防一印,承容希白(庚)先生为我鉴别,其中文字如上长方格中所示。据张德坚《贼情汇纂》卷六《伪礼制·伪印·伪印长阔寸分》:"师帅印,长三寸二分半,阔一寸六分二厘半。"(凌氏书卷五《礼制》同)不知原印的尺寸与此合否?官印之上方盖有"曾藏丁辅之处"之方形私章一枚,盖此单系丁辅之所藏,凌氏书乃根据姚瀛所藏《洪杨纪事》抄本编纂而成,而凌氏之得见此抄本,亦由丁氏出示(见凌氏自序)。以上两章印,附图二未有依凌氏影片摹出,故为补叙于此。

关于钱瑞文收藏的两张,其照片见本文附图三、四。从照片看来,这两张原件的大小是不一样的。顶栏内所揭的名称亦不完全一致,一作"　国癸开拾叁年分完纳漕粮便民预知　",一作"癸开十三年分下忙漕粮预知　单",今更将两单的大栏内所载的事由,择其可辨别的文字各释录于图之右方。

以上两单,皆为癸开十三年归王邓光明所发。光明于太平十年从李秀成攻克杭州,以功封归王。太平十四年,即清同治三年,清军陷杭州,进攻嘉、湖,光明以石门降清军(见凌氏书卷十九《贰臣传》,页8)。附图四为下忙预知由单,然据《贼情汇纂》卷十《贼粮》云:"无上下忙卯限章程。"又同书卷八《伪文告》云:"数目诸字,俱作壹贰叁肆伍陆柒捌玖拾。"今顶栏及单末皆刻作"十三"年,尽与书中所载规例不符,颇疑其为伪造。又附图四载有"今据中营军帅"等字,按军帅为第十二等官(或云十四等),高于师帅一级。可见它与前揭仁和县的由单由师帅直接颁发的办法已自不同,即与附图三由归王径下告示的办法亦不同。所有以上三单均行于杭州或其附近,而其办法纷歧如此,且文字格式亦各有种种差异,实为可以注意。

现在让我再将上海太平天国起义百年纪念展览会中所陈列的四

张由单加以检讨。这四张由单，其中有一张据绍溪的记载，是"癸亥十三年前军后营师帅陆某所发"，这张与凌氏书中所载的仁和县便民由单同时同帅，疑即为丁辅之所藏的原件，然太平历"亥"均作"开"，则"癸开"不应作"癸亥"，未知是否传抄之误？如原件确作癸亥，则原件大有问题。

其余的三张，两张是辛酉十一年（1861）浙江海宁县朗天义陈文炳属下所发，另外一张是壬戌十二年天军主将邓光明在浙江所发，皆早于以前所发见的癸开年分之单一年或两年。太平天国封爵制度："异姓不封王，于是创立五种封爵以待有功，五种封爵者：其爵号以三字为准，中为'天'字，系公用之字，末为义、安、福、燕、豫五字，任择一字，其首一字，则为临时封爵所加界，其爵在王之下、侯相之上。"（参吴宗慈《太平天国封爵述》，页1）准此而言，则"朗天义"之"天"字为公用，"义"字为爵号，"朗"字为临时所加界。盖"朗天义"乃嘉兴守将陈文炳未封听王前之封号（参前书页26，及页63，亦作"朗天二"）。我因未见原单或其影片，实无从置喙。但以为壬戌十二年（1862）天军主将邓光明所发的一张，似亦尚有问题。因光明于太平天国庚申十年（1860）从李秀成攻浙，封僚天义；1861年，封"主将"，1862年封"归王"（见郭廷以《史事日志》下册《附录·王表》，页26），似不应于1862年仍用"天军主将"署衔，证以癸开十三年（1863）的由单自署"归王"之例，亦可为旁证。故如绍溪所记不误，则此单与癸亥陆某之单均不无可疑之处。我意以为最近上海展览会的陈列品中有伪造的可能性的较之浙展的为大。因自浙展以后，国内有人利用易知由单以证明太平天国的天朝田亩制度之不存在，由单的史料价值顿高，而伪造者往往喜将年分移前，以抬高其文献价值，所以沪展同时有三张年份较早的由单出现。不过这几张由单我毫未寓目，究竟真正情形如何，只好留待将来的考证罢了。

　　总之，以上所有已经发现的太平天国的由单如果全数都是真的话，那就有几点值得我们注意的事：第一，它们纵然在名称上有种种不同，或名"便民由单"，或名"漕粮便民预知由单"，或名"漕粮预知由单"，但它们的实质都是为征收漕粮所用的易知由单。第二，它们所颁发的地点，都在杭州、嘉兴一带，颁发的时间，皆在太平天国的末年，由辛酉十一年至癸亥十三年的三年中。它们的记载，比之明清之际的由单简单得多，但它们在系统上比之后者却纷乱得多。明清时，由单的制定，是统一于户部的，州县根据户部承奉谕旨批准的定式刊印以颁发于花户，所以有一定的系统可寻，各州县由单的内容与格式比较上亦还大体一致。至于现今已发现的太平天国的由单的情形，却大不相同了。它们或由"王"径下命令，或由"王"据军帅禀称然后颁发，或由王的属下颁发，或由师帅直接颁发，但从来没有请命于"天王"的。且皆为征收漕粮而设的由单，便有特为下忙而设的，亦有不分上下忙催征的。它们颁发区域是如此地邻近，颁发的时间是如此地衔接，而办法如此地分歧——差不多没有一种是完全相同的。从种种迹象来看，其中至少有一两种是伪造的可能甚大。

　　关于太平天国的"天朝田亩制度"，近十几年来迭经学者的讨论，似乎已得到大体一致的结论，这一个结论可以分开三方面去说：第一，天朝田亩制度就是一种土地公有制度；第二，它是一种不切合客观情况要求的农业社会主义的空想；第三，它不曾实行过。我现在先引证几位学人的研究成绩，然后再将问题提出。

　　对于天朝田亩制度，作过深入而结实的历史研究的，据我所知，以罗尔纲先生为最早。他于1936年1月在《史学》第19期发表过一篇《太平天国天朝田亩制度实施问题》，他根据北京大学研究院所藏周志记田主租捐执照一张并参考许多资料去推论太平天国并不曾实行过天朝田亩制度。其后,他又在《跋皖樵纪实》文中征引了书中所记的与捐税有关的资料共十五条,重证前说。1949年,他更作第三次的修改,作成《太平天国的理想国》一册子,于1950年5月由商务印书馆出版。书中增加了不少材料,尤其值得我们注意的,添入了几张强有力的物证——即现时还保全下来的几种太平天国于征收粮赋前发给纳粮人户的"预知由单"。他的研究的光辉成果已大部分被采摘或移植于各学人的花园中,但在不同的土壤中培养着。他新近出版的《太平天国史稿》一巨著很扼要地将他所得结论重述一次说:

> 太平天国理想社会,由于当时战事变化无常,农村秩序无法安定,其作为改革中心环节之土地国有制,尚未能见诸实行。惟此种理想,在太平军与天朝首都天京之内,则首先试行。(页88—89)

其次,彭泽益先生《太平天国的革命思潮》(1946年,商务版)书中云:

> 一八五三年,太平天国建都南京,颁布了一种"天朝田亩制度",主张废除旧的土地私有关系。……这就是要实现土地平均政策,而建立"有田同耕,有饭同食,有衣同穿,有钱同使,无处不均匀,无人不饱暖"的均富制度。这种制度,是以土地国有为基础,而与土地私有制度是大相径庭的。可是这个制度富有浓厚的空想性的,因为它缺乏社会物质的基础。在当时私有制度正向上发展,客观条件尚不容许新的制度,以致大大的减削了它的现实性,所以结果还是承认地主的存在,而采行按亩征粮的科派政策。(页28—29)

其三,让我介绍华岗先生的说法,他在《太平天国革命战争史》(1949年,海燕书店版)书中说:

　　至于太平天国对于土地改革的远大理想与具体方案,则可在太平天国定都南京以后所颁行的《天朝田亩制度》中得其梗概。在天朝田亩制度中,不但规定了改革土地的方针,而且提出了军制、礼俗、教育、选举、司法等等方面的改革方案。可见太平天国当局已经认定土地改革是中心环节,而其他社会改革都应该环绕这个中心而进行。……(页196)

其下又云:

　　太平天国当事人根据他们自己的认识逻辑,以为大家如果都能依照上述办法去实行,就不难达到一个伟大的理想:"有田同耕,有饭同食,有衣同穿,有钱同使,无处不均匀,无人不饱暖。"这显然是一种农业社会主义思想。这种思想,在主观上梦想超越当时消灭封建主义与创造资本主义的历史界限,企图超时代的平均一切财富与消灭私有制度。这种思想,虽不失为一种良好的主观愿望,但在太平天国革命的时代,即当中国社会发展阶段还在封建社会的时代,当然没有实现的基础和条件,结果就不能不流于空想。(页198及页207—209)[1]

　　最后,范文澜先生有比较稳重的看法,他在他的名著《中国近代史》上编第一分册(1950年2月,上海新华版)中说:

　　……这是天国政治经济的基本思想。……根据这个废除私有财产的原则,在土地问题上产生分田法,根本推翻地主占有土地

---

[1]最近又得读华岗《中国民族解放运动史》第一卷,增订本(1951年7月三联沪第一版),页212—214,页220,但他的论点与上引书中的仍然一个样,不烦再引。

制。……这个分田法不是根据各地实际情形,而是在纸面上作详
细规定,这就不得不陷于空想。据现有各种史料看来,它似乎不曾
实行过,因为土地与人口的配合,情形非常复杂,不像想象中那样
容易,同时满清军队不断进攻,烧杀抢掠,天国领土常起变动,农村
秩序无法安定。但从另一意义看,也可以说实行了田地分配。……
(页143—144)

接下,他引了好几条史料,并根据天国十三年元和县冯嘉龙户的便民由
单内开有应完漕米额的一部分——"二斗四升"四字(见本文附图二),
再按十一年不知何处的周志记的田额十四余亩计算(见本文页136),
来推论一般农民所缴纳的漕米额,谓为仅占其总收获量的极小部分,所
以他的结论说:

> 因为地主高利贷者或死或逃,土地归耕者所有,地主剥削已不
> 存在;……农民有田可耕,无各种剥削,仅对天国政府缴纳轻微的
> 粮米,生活确是改善了。……天国农民生活与满清统治时期对照,
> 显然有天渊之别,……太平革命的伟大意义在此,……(页145
> 及147)

范先生的分析,较之其他各位学者已迈进了一大步,但可惜他尚未能充
分发挥,且还有一些可以斟酌的地方。

最近,我又看到了与此问题有关的材料两则:其一是1950年11月
金毓黻先生给《太平天国史料》(北京大学文科研究所、北京图书馆合
编《明清史料丛书》第二种)所作的《序文》,据说:

> 在最近〔北京〕新史学研究会召集的太平天国问题谈会上,
> 叶蠖生先生曾谈到这一问题(按即圣库制)。他说:"太平天国在

军中实行供给制是收到效果的；但是他们根据这样的经验，推行到农村去，来制定天朝田亩制度，也要农民实行近于供给制的支用公粮，结果就实行不下去了。"这是很合逻辑的推断。(页3)

可见金先生也同意叶先生的看法，但可惜我没有机会参加那一次盛会。

周穗成先生在本年3月23日天津《进步日报》"史学周刊"第11期内发表了《太平天国黄祠墓田凭跋》一文，他利用太平天国十二年忠王李秀成发给无锡荡口黄氏宗祠的"田凭"照片一张 (附图五)，作为太平天国承认土地私有的物证。同时，他也提到"预知由单"就是通知"土地所有权人"使依期照额完粮的催征单。他根据的资料大半仍以罗尔纲先生所发表的为主，但他另外有一两句话是比罗先生说得清楚一些的：

> 由此可知太平天国虽未彻底实施天朝田亩制度，却实施了"按田造花〔户〕名册，以实种作准，业户不得挂名收租"，使土地归实际耕种者所有，废除了地主阶级占有土地的制度了。

关于周先生的意见，我在下面拟再加以检讨。

僻处海滨，又复困顿床蓐，未能遍引当代学人的论据，但代表之作，相信已略尽于此了。

我个人的意见，与他们的大有出入，谨请大家教正。

第一，关于《天朝田亩制度》一文件的基本看法。如果把它当作法律条文或具体方案去处理，再断章取义的照字面上去解释，那是非常危险的事情。比如根据该文件内载有"凡天下每家五母鸡，二母彘，无失其时"数语，便遽认为这是法律上的规定，必须依法执行，那就虽起心中捉摸着"日攘一鸡"的孟轲于地下，亦只好空叹息有仁心而无仁术了。又如专就字面解释，则"有饭同食"尚容易办到，"有衣同穿"便比较困难。我们读此一文件时,必须将它放在整个的时代背景前去看,再追求原来起草人的原意,分别出哪些是重要的,哪些是次要的,然后才可以下判断它代表什么制度。如果我的读法不差,则我就全文件看来亦看不出当时的起草人有马上就要执行土地公有的意旨,它的主要倾向侧重在"有田同耕"及"钱谷公用"两方面;对于所有权方面的规定是笼统的,概括的,它没有积极的否定私有权的存在,因为这一问题在当时的客观情况下比较次要。

第二,《天朝田亩制度》一文件是否为一种空想主义? 那要看太平天国有没有一套的实行的办法,实施时得不得到群众的拥护。这一问题的解答,可从下面得之。但我们切不可将最终目的与临时最低纲领不加分别混为一谈。不应将天朝田亩制度思想体系的宣传,当作了当前行动纲领的实践。

第三,太平天国曾经实行了天朝田亩制度没有? 此一问题,应当从太平天国有没有一定的土地政策及其实践情形如何去解答。实践与理想间的距离,便是空想的程度的标志。我的答案以为太平天国确曾实行过土地改革,而且得到了广大的农民群众的拥护。这是它革命初期得到迅速成功的主因。

以上三点,其实不过是一个总问题的三方面——这个总问题就是太平天国的革命运动的本质。如果我们承认它是一种有崇高政治目的的农民革命,那就非有一个土地政策且真正地执行它不可。否则或不免认它作一种宗教革命甚至以为军事暴动了。

在我未将我的论断充分说明以前,我想先将当代学人致误的原因详细检讨一下。我这篇论文是一种历史的探讨,因为罗尔纲先生提出的历史证据最多,他关于这一方面的研究成绩特别丰富,所以讨论时征引他的著作的地方特别多些。但批评的对象,当然不限于他个人的。

我对于太平天国史的知识殊不充分,病中更未能用功用脑,文中可能有错误之处甚多,希望学术同志多加纠正。

利用在太平天国时有征收田赋事实之存在,来证明天朝田亩制度不曾实行过的,据我所知,以罗尔纲先生的论文为最早,且证据最充足。罗先生在他的大著《太平天国史考证集》(1948年沪版)书中,根据清安徽潜山人储枝芙著《皖樵纪实》一书所记与征发有关的材料共十五条,得到如下的结论说:

> 我们根据上面的记载,可以看出太平天国取民的制度出来:第一,太平天国取民制度的名目有进贡、报效、捐费、地丁四种,而以地丁为经制的钱粮;进贡、报效、捐费三项都不过是临时的征收。……第二,太平天国虽曾颁布了公有"天朝田亩制度",但究其实,还是承认私人土地所有权,向人民征收田赋。第三,太平天国有亩捐之收,与满清方面的筹饷方法相同,这是于田赋之外的另一种捐项。……这三种情形,都是我们在别种记载所不能清楚的看得出来的。尤其是太平天国曾否实行天朝田亩制这一个问题,近年来还为人所争讼。二十五年一月我……根据北京大学研究院所藏周志记田主租捐收据,并参考各种记载来论述太平天国并不曾实行天朝田亩制度。现在得到储氏此书如此的详细记载,他从咸丰四年(即太平天国甲寅四年)太平天国克潜山起,至咸丰十年(即太平天国庚申十年)退出潜山止,在这六年中,凡太平天国在潜山取民制度施行的情形,都一一的记录出来,田赋是照旧征收的,于地丁钱粮之外,又有按亩收钱的亩捐,这都是承认地主所有权的铁的事实,更加足以证明我从前所说太平天国不曾实行天朝田亩制度的论断是不错的。(页231)

最近罗先生在其大著《太平天国的理想国》（1950年，商务版）一书中又添入了前几年发现的太平天国易知由单三张，作为他的天朝田亩制度始终未曾实行过的积极证据。他在该书第四章"天朝田亩制度施行的实情"中列举《皖樵纪实》书中对土地方面有关的资料共十一条作为论断的证据外，又说：

　　国立北京大学研究院明清史料陈列室藏有一张周志记租捐执照，其全文照录于左（请看下页左方长方栏内所记——笔者注）：

　　这张执照里面，周志记是田主户名；宝安局是周志记所在乡官公所。所收的"租捐"，其意义不很明显，或许是跟"亩捐"相类的一种粮赋以外的附加税。但是，不管他是人民自行造纳的粮赋，抑或是附加税，然而同样的都是承认"田主"地位的一张重要的证据。此外，今日还保存有几种太平天国在征收粮赋时照旧例先行发给的"便民由单"，及"漕粮预知由单"（原注云："便民由单"式见凌善清《太平野史》附照片，系太平天国癸开十三年仁和前军后营师帅陆某所发。漕粮预知由单凡两份，见简又文《浙江文献展览会中之太平文献》，系归王邓光明所发），使田主预知他们应纳的数目。这些由单，又是太平天国照旧征收粮赋的物证。我们知道，天朝田亩制度所定，凡人民生产都归国库所有，人民不得私有土地财物，所以国家也没有向人民征收粮赋的事。今据所见真确可信的文献，太平天国在甲寅四年，即颁布天朝田亩制度后一年，便已经向民间照旧征收粮赋了（按《皖樵纪实》书中载有："咸丰四年〔即太平天国甲寅四年〕秋七月，贼勒征地丁银。及咸丰四年十一月贼勒征粮食。"等记载共十一条，罗先生上句乃指此而言），并且明白承认地主的地位，那么其为维持不变旧日的土地制度的关系可知,也就可见太平天国不曾实施土地社会公有制度的了。(页32—33。)

罗先生主要的论据,以为根据天朝田亩制度的规定,是土地公有,人民生产都归国库,人民不得私有土地财物,国家也没有向人民征收粮赋的事。所以由于有征收粮赋的事实的存在及征收单据的遗留,皆足以为太平天国不曾实行天朝田亩制度的铁证。罗先生是太平天国史的专家,是我生平所交的作学问的朋友当中最敬佩的一位。他平日关于太平天国史实整理考据的成绩,我是尊重不过的;但他此处的论断,我颇有自己的微见。我以为土地公有与私有之分,似不能从征收粮赋与否一事去论断。远如"井田制度"与贡、助、彻的关系如何,姑且不必深论。即如关于北魏、北齐、北周所行的"均田制度",只管我们说它在实行上并不普遍,它的本质并不是真正的均产主义;但如专就在当时的均田制度下而言,则所有那些有资格向政府领受田地的"良民",根据他们的性别、年龄,及其占有的奴隶与牛只的多少之区别,每一个类目所受到的田亩是一致的。从这点意义上说,均田曾经实行过,那是不成问题的。然而在这种制度下,受田者对于国家是有一定的租、调的负担的。我们不能因为北朝的征收租、调,便否认了均田

太平天国辛酉十一年十二月初二日

此照

今据周志记田主租捐报明计田十四亩八分

限四日交

宝安局

不作为凭

制度的存在。至于均田制度实施情形如何,它的社会本质如何,那是应当别论的。且即在社会主义的国家,还是有农业税的存在,苏联的历史可以为证。苏联于1921年3月行粮食税来代替旧日的余粮收购。1924年农业税改为以货币征收。中经多次的修订。至1936年,对于集体农场实行征收所得税,以代替农业税,规定以货币缴纳。从此时起,农业税仅用于征课集体农民与个体农民的收益。1939年农业税再事改造,规定用累进制以征课集体农民与个人的附属的经济收入,以代替原来的定额税制。1940年农业税的收入为2,095百万卢布,稍次于自人民征课的所得税与文化捐两项的收入,其数目是相当可观的(G. 马尔亚亨著《苏联之税课制度》,申谷译。此处由彭雨新先生检示,谨此致谢)。

　　总之,征收粮赋,并不是与土地公有制度两不相容的事件。问题倒在:(一) 太平天国真正行了土地社会公有制度没有? (二) 还有私人地主存在与否? 关于前一个问题,我以为一种土地政策包括在《天朝田亩制度》中的确已实行过。自然这种土地政策,只要是根据《天朝田亩制度》来规定的便够了,不必定如罗先生所说的一样,就是土地社会公有的制度。《天朝田亩制度》是在癸好三年 (1853,即清咸丰三年),初建都天京刚获得了伟大的胜利时便即颁布的。在革命高潮底下,反动势力的没落当中,这个制度的实行所遇到的阻力最少。革命的团体,在上述特别有利的条件之下,一定要实行它,那是不成问题的。正如罗先生所说的一样,天朝田亩制度乃以土地社会公有制度的一方面为灵魂 (见页26)。如果太平当局将整个制度的"灵魂"那一部分扬弃了,而单独保留其他不重要的部分,那是最不可想象的事。相反地,他们定必尽全力于最根本的方面的实践。并且天朝田亩制度,有它的整个不可分割性,如果没有土地的改革作它的灵魂,则其他的部分皆将无所附丽。所以罗先生以为天国田亩制度中,所有关于兵民合一的制度直行至太平天国败亡的时候,然而欲施行兵民合一的社会组织,必须有它的社会经济的基础①。这个基础固然不限于土地社会公有,但亦决不是像罗先生所说的"维持不变旧日的土地制度的关系"所能做得到的,更不是"保护地主的权益"所能办到的。为了配合整个法令,整个政策的推动,旧日的生产的社会关系决不能不变动,那是可以不言自喻的了。所以另外根据一些其他史料,便使罗先生亦不得不承认太平天国,在一部分地方,曾经实行过耕者有其田的制度,不过罗先生似乎并没有将这些史料的重要意义充分发挥出来,所以他认为"在这种耕者有其田的制度之下,佃农所耕的仍是从前所租地主的田,而不是经过太平天国按照《天朝田亩制度》所规定的土地社会公有制度来授田给他们的"(页36)。例如他引用汪士铎《乙丙日记》中在离天京三十里的乡村陈墟桥蔡村与农民问答谈话的记录时,便似乎没有将史料的重要意义全盘指出,《日记》云:

> 忆寓陈墟桥蔡村时,通村千余家……民皆不识字,而仇恨官长。问:"官吏贪乎?枉法乎?"曰:"不知。"问:"何以恨之?"则以收钱粮故。问:"长毛不收钱粮乎?"曰:"吾交长毛粮,不复交田主粮矣。"(罗著,页35)

① 我意以为天国的军制,与其说它是兵民合一的社会组织,不如说它是寓兵于农的制度(详下)。《贼情汇纂》卷四《伪军制上·伪军册式》云:"……寓兵于农,本《周官》比闾旅党之法。然古法以七家供一卒,此则一家一卒,似贼中有军无民矣,既籍民以为兵,复责以贡献。……"《汇纂》所说"有军无民"一语,殊误。然责民以"贡献",则为不争之事实。罗先生所说"国家没有向人民征收粮赋的事",根本是不能存在的。《汇纂》卷三《伪官制·伪守土官乡官》云:"……令各州县并造户册,……敛费,呈于伪国宗检点,……其军帅……催科理刑,皆专责成,……"根据《天朝田亩制度》,分田,催科,征税,皆由各乡官为之。然分了田并不见得就是土地公有,此理至显明,例如今日之土改,除市郊一些地方以外,农村的土地大部分仍为私有。

上面所载的谈话记录，至少有几点是罗先生一时大意未有充分发挥出来的：第一，全村千余家的农民，皆仇恨官吏，因为官吏向他们征收钱粮；并且这千余家，大约多原属于贫农或佃农阶级。官吏本应向地主征收钱粮的，但当时反向佃农征收，所以佃农因此仇恨官吏。第二，自太平军到后，佃农只交给太平军钱粮，不再向田主交纳地租。一定是经过那次改革后，钱粮的负担是比往日的田租减轻了，所以农民才欢迎太平军。我们还应注意的，就是汪士铎在太平天国癸好三年十一月逃出天京住在蔡村，时在太平天国定都天京后八个月（根据罗先生的考证）。试想以刚刚才八个月的时间，便在离京城三十里的一千余家的村庄里面将全村土地从地主的手里解放出来，径由国家代替了往日的地主，——它或者亦可能就承认原日佃户为自耕地主，但实际结果并无很重要的差别，而且以征收田粮的方式来实行废除私租。在这种情形之下，往日的生产社会关系是不容不变的。我们还可以说太平军没有积极执行他们的土地政策吗？罗先生又引用了《海虞贼乱志》的一段，说"耕者有其田"的制度，"不但在天朝初年曾行于天京附近，而到了太平天国庚申十年还在江苏常熟施行，业户不得挂名收租，所以地主没有租收了，生活便很困难"，这也是铲除私租剥削的绝好的证据。不过罗先生总认为这是一种耕者有其田的制度，佃农所耕的仍是从前所租地主的田，而不是经过太平天国按照《天朝田亩制度》所规定的土地社会公有制度来授田给他们的。我意以为太平天国的天朝田亩制度是否按照那一如罗先生所说的土地社会公有制度的规定去进行授田，在此时还是次要的问题；目下亟须解答的问题倒在是否不须经过土地改革便可以达到农民所耕的仍是从前租自地主的田那一点。罗先生的文章，似乎尚未有充分把握这一点，所以他给读者的印象是不甚清晰的。特别因为他根据一两条特殊的事例，太平天国晚年的史料，如赵氏《洪杨日记》所述浙江嘉善太平军晚期一两处地方的措施,便下结论说"土地社会公有制度始终未实行,更不待说了"(页33—35)。其实上引的嘉善县的材料,乃戎马倥偬一时的权宜办法,是不宜于作例证的。同时,罗先生转引李一尘氏著的《太平天国革命运动史》所载1888年(清光绪十四年,太平天国败亡后二十四年)英国亚洲通讯社指导员哲米逊的两封文件以后,却得来与李氏完全相反的论断,说太平天国并不曾在江南行土地社会公有制。罗先生在引证论断方面亦似有错误的地方,李氏书云:

> 一八八八年英国亚洲通讯社中国分部以哲米逊为指导员,在各省调查农村关系。在江苏省的通讯中,有两封和太平天国在江苏省行动有关,内容极有价值:其一是说镇江府自从太平天国以后,没有大地主,只有小土地私有者——农民。又报告一种有价值的消息道:太平天国在镇江一带屠杀或驱逐了居民,焚毁衙门及土地册簿,而在江苏北部,则几乎秋毫未犯,旧日世家还握有自己的土地,扬子江以南,自从一八五六年以后,占有土地者皆为捷足先登,握有田主的文契而又多年耕种过土地的人……(李氏书,页132)

我以为哲米逊两封通讯,据李一尘书所载的,其中一封是说镇江府自从太平天国以来没有大地主,只有小自耕农。另外一封,头二句是解释为什么镇江没有大地主的原因,那就是因为太平军屠杀或驱逐了他们。其下又说太平军"在江苏北部,则几乎秋毫未犯",所以在苏北,旧日世家还握有自己的土地。其下又续载"扬子江以南,自从一八五六年以后"的情形。乃泛指自一八五六年清军大举反攻,太平军屡次退出防地以后,长江以南的一般情形,并非专指镇江,且镇江的情形亦有些特别,在那里太平军杀戮驱逐地主并焚烧衙门及土地册簿。若在上海及其附近,则地主阶级大半在太平军尚未到达时,便已逃避一空了。李一尘书中但还有一段是罗先生所未引的,可以证明我的读法不误,李氏书载:

> 在哲米逊的文件中,有一八八九年二月二十二号通讯社的会议纪录:在会议上,讨论社长哲氏论中国采地制一文时,加尔斯(Carls)君起发言:在社长论文中有两三点讲到上海和上海附近的采地制。按该处在被太平天国蹂躏时,人民多向外逃难,十室九空。后来人民还归故乡,政府设法使各管有自己土地,但旧时文契多已消灭,政府不得不重新发契……(页132—133。按张霄鸣《太平天国革命史》,页178亦载此)

此时我们回过头来再读罗先生对于哲米逊两封信的解释,及他对镇江没有大地主的原因的解释,便可知他有些不甚妥当的地方。据罗先生的解释说:

> 从这段记载所述,哲米逊调查的报告指出江苏省在太平天国以后两种土地情形:一种是在江南镇江府方面,那里的土地都给捷足先登握有田主的文契而又多年耕种过土地的农人所有,只有小土地私有者而没有大地主。另一种是在江北方面,那里旧日的世家却还握有自己的土地。镇江府是在太平天国癸好(清咸丰三年)给太平军攻克,到丁巳七年(清咸丰七年)又给清军夺去……(《理想国》,页27—28)

以下罗先生又根据清咸丰七年(1857)两江总督何桂清奏报清廷镇江府在收复以后的荒废情形,及光绪初,府属金坛县的详文,来说明

"那里经战祸破坏的重大可知"以后，罗先生又引用了同治八年（1869）清两江总督马新贻《招垦荒田酌议办理章程折》来叙述当江南的田地大都荒废，而以镇江等处为最重，那时耕种乏人，田主以有田为累，故大多贱卖的一般情形。因此，罗先生以为镇江府所以没有大地主的原因，是由于历次兵燹，而与太平军之杀逐无关。他说：

> 在此种情形之下，自不会产生大地主。而那些外来的曾经从事过多年耕种土地的农民，便得有良机领垦荒田，或贱价买受荒田，成为世业。所以哲米逊所记镇江府自太平天国以后没有大地主，只有小土地的私有者，其原因即在于此。这种情形，大概不只镇江府如此。（页28—29）

以后罗先生还举了些例证，最后得到的结论说：

> 可知江南的镇江府和江北两地战后土地关系的不同，实因一则深受兵祸，一则未经兵燹的缘故，而跟太平天国的施行土地社会公有制度与否却是毫无关系的。（页29）

我以为兵祸不过是表面的现象，在兵连祸结的后面还蕴藏着深长的政治和社会的经济意义在里面。正如哲米逊通讯内泄露了出来的，那时的战争的情形，是太平军在江南所到的地方，将地主屠杀驱逐；及清军来后，又将农民屠杀驱逐，所以才造成战后人口锐减土地大批荒芜的现象；而造成这种现象，清军所负的责任定必比太平军多得许多。这说明了什么呢，双方都为了土地而战，至少是双方的战争行为所表现于土地关系方面是各自不同的。必须这样，我们才能领会太平天国农民革命的本质。我要附带的指出，范文澜先生《中国近代史》上编所引的光绪三年（1877）四月二十八日两江总督沈葆桢的《江宁府属拟请酌减漕粮折》中"乡民自种自食,每户不过十数亩而止"数语,则确因兵燹所致,与太平天国的分田办法恐怕只有很间接的关系,我以为范先生最好不必引用那条。

关于屠杀的责任问题,最好引容闳在1859阳历11月初从上海经苏州往访天京的目击情形来作说明,他说:

> 阳历十一月十二日,我们离开无锡去常州。自苏州以上我们都在运河中〔行船〕。沿河两岸的道路尚完好,我们所看见的多数是"叛军"(指太平军),他们来往于丹阳与苏州之间,但甚少看见船只往来。所有环绕上述各城之间的沿河的乡村,似乎都已被农民所抛荒了,旧垦田上铺满了茂盛的野草,更无丰盛的收成。一个不了解情况的旅行人自然会将全部的责任归咎于太平"叛军",但不知〔清〕帝国的军队,在他们与"叛军"的斗争当中,其应受谴责之处并不亚于"叛军"。我们在官道上遇见的"叛军"大都甚有礼貌,且用尽种种方法去保卫人民,来换取他们的信心。凡有放火烧劫,抢掠及虐待人民的行为,皆受死刑的处罚。是夜我们到达常州。我们发觉了自无锡至常州的路上差不多所有民居都已无人居住。偶然看见几个站在岸旁的乡民,他们手中携着小篮,叫卖鸡蛋、橘子与面饼、菜疏和猪肉。他们多数是老头子,面带愁苦与失望的颜容。十一月十三日早六时,我们复首途驶往丹阳。将近丹阳时,在那里的人民似乎已恢复了信心,田畴似乎正在耕种中。"叛军"对于人民的举动是体贴的并值得称赞的。……(Yung Wing, *My Life in China and America*, 1909, pp. 100—101。按此书有中文本名《西学东渐记》,但与英文本甚有出入,上文及下文皆由笔者根据英文本自译)

在同书英文本第103至104页中，容闳又说：

> 我们在苏州及在运河上沿途所见到的荒废情形，一部分是由于张玉良军队退却时所破坏的，一部分由于土匪的洗劫，还有一部分是由太平军自己破坏的了。忠王（李秀成）在苏州时，曾竭力禁止焚劫，凡扑灭放火打劫有功的人，或用金钱赏犒，或以官爵酬劳。他下了三道禁令：一、不许兵士杀戮良民。二、不许兵士屠宰家畜。三、不许兵士放火烧屋。有犯三罪之一的，死刑随之。忠王至无锡时，有一乡村长老（按当即为乡官）因纵容土匪焚烧民房数间便被砍头了。（按第一、第三两条禁令亦见《贼情汇纂》卷五《伪军制下·贼行营规式》）

由上，和其他种种证据，都说明太平军的纪律是严明的。然而这并不是说太平军毫不杀人，相反地，他们对清官清兵满人是毫不留情的。如克南京城时，令居民闭户，在门上贴一"顺"字条，便可无扰。但驻防旗人二三万几乎全部杀光（参郭廷以《太平天国史事日志》页230）。反过来看，清军所杀的是些什么人呢，他们所杀的是良好的老百姓，关于此种分别，我以为张德坚《贼情汇纂》卷十《贼粮·科派》，或凌善清《太平天国野史》卷九《食货》"科派"一条的材料可以引用。凌氏书说：

> ……〔太平军〕，苟得良乡官，偶有抢劫之事，乡官一禀遥达，即将劫掠之人斩首悬示，民情甚安之。故行军所需，或锹锄千柄，或苇席千张，或划船百只，公文一下，咄嗟立办。而清军则甚恨之，谓乡民处处助贼打仗。太平军偶有所挫，清军进占其地，又必毒杀乡民。……

但是光从纪律严明与否来阐说人民对他们的拥护或反抗的程度，

那又未免陷于形式主义，因为秋毫无犯的纪律终竟是消极的，当时的太平军能够使良民相从如流，那一定更有积极的开明的政策作他们的后盾。如果最低的经济生活不能维持，纪律是无从维持的。

其实，为了史料的正确处理，我们与其引用后来的史料来说明战后的状况，还不如引用战争以前的史料来比证战前与战后状况的不同。自南宋元明以来，以至太平天国的前夕，江南一向为全国的财富中心，江南的土地占有的形态，是最集中不过的。此事有种种历史的、政治的、社会经济的原因，我在《近代田赋史中的一种奇异制度及其原因》（载1935年2月22日天津《大公报》"史地周刊"第23期），已有粗枝大叶的阐述，此不多及。我现在所要提出的，就是为什么六百几十年来一向以土地高度集中著名的江南地方，到了太平天国时及其以后便有了小自耕农颇占优势的普遍的现象？面对这些事实，我们还可能否认太平军在他们占领下的江南，已经进行了相当彻底的土地改革吗？

根据这种了解，我相信"天朝田亩制度"是太平军多年战斗得来的经验的结果（理由详后），它的颁布是与太平军起义以来的各种政策，在精神上是一贯的，在实施上是彼此互相配合的。它决不像罗先生所说，是"天王洪秀全创制的"。我不否认洪秀全对此制度的规定，可能有很大的贡献，但杨秀清可能亦有一部分的贡献，因为自建都天京以后，不止政治实权落到他的手中，且典章规制方面，他亦参加不少意见。还有他是"种山烧炭"出身，他属于半农半工的阶级成分，如论思想意识的根源，可能比洪秀全还正确一些。再则我必须反对《天朝田亩制度》是洪秀全从基督教义及周礼得来了思想的渊源，再以此为根据而订定这个制度之一说（罗书第三章"天朝田亩制度思想的渊源及其根据"，页14以下）。同时我也反对《天朝田亩制度》是"太平天国的理想国"的看法。因为唯有在思想能够把握群众的时候，才可以产生物质的力量，一个政策之成功与否,主要的是看它能否适应实际的情况,得到群众的拥护,而与一两个特殊人物的中心思想的源头无重大的关系。根据这些认识,我们对于为什么太平天国在早期时很迅速地便得到伟大的成功一个问题,便可以迎刃而解了。现在让我对太平军早期时的财政经济政策来作一简单的检讨。太平天国的财政措置,像一般的农民革命一样,最富于"劫富济贫"的思想,如太平天国癸好三年(1853)破武昌后,设圣库于武昌长街,及令富人助饷(郭著《日志》页202、208)。说到圣库制度,更是极富军事共产的色彩的。先是在1851年(即太平天国辛开元年八月初七日)太平军入驻永安州城时,即已公布并实行了军队生活中的共有共享化的圣库制度。它的办法,就是令各军各营众兵将,"凡一切杀妖取城,所得金宝绸帛宝物等项,不得私藏,尽归天朝圣库,逆者议罪"(《天命诏旨书》页8—9)。其后1852年(即太平天国壬子二年八月初十日)军次长沙,诏令"通军大小兵将,自今不得再私藏私带金宝,尽缴归天朝圣库"(《天命诏旨书》页13)。其实天朝圣库制度,就是《天朝田亩制度》中所规定的农民耕种收成,"除准留粮食可接新谷外,其余都归国库"的办法的第一版;转过来说,整个天朝田亩制度亦可以说是圣库制度的放大增订本,所以又加入了"兵民合一的社会组织制度"诸条。根据罗先生自己考证后所得来的结论,圣库制度与兵民合一制度,都不止备有完整的系统和相当满意成绩,并且,前者至少行了五六年之久(见氏著《太平天国史丛考》页108—112"太平天国圣库制度及诸匠营与典官制度"),后者则行至太平天国败亡时(《理想国》页24),但关于《天朝田亩制度》关于土地的一部分,罗先生再三强调它始终成为一纸空文,并没有实行过(页37)。那真未免有点滋人疑惑了。

到现在,我可以将我对于这问题的看法提出来了。我以为《天朝田亩制度》系代表一种政纲,充其量亦只能把它当作一种基本法看待,在各地执行时还应当有实施办法及各种特别的规定的。正如在今日,经中央人民政府委员会会议通过的《中华人民共和国土地改革法》颁布了以后,还需要再由中南军政委员会作《关于土地改革法实施办法的若干决定》,然后再由广东省人民政府依以上的指示作成《广东省土地改革实施办法》,并分别制定《广东省土地改革中华侨土地处理办法》①与《沙田处理办法》,提请大行政区人民政府批准,然后施行的一个样——上开步骤固然是今日的情形,但一种基本法公布以后,在其施行以前仍须在各地制订补充法规实施细则,及各种特别办法,恐怕是古今大致一样的。固然古时的立法手续与程序是很简单的,各地方的细则并不必须作成条例文字;况且太平天国在它大部分的领土上还属于军事占领时期,尚未能成立一个很有威信的中央政府;所有以上种种情形,更增加了它的地方歧异性。然而我们不能因为各地实施办法的偶然歧异,便怀疑到基本法必然一点没有实行。总之《天朝田亩制度》中关于土地政策的部分,不管我们叫它做"土地社会公有制度",或"耕者有其田制度",它确是已经经过革命的实践的阶段。绝非"始终没有实行",我们不应该抹杀它这一段最光荣的历史。

────────────

① 按此办法已于1950年12月底自中央人民政府政务院公布了《全国土地改革中华侨土地处理办法》后已经取消(可参阅1950年12月31日《文汇报》,1951年1月1日《南方日报》),我举了许多现实的例子,目的只在证明暂时地附有条件地承认私有土地的存在,并不等于土地政策的不存在。可是就天国的土地政策的实践来说,如果完全把它比作现在仍在进行中的土改,那自然是错误的。从历史的条件来说,那也是不可能的。现在的土改是在中国工人阶级及其政党——中国共产党领导之下进行的。太平天国没有这样的领导,也就不会有这样的土改。如果说,天国的土地政策已经很完备,像今天的土改一样,那就不免高估了天国的土地政策而同时也低估了今天的土改。天国的土地政策的缺点,我在后面将详为指出。

　　读者或要问,太平天国既然用革命的手段去执行它的土地政策,那么是否还有私人田主存在呢? 答案:从现存的史料看来,在有些地方田主是有的,但这种现象并不能用作天国没有施行它的土地政策的根据。从《天朝田亩制度》一文件研究起来,我要首先指出的,就是这个文件,对于土地所有权的处置,并无明文规定。虽然这文件亦有"天下人人不受私物,物归上主,则主有所运用,天下大家处处平均,人人饱暖矣"等话,但此乃泛言,且所谓"物",似专指流动财产及收益而言。所以它讲了一大套平均理论以后,最后的一句话还是:"但两司马存其钱谷数于典钱谷及典出入。"上面一个"但"字,有总结的意义在内,我们不可轻易地读了便放它过去。且只言"钱谷"未及其他,亦可为证。如果真是要实行土地国有制度的,那么为什么文件上除了以收获量的大小来规定田的九等,及男女的成年未成年龄两项有明文规定以外,其他与所有权最关重的事项,像每人可以分到多少亩田? 分配时以乡或村,抑以一军或二十五家,为一单位? 老死还田的规定如何? 是否可以转移、买卖和分割? 一点也没有提到,况且整个文件亦可解释作土地使用公有,亦唯有这样的解释才切合历史的实际。由上看来,似乎当时的起草人们的心目中压根儿便没有准备要马上实行土地国有,所以他们对于分田办法很笼统地便交代过去,绝不作明确的规定。总而言之,这整个文件,不过是一种大纲的性质,它只作原则性的指示,决非法律上的条文,更非施行的细则。它本身就保留着无量限度的解释权。

　　从上面的分析,可知《天朝田亩制度》一文件并没有将土地所有权的处理放在第一重要的位置。它的理由在后面再谈。现先将近年来发现的两张承认田主的地位的天国物证作一检讨。第一张是罗尔纲先生所发表的太平天国辛酉十一年不记地名的周志记田主的租捐执照,我已载前面 (页136),并说到它不足以作为推翻天国曾经实行过土地改革的理由。第二张是天国壬戌十二年无锡荡口黄氏宗祠的田凭,这一张照片曾载在1940年《广东文物》上册,卷二,出品摄影门,第127页。今承谭彼岸先生以底片相借,附载本文,如附图五。近日周穗成先生写有《太平天国黄祠墓田凭跋》一文,载今年3月23日天津《进步日报》"史学周刊"第11期,对于此田凭有详细的介绍,但他对它的历史意义的解释,多采用罗尔纲先生《理想国》书中之观点,例如罗先生似有误读哲米逊通信的地方,周先生的读法就更为简捷了当了。我拟对周文补充三点:

一、将此田凭与天国十一年十一月初八日发给无锡荡口黄兴和头绳花布店的"商凭"来比较,我们发现了许多值得注意的地方:(1)商凭

附图五

末二行所记年月，作"太平天国辛酉十一年十一月初八日给。"（凡原件中用毛笔填写之字今均于其下面加〇，凡其下无〇之字皆为刻好的字）田凭末一行所记，作"天父天兄天王太平天国壬戌拾贰年　月　日给"（皆为仿宋体木刻字）。今按李秀成《原供》云：

> 去年（天国十三年）天王改政，要令内外大小军营将相，民间亦然，凡出示以及印文内，俱要刻天父天兄天王字样，不遵者五马分尸。……那时人人遵称，独我与李世贤不服，李世贤现今亦未肯称者也。天王见李世贤不写此等字样，即行革职，现今李世贤之职尚未复回。天王号为天父天兄天王之国，此是天王之计……

我们如果相信供状的话是真的，则称"天父天兄天王太平天国"之事，乃在十三年，且秀成并未遵奉此令。今十二年田凭末行所载字样，显与供状不合。萧一山影印《太平天国书翰》（1937年出版）内载洪仁玕、李秀成等的书柬十数通，以天国辛酉十一年的居多，是时洪仁玕等朝臣已有用"天父天兄天王太平天国"来纪年的了，然李秀成几封书信均不用此题记，亦可供参证。(2) 商凭与田凭相差只一个月，而前者由忠王殿前的户部丞相陈某及殿后军主将陈（坤书）等联衔发给，后者乃用忠王名义径发；前者为通行木刻字，后者用仿宋体字刻印（按《汇纂》卷六《伪礼制》"伪印"条云："伪印皆宋字正书。"）。至其他小节相异之处尚多，今不备举。商凭影件，亦载《广东文物》。周穗成先生复有《太平天国黄兴和商凭跋》一文，载1951年3月31日"史学周刊"第12期，读者可以参看。总之，此两"凭"单可以怀疑之处颇多。

二、如田凭非伪造，则我们亦应注意，此凭中的田主是黄氏宗祠，田地的性质乃属于一种尝产（墓祭田）。按天国初年颇禁革旧日迷信习俗，令人"死不用棺，不设香火"，只要祭告上帝。清人记录中屡载太平

军初期时有毁拆祠堂及庙宇的行动①,光绪《浦江县志稿》卷五《粤匪扰浦纪略》记他们于天国十一年秋间初到县时的情形,亦谓:

> 贼例不薙发,不吸烟,崇奉外教,不祭祖先,不立神像,见即毁之。……

此种情形虽未必各地皆然,且李秀成的一般政治措施,皆较天国初期和缓,如十一年在杭州施舍难民棺木,然尝田的允许存在一事似应注意。

三、如近年所发现的由单及田凭全部皆真的话,则应注意所有的田额及税额都没有达到很巨大的数目,如黄祠墓祭田仅十八亩,周志记的田亦只十四亩八分,各由单的粮额多亦不过几斗数石。从以上迹象来看,都指出小田主的普遍存在,且他们似乎属于自耕农阶层的成分居多。

我以为承认小自耕农的土地所有权,依照《天朝田亩制度》一文件来解释,并无积极违背基本精神之处,它不只可以说得过去,且是配合现实政策之一面。

《天朝田亩制度》一文件,关于土地部分,我以为其中有三点已经作到,值得我们的注意。因为它们已经过实践的阶段,所以有历史的研究价值:其一,开于土地使用的规定,采取分田办法,即所谓"凡天下田,天下同耕",与"有田同耕,有饭同食"这几句话。然而欲使农民人人都有耕田的权利,并非一定非实行土地国有不可,用平均地权的方法亦可以达到上述的目的。所以从文件本身去解释,设置土地公共使用权并非就等于完全取消了私有权。文件中并没有积极的与毫无条件的否定了田主的存在。如果硬要叫它作土地国有制度,那么,我们亦未尝不可

①《汇纂》卷三《伪官制·伪科目》:"……贼严禁醮祝,多毁寺观。……"

以有自由解释之权，但恐非起草人们心目中马上所要解决的事情罢了。当时的客观情势，一般农民对于土地使用权之获得较所有权的获得更为关心，只要将前一问题解决，他们也可以暂时的满足了。太平天国对于此一问题的解决，根据种种记载，确是尽了很大的努力，而且有很好的成绩。其二，关于农民对政府的义务的规定，系采取征收余粮的办法，此即"每人所食，可接新谷外，余则归国库"的办法。这一点，太平天国亦是实行过的。当然"点滴归公"是无法作得到的，然而并不须那样彻底，事实上它亦没有作得那样彻底，天国所征收的至多不过百分之五十左右；在晚年，浙江绍兴的田赋，仅为三分之一（见《越州纪略》，载页182）。其三，按口配粮的办法。规定每家出一人为兵，其口粮由政府颁给，兵的待遇与军官相差无几的。"其余鳏寡孤独废疾免役，皆颁国库以养。"第三点原与土地制度本身较少直接之关系，但它在土地政策的运用上发挥了很大的作用，故亦在此一并提出。总之，天国对于以上三个办法的配合，作得很成功；它们配合起来，便构成一种土地政策，整个政策亦是成功的。我们不能说《天朝田亩制度》并没有实行过，更不能说它是一种空想。

在我尚未提出历史的证据来充分说明以上三点以前，我首先要将《天朝田亩制度》中所规定的农民的政治地位说明一下。根据《制度》所规定，农是比官低的。但当时的所谓"农"与"官"各有其一定的含义，兹先引证《制度》所载原文：

> 凡天下官民总遵守十款天条及遵命令尽忠报国者为忠，由卑升至高，世其官。官或违犯十款天条及逆命令受贿弄弊者则为奸，由高贬至卑，黜为农。民能遵命及力农者则为贤为良，或举，或赏；民或违条命及惰农者则为恶为顽，或诛，或罚。

其下又载力农者得保举为官的手续，文长不录。由官降为农的场合，如下列诸条：

> 凡滥保举人者黜为农。凡天下诸官……滥保举人及滥奏贬人者黜为农。……谴谪各军帅所奏贬各官，或贬下一等，或贬下二等，或贬为农。……但凡在尚（上）保升奏贬在下，诬则黜为农。……诸官……礼拜，颂赞，……有敢怠慢者黜为农。钦此。

读者看到此处，恐怕不免要猛然发问，说这样岂不是一个阶级分明的社会吗？且慢性急，要晓得官农的升贬，完全以功罪来决定的，彼此之间并没有不可逾越的距离，这是一点。再则所谓官与农之分，用今日名词解释，实即战斗员与非战斗员的分别，对于前者特别优待些，在那一个合理的社会里（中国过去历史除外），都是应当有的事不足为怪的。至于世袭的官，只限于对国家立有大功勋的少数人，并非人人如此，此在当时亦有其客观理由的存在。况且自各家抽出来的兵，论其生活待遇，虽与军官相差不远，但论其等级，自亦比军官为低，自然他们可以一步一步地升上去。由上可知，所谓"黜之为农"，就是由官降为兵的意思。所以农比官低并无可诧异之处。但与本文最有关的，只在于兵与农之分。当代学人有说天国所行的制度，是兵农合一的社会，语意甚欠清楚。今试检讨之。按《汇纂》卷十一《贼数》谓太平军分老兵、新兵。老兵中自以自广西相随起义的基本队伍为最老，其后加入的皆得名曰新兵。然新旧只为一相对的名词，例如入湖南占道州时，凡在道州相从的皆为新兵。及东出湘岳时，道州新兵又变成老兵了。我们根据这种看法，凡相随攻占南京的兵均名之曰老兵。占领南京以后依照《天朝田亩制度》之规定每家各出一丁所编成的军队可名曰新兵。准此而言，新兵与老兵不同之点，后者为完全战斗员，前者则为半战斗员。因为根据《天朝田亩制度》所规定:"……其后来归从者,每军每家设一人为伍卒,有警,则首领统之为兵,杀敌捕贼;无事,则首领督之为农,耕田奉尚(上)。"所以此种新兵,属于半兵半农的性质。所谓"黜之为农",大约就是这种编入伍卒之农。他们与普通农民的分别,他们是半战斗员半生产者,一般农民则为完全生产者。至于在经济方面——前者自政府领受口粮,生活是有保障的;后者的经济生活,完全依赖自己,故必须从事生产,努力躬耕。除去鳏寡孤独废疾免役以外,国库没有负担一般农民的生活费用的义务。然而政府并不是一点不照顾他们,相反的,政府尽了很大的努力,使他们都有耕种的机会。在政府是保障他们得到最主要的生产资料(土地),在他们是向政府经常纳粮。在灾荒时,政府还给他们各种帮助与救济。《天朝田亩制度》载:"凡天下每一夫有妻子约三、四口,或五、六、七、八、九口,则出一人为兵。其余鳏寡孤独废疾免役,皆颁国库以养。"从上载可知每家无论人口多少,只出一人为兵,并非全民皆兵。

将农民的地位搞清楚了以后,我们便可以进而讨论天朝田亩制度的实施情况了。根据清廷的敌情报告,亦说太平军于占领南京时所实行的主要是征收余粮,与配给口粮的办法,由军机处寄发给向荣的咸丰三年五月二十三日的"上谕",其后面附有顺天府府丞张锡庚的奏稿,据张氏原奏说他从太平军中逃出之难民访问得来的情报如下云云(郭廷以《日志》下《附录》页215载"张继庚《金陵举义文存》","继"字或为"锡"字之误,似即同为一人。或为弟兄未可知):

> 逆匪所刻妖书逆示颇多,省中现有《续诏书》、《诏义诰》等,文理不通,辞极狂悖。内有"待百姓"一条例,诡称不要钱漕,但百姓之田,终年所得粒米,全行归天王收去。每年大口给米一石,小口

减半，以作养身。……铺店本利，亦归于天王，不许百姓使用。如此，则魂得升天。不如此，即是邪心，即为妖魔，不得升天，其罪极大云云。间有长发贼，传人齐集，谓之讲道，即仿佛此等言语。（原文载清华大学藏钞本《〔向〕忠武公会办发逆奏疏》卷三。今据罗尔纲《向荣奏疏中之太平天国史料》一文录出）

与上奏文，文字几乎完全雷同的记录，亦见于上元锋镝余生的《金陵述略》一写本中。为比较方便起见，今仍为照录如下，但凡下文与上文有关重要之异文，均加作括弧内之按语，其无关重要之异文，则不复标出：

> 逆匪所刻妖书逆示颇多，省中刻有《续诏书》《诏义诰》等类，多文义极不通，极狂悖（按其下多三十八字关于历法，今略）……内有"传（待？）百姓"条例。跪听（按以上两字与张氏奏文相异，但其义亦可解，未知孰是？）称不要钱漕，但百姓之田，皆系天王之田（张奏无以上六字），每年所得米粒，全行归于天王收去。每月（按张氏奏作"每年"，《贼情汇纂》亦然）大口给米一石，小口给减半，以作养生之资。……店铺买卖本利，皆系天王之本利，不许百姓使用，总归天王。如此，魂得升天；不如此，即是邪心，即为妖魔，不得升天，其罪极大云云。间有长发贼传人齐集，设坛讲道，令人静听，亦即此等言语。（原件藏英国不列颠博物院。今由王重民校录，载《太平天国史料》页505）

上写本后有申江寓客咸丰三年六月朔日的跋文，其时较咸丰"上谕"迟了约一个星期，距太平军克南京时仅三月余。据作者自言，"仆从贼中逃出，特将被害情形，叙述大略，用告仁人君子，垂怜我金陵受祸之烈，候其逃散四窜，齐心痛剿，使无噍类……"等语，这是那"坏鬼书生"写这本小册子的目的,想来他那一段难民生活中所受的苦定不止精神上不自由一点而已。上引两段,所记的不只是同一件事,且多半是同一来源,至于两者之间的因袭关系如何? 当非本文内所能详了。我们有理由相信上面的情报大体上是真确的。然而我并不想利用它来作太平天国已经颁布了命令宣布土地收为国有的证据,我以为那是太平军在"讲道理"时的一种"政治讲话",目的在提高群众的政治觉悟,使先作思想上的准备而已,土地国有制是时尚未有准备到达实践的阶段的。所谓"百姓之田皆系天主之田"一句话的实际意义,原与古语上"普天之下莫非王土"的一句话相同。我们不必过度地重视它的口头上或字面上的价值,正如我们不能完全相信"粒米全归于天王收去"的一个样。只就常理推测,亦可判定没有粒米全归公家收去的可能与必要;至少政府亦会给农民留下口粮的,以省去一收一支的麻烦。所以如果我们需要对于后一句话加以诠释,不如名之曰"征收余粮",因为只有这样诠释,才切合《天朝田亩制度》中所规定的"每人所食,可接新谷外,余则归国库"的真正精神。我以上所说的,是有事实为证的。据《贼情汇纂》卷九所载"讲道理"一条:

> 贼于乡村掳粮,必先集乡民听讲。大抵所说,皆天父造山海之功,……你等身家田亩,皆天父所赐,理应将银钱米谷进贡……(《太平天国野史》卷四《宗教》"讲道理"一条,即据此而成,又卷三《兵制》"掠城"条,与《汇纂》卷四《伪军制》"营垒后说"一条,均可参证)

上面所说的,当然是事实的记载。但前一句话不能与后一句话等量齐观的看,前面所说的是道理,后面乃是办法。这是自然不过的,因为军事紧张的时期,所有权一问题远不如支配权的重要,只要能够在实际上支配,哪管它名义上是属于谁的。这不只对政府说是如此,对农民说亦是如此。举个例来说。据谢介鹤《金陵癸甲摭谈》(咸丰六年秋大观书屋藏版)所言,太平军于甲寅四年(1854)秋间前后放了好几大批居住女馆中的妇女出城割麦割稻。今将与此事有关的记载条举如下:

> 东门外[清军]大营立,贼惧,乃使女子二万人,每日出城开挖壕沟,送竹签子。

又云:

> 续闻贼粮不足,赶女人八九万出城,至乡墟割稻。(按此事似在闰七月廿七日)

又云:

> 东门内外,麦熟久未割,因妇女既能挖沟,乃使割麦。又见油菜子熟,使牌尾收割菜子。(按罗尔纲《女营考》所引谢介鹤《金陵癸甲纪事略》抄本与上有异文。又按,天国以年在十五岁以上,五十岁以下的男子为牌面;其在此年岁以外者,则为牌尾。《摭谈》又云:"贼见菜地,争贴封皮,即据为己有,使人种菜。……")

我们对于出城的妇女的数目是否真如书上说的那样的庞大,她们所割的麦稻是属于太平军实行坚壁清野所遗留下来的国有与私有的田地上的,抑或属于逃走了的地主的田地上的,种种问题,姑不深究。但我们总可以相信太平军曾经派了几批妇女工作队出城去收割这一事实。这说明了什么呢? 在当时粮食的获取是最要紧的,所有权并不重要。当时不只令妇女和老弱出城割麦稻,且亦令男子为之。《摭谈》又载:

城中男馆，亦于闰七月，贼不发米，并粥无之矣。不论牌面牌尾人等，悉使出城，割稻自食。人多借此逃散。

类似的抢食悲剧在太平天国辛酉十一年（1861）太平军攻克浙江武康县时又重演出了一次。武康人向德润（居慎）著《武康寇难诗草》，其中《刈掠田禾》七律一首云：

种秧煮豆兆先征，记得童谣遍地兴。（自注云：初，童谣云："一粒星，二粒星，挂油瓶，子零零。漏炒豆，炒豆香；好炒豆，甑中央。"说者谓，一粒星，戊午〔咸丰八年〕彗也；两粒星，辛酉〔咸丰十一年〕彗也。挂油瓶，家犹贫也。子零，衰落也。漏，陋也。炒豆香，钞闹乡也。好炒豆，耗钞闹也。甑中央，言两次贼来皆四月，正种秧时也。）树艺未全耕绣野，青黄强半委花塍。一肩鞭策斜阳落，（原注云："绳系被掠者，临以鞭，驱使刈禾。"）五夜镰刀新月升。（原注："难民昼匿山，宵出割。"）何侯凶年兵后有，当前已失粟如陵！

从第三联两句，可见军民双方各自抢割禾。张德坚《贼情汇纂》卷十《贼粮》"科派"一条，亦可帮助我说明这点：

贼每以豁免三年钱粮惑我乡民。逮虏劫既尽，设立乡官之后，则又出示曰，"天下农民米谷，商贾资本，皆天父所有，全应解归圣库。大口岁给一石，小口五斗，以为口食"而已。此示一出，被惑乡民方如梦觉。然此令已无人理，究不能行，遂下科派之令，稽查所设乡官一军之地，共有田亩若干，以种一石终岁责交钱一千文，米三石六斗核算，注于册籍，存伪州县监军处备查。无上下忙卯诸限章程，催粮之贼不绝于道。（按《太平天国野史》卷九《食货》"科

派"条似即据此节录而成）

所应该注意的，上文亦只载米谷归公与按口配粮两点，并没有提到土地归公一点。

可是我们一点也不能将征收余粮的办法的革命性估低。如果我们只把它当作一种搜刮的方法看待，那就大错特错了。实行征收余粮，并不一定马上就引起土地租佃关系的变化，但如彻底实行全部余额归公，则不止连地主阶级，就连富农阶级亦将整个地被打倒。地主富农们绝不会老老实实的遵照政府命令办理的，哪怕你征收他们的还不到百分之五十。所以在政府方面决不能不发动贫农、雇农来协助自己。《贼情汇纂》卷八《伪文告下》"伪贡单"一条便很明白地将这个策略指出来：

> 当其踞一乡一邑之时，先以小惠笼络无业游民为之耳目，探听某也富，某也贫。然后大张伪示，令百姓于三日内办好贡物，交至某处，领给贡单云云。……卒长、两司马外出掳劫，亦各带封条各数十张，但见钱谷即封，徐徐搬运。贼陷湖北麻城县，尽封富室质库。……

《汇纂》卷十《贼粮》，痛论此事说：

> 贼不贾而封殖，不耕而得饱食，其来何自？无非掳掠。惟其丧心搜括，则金赀五谷，来源无穷。尝闻贼目肆言曰："吾以天下富室为库，以天下积谷之家为仓，随处可以取给。"虽枉（狂？）悖万罪之言，为神人所共愤，然设想其便利，岂不十倍于官军乎？

其实太平革命军早期军事迅速胜利的原因，就是依靠贫民，打击富户政策实行成功的结果。然而依靠贫民，并不一定要分给他们土地，亦可以用其他的办法，像《汇纂》卷九"礼拜"一条内所说的"知乡民苦饥，每以三餐鱼肉饭诱人，故日必三饭。……"亦未尝不可。但这毕竟是临时的办法。为根本解决人民的生活问题起见，便非有较长期的经济方案不可。且自定都天京以后，客观形势已变，对于经济方案中最关重要的土地问题更非有一比较彻底解决的办法不可。而当时形势上所允许的，在大部分的地方，只能实行"土地使用公有"的办法。这个"土地使用公有"的办法原来是与征收余粮相配合的，自此法行后，旧日原有的租佃关系便不能不起基本的变化，农村的阶级斗争亦无可中止，土改已成为无可避免的事实了。自然在政府方面对于征收余粮多关心些，但在农民方面，则对于使用公有特感兴趣——但农民不只要求有田可耕，且要求获得较往日优良的租佃条件。然不论如何，政府与农民的利益，在未彻底打倒地主阶级以前是一致的。所以在初期土地使用公有与征收余粮两个办法，结成为一个政策的两方面，彼此互相补充，互相监督的。不如此便无以维持"圣粮仓"制度的成功，甚至连兵粮都成了问题。光从这点着想，政府亦要努力推动它那种土改政策的，而这种改革是得到贫雇农的拥护的。不过这种情势，只要等到贫雇佃农成了富农或新地主以后——不，只要他们的感觉意识已转变到富农那一方面时，当政府向他们征收余粮时，他们的利益便多少与政府的利益发生矛盾。到了此时，他们拥护政府的热烈的程度便比前时冷淡下去，或消极地不合作，甚至提出异议，因为这种种原因，所以政府在后来被逼修改了征收余粮的办法，从不定额的税制改为定额的税制——即按照每一石种子征收银米各若干，且种子大约由政府供给（以上参《汇纂》卷十"科派"一条）。许多人把此事解释作"按亩征收"，实误。这一改变，我们固然可以说是政府对于方待兴起来的富农候补阶级作了一让步，但经过了土改以后，旧日的富农和大地主大多数已被清算了，此时的农民所耕的田,面积是大致相差不多的了,按种子征收,亦不失为一个合理的办法。所应注意的,农民革命如无先进的产业工人阶级作领导,它的本身就不免受了上述情形的限制。我以为天国的土地政策至少有两个时期是比较明显的,第一个是太平天国五、六年以前在南京、镇江解放区附近所行的土地政策,这就是杀戮或驱逐地主,没收他们遗留下来的田交给农民耕种,说已详前,今不复论。第二个时期是太平天国后期在常熟、太仓州所行的土地政策,在此政策之下,多采用维持原日佃户在耕地上不动,由佃户代地主收粮纳税的办法。此外还有一个监督地主收租与重税地主的政策,行于天国十一年以后浙江一带,此事详后。今再引证诸书,作上述各点的补充。《贼情汇纂》卷十《贼粮》"房劫"一条记太平军自金田起义以来一般财政经济政策的转变,最足供参考:

> 当逆焰初张时,所过粤西州邑,搜刮赀粮,每过富家巨室,必掘土三尺。……迨逆党由长沙陷武汉,房劫之局,一变屡变。始则专房城市,不但不房乡民,且所过之处,以获得衣物散给贫者,布散流言,谓将来概免租赋之年(半?)。乡民德之。以致富者坐视城中困守,不肯捐助一钱;贫者方幸贼来,借可肥己。殊不知贼得武汉及沿江州邑,辎重已如山积,船不敷载,有弃数千石米菽寄囤于积谷之家者。……蚩蚩之民,竟为贼卖,甚至贼至争迎之,官军至皆罢市。此等悖惑情形,比比皆然,而以湖北为尤甚。及贼陷江宁,扬州官军近城为营,亦仅一面两面,其通四乡之路甚宽,离贼十余里,贼不敢多迈一步者,盖乡民处处立团,矢以死斗也。亦非江南之民情,果胜于湖北,盖有鉴于绅士江寿民辈纠金银犒贼,引贼入城,设数百席恣其啖嚼,冀免骚扰,而不料其肆毒如初,江寿民仍为所杀。江南在籍绅耆遍晓于众曰:"若等有江寿民之富厚声望,可

以赒金数十万及备百席乎？即能效之,亦不能息事,而仍不免一死,贼之甘言可勿听已。"乡民遂齐一心志,联团各数百里。……

由上可知太平军的财经策略,以解放武汉后为一分水线,在此以前其目的专在占领城市,同时用种种经济方法争取农民的支持。所以《汇纂》卷一一《贼数》"新贼"一条中说:

> 窃查数年以来,从贼日众。……如贼初入湖南,先踞道州,……除即时逃回不计外,尚余男妇三万余人。由江、永而至柳、桂,……已倍前数,沿途裹胁而至长沙,竟得十余万之众,攻围三月,粮尽势蹙,日有逃亡,……于是仅余新贼三万余人。西窜宁、益一带,未几东出湘岳,复得前数,尽掳商民船只,近十五万人矣。迨陷武汉,裹胁男妇老幼,水陆东下,合前数五十万有奇。至安庆增至七十万,及至江宁,兼掳镇、扬男丁,增至百八十万,妇女三十万余。……

张氏说太平军到处"俘掠裹胁"人口,当然是诬蔑之词。他们多半是饥民,受不了反动地主政权的压迫,才离乡别井跟随大军去争取生存的光明大路的。及太平军攻克南京后,当局已决定定都于此,既为久居之计,自与前此陷城而不久守的游击战略不同,经济战略自亦不得不作适应的修改,眼光于是转向农村,计划增加生产,以为持久战的基础。关于此一政策转变,卷十"贡献"一条言之亦详可参看①。《天朝田亩制度》的颁布,正代表这一经济战略的改变。恰好江南一向是地权最集中的

---

① 《汇纂》卷三《伪官制·伪守土官乡官》亦云:"初,贼所破州县,皆掳其财物,残其人民而去,未尝设官据守。自窃占江宁,分兵攻陷各府州县,遂即其地分军,立军师以下伪官,……〔分〕守土官……〔及〕乡官。……"亦可参证。

地方,诡计多端的地主阶级的代表人江寿民①不知是要联欢,抑或深怜太平军官作战辛苦,把所有的高级干部都请来大吃一顿,太平军看穿了他的阴谋,好,吃完它,再干他。地主们诡计不遂,都在震怒发抖,真面目拿出来了,就跟太平军再不客气地作殊死战了。又据《汇纂》同条内的记载,太平军定都南京以后,仍以安徽,湖北,江西南昌、九江一带地方为粮食的大供应站,在那里的乡民仍然不免浮动,为"贼所愚"。一迎一拒之间,诚如《汇纂》所说,"亦非江南之民情果胜于湖北也",江南人民一向以驯和著称的,他们的作战情绪并不一定比湖北等地的人民高些,只有其中绅士们不能容忍太平军的举动,他们的阶级利益决定了他们的反动行动。于是战争在江南无可避免了。幸而地主阶级的数目不多,无论他们怎样的蛮勇,也对抗不过广大人民的力量②,结果呢? 让他们从地面上消失罢。只要这班多余的"人渣"淘汰了,地面上的问题也就好解决了许多。不只土地问题是如此,一切他们的身外物亦未尝不如此。即如关于所有权的丧失亦只有对他们是严重的,对于原本就是无产的人们根本是不发生问题的。《汇纂》卷一二《杂载》中又载:

> 湖北武汉、江西、江宁、镇江、扬州等处,多富商大贾,士文民逸,享受承平之福二百余年,其骄奢淫佚,恣情暴殄,匪夷所思,莫可穷诘,故此数处受害最久,被祸尤惨。至可怜莫过阀阅子女……

① 江寿民,扬州人。他在清道光二十二年(1842)鸦片战争英人寇陷镇江时,与扬州盐商磋议,集金献英寇,哀求敌人勿洗劫扬州。这次他又欲重施前伎俩,这个标准的汉奸,实死不足惜(参黄钧宰《金壶浪墨》卷三"江寿民"条。又《浪墨》说他"计穷,投水死",似非为太平军所杀,未知孰是?《太平和平入扬州与江寿民之死》,谢兴尧《太平天国史事别录》第67、71页)。

② 黄钧宰:《金壶遯墨》卷四"孙文凤"条云:"江浙之乱,绅士殉节者多,练勇杀贼者少……"寥寥两语已将全局说出。同书,卷二"清河"一条,卷四"窖金"一条均可参看。

我们如果不看了这一条，或者可能会相信前面江南民情果胜于湖北之一说。甚至不难以为江南战役之惨，乃气运使然，读了上条之后，才知道事实的真相是地无东西南北之分，人有富贵贫贱之别，只有享受惯骄奢淫佚的大富大贵之家才难逃同一的劫数，阿弥陀佛！我总觉得天国当局不于攻取武汉后马上便展开深入农村的运动，先巩固鄂湘和革命策源地的广西，而反亟亟于东下南京，在地主集团势力最强韧的地带作战，以致消耗了自己大部的主力，实是一种战略上的错误。《汇纂》的总纂官六品衔即补府经历县丞张德坚深恶痛绝"贼军之残暴"，故历数太平军的罪状如下：

> 贼讳虏劫之名，曰"打先锋"。既屡经"贡献"矣，忽又来打先锋贼数十百人，住于村内一半日尚无举动，觅得此村此庄无赖之民，饮食而抚慰之，转令勾通富户奸细劣仆，访问窖藏所在，许掘得分给；更有官幕家眷家寄住此村及绅衿为谁某，一一采访确切。即以奸人引路，于是率丑类逐户搜虏，粮米钱贯珠（殊？）不易藏，每尽数劫去。……如所藏甚密，不得其处，则虏其家最尊重之人或其妻女，用绳悬于梁间，以刀背荆条鞭挞而审诘之，有鞭至死不吐实者，……惟贼来不绝，逮新虏穷贼继至，虽尺布升米亦必将去，倾筐覆盎，几无丝粟。当此之时，富者、文弱者，吞声以填沟壑；穷者、强有力者，遂甘心从贼，自去投营以图温饱。是贼之虏劫不独为富有计，且使乡民不能自存，不待虏而自至耳。

然而太平军并不真像他所说的作到上面为止，根据《汇纂》他处的记载，知道太平军所到的地方，经过了"贡献"和"打先锋"的阶段以后，地方秩序很快的便恢复起来，且乡官自治与户籍制度亦立即有条不紊的建立起来。《汇纂》卷八《伪文告》"伪贡单"一条内说："其已立乡官之处,既造军册、家册,复编给门牌。"今春上海太平天国起义百年纪念展览会中便陈列了门牌两张,足见太平天国的户籍办理得认真。按门牌之设,在太平天国癸好三年,倡议于韦昌辉。见《汇纂》卷八《伪文告》"贼馆门牌印据船票船牌"条。亦可见《天朝田亩制度》不一定必为洪秀全所创制的(今按《广东文物》卷二《出品摄影》页126,亦载有门牌一张)。《汇纂》"虏劫"条又云:

> 贼知野无余粮,窖无遗金,于竭泽而渔之后,忽下安民之令。于一州一邑选老贼,置监军一人,遍颁二尺长阔之乡官军册,分军、师、旅、卒、两、伍。胁田亩多者充伪官,而以贫户充伍卒。民众一日之安,皆勉从之。比户皆如悬罄,此后诚不复抄。而责令办粮及军中军需用各物。伪文一下,迫不可待,少不如意,则执乡官杀之。……总之:贼之收贡者,先撷其精华也;虏劫净尽者,使民冻馁,不得不从也;立乡官而科派者,待禾稼之登,责随时之供给,且妄冀乡民为彼捍卫也。……贼于乡村,从不肆杀,……然于官幕吏胥避居家属及阀阅之家,其抄愈甚,且杀人而焚其庐,并追究收留之家,谓之藏妖,亦焚杀之。……其待乡民虽不如是,若乡民团练与贼斗败,贼必残杀。即或不斗,但知其地曾经团练,或搜出旗帜器械,亦必寻其首事屠焚之而后已。倡义绅耆纵远逃幸免,贼过归家,村民仅存者,群起而尤之,以为不团练不致受惨如是之甚,贼如再至,几欲缚献之。……

把地主的势力大部分肃清,连侍候地主为地主卖命的狗腿子们(团练)也打垮了。由人民选举的乡官的新政权树立起来以后,原日社会的结构已起了大的变化,旧日的财产状态已经经过清算了好几次,土地的分配形态仅占整个大问题中的一节目,它是没有不变动的可能的。在这种情形之下，如果我们还认为它与原日的租佃情形相差无几的，那就未免有点滑天下之大稽了，至少是犯了形式主义的错误。问题中心，是否太平天国有它一套土地办法？答案，不止有。而且实行的结果甚好。读者或者会根据上文"胁田亩多者充伪〔乡〕官"一语来又驳我，说这岂不充分证明天国仍承认私有财产的制度，且尊重地主的权益吗？我首先要告诉您的就是这证明天国宽大的地方。然而在新社会里的乡官，已不可能是以前作威作福的官了，自然还不免有少数例外。第一，他们的责任很大，如上所说。第二，他们也不一定是田多的地主，以田多的来充乡官恐仅为初时的例外情形。就即使原来真正是田主，他们也是新社会里所承认的新业主，而构成新业主的条件呢一定与旧日的不同。土地的新主人在本质上也与旧主人不同。旧地主可以有许多土地而完全不自耕，新主人就办不到。所以即使肯定田主的存在，并不能否定天国土地制度与政策的存在。我先请您看看下面的记载。《汇纂》卷三《伪官制》"伪守土官乡官"一条云：

> 乡官者，以其乡人为之也。先是大彰伪谕，声以兵威，令各州县并造户册，即于乡里公举军师旅帅等，议定书册，并各户籍敛费，呈于伪国宗检点，申送江宁，是谓受降。……而无耻之徒，不学之辈，为其所诱，妄希显荣，遂趋之如鹜。其间谨饬之士，为众姓所共推，委曲维持，志全乡里，亦多为所污，不能自脱，而土著生计，丝粟难隐，裹胁逃民，并得稽查，贼之牢笼人士，联络方域，计盖无谲于此者。……

可见以田多者充乡官殊非通例。《汇纂》本身记录就是前后矛盾的。

关于《天朝田亩制度》，《汇纂》卷九《贼教》"伪书"一条云：

> 《天朝田亩制度》（其下附小字原注云："此书贼中似未梓行。

迄未俘获。")……凡贼中伪书首一章必载诸名目,末一条即伪《天朝田亩制度》,应编入"贼粮"门内,惟各处俘获贼书皆成捆束,独无此书,即贼中逃出者亦未见过。其贼未梓行耶?

按《天朝田亩制度》初刻于1853年(天国癸好三年),此初印本今藏巴黎东方语言学图书馆,即1926年程演生据以排印之本。其后又有原刻重印本,大约印于天国庚申十年(1860),此重印本今藏伦敦不列颠博物院东方部,即1936年萧一山影印本。《贼情汇纂》成书于1856年,离《田亩制度》之刊行已三年,如张所言未见此书一事确为真情,则似可为此书颁布民间不广之证。然天国十年以后,仍复据原刻本重印,则天国当局似无废置此书不用之意又可知。

究竟天国土地制度内容如何?《汇纂》一书自始至终总是含糊其辞,但从其中亦可窥见一二。卷四《伪军制上·伪军目军册》云:

> 或谓贼立军师旅卒两伍诸名目,皆仿自《周礼夏官》之制。广立乡官,亦即井田遗意。逆贼夸大,保无是心。……

可见当时确有天国均田的传说。尤其值得我们注意的,就是在《汇纂》卷三《伪官制》"伪科目"一条之后,忽然插入一段与全卷似有关系又似无甚关系的按语。考本书他卷之后,例皆不载按语,此卷独有之,与全书体例不合,已自可疑。且此条按语之中,空白字样甚多,为全书中所仅见。我疑是清时人有意删落之,而非由于原书本来残缺所致。今将此条按语中与均田似有关系之文字录出,其无关重要之处不复具,以省篇幅。按语云:

> 谨按,古者节用之首,自朝无幸位始。官府奔走之吏,皆小民耕耘所资奉。竭终岁田亩之入,不足供豪贵一宴之费。冗员聚于

上,则饿莩聚于下。有国建官之广,病未有不及于(原空白四格)以盗贼行之乎者。王莽侈言复古,变易(原空一格)制,冀可牢笼天下,令甫布而兵加其颈(原空四格,其下亦有空白处数起,以其上下文与本题无关,不具录)往见贼立乡官(原空二格)砥行之士尽不屑为,惟贪鄙狡黠者事先夤缘。下至两司马,亦假贼威权,暴横里闾,借端私派,私饱囊橐,计一县衣食于民者几万家,……(其下又以王莽、王安石与太平天国相拟,不录)

从以上之痕迹观之,清人似有有计划毁灭天国均田记载之意,亦未可知。观于文中"王莽侈言复古,变易"下所空之字,定为"田"字无疑。因如为"官"字,则在此处实无忌讳之必要。然而我不拟坚持此说,且更以此为天国实行均田之证。我以为《天朝田亩制度》比拟《周官》,此乃张德坚腐儒经生之见,作为思想史之论题处理则可,作为政治社会经济斗争史之论断则断断不可。我们当前的任务,仅在研究天国是否有它土地政策? 此政策的实施情况如何? 它是否与《天朝田亩制度》中所规定的主要精神并不违背? 且此政策之实施效果如何? 除前三问题我已在前面解说过以外,现在请再先从最后一问题说起。欲回答此一问题,我以为必须配合当时的军事政治情况去观察。从这一角度去看,最准确的标准莫过于粮食的供给一事。以这个标准来作测验,天国的政策是非常成功的,——只有最后国破前短短数个月的期间为例外。天国的粮食政策,不止供给军需,且亦负起解决民食的责任来。这种伟大的政策,不止清政府作不到,就是在以前历朝都很少作得到一样的成功。光从这一点分析,亦知其非有很优厚的经济基础和相当的革命性的手段是无法达到目的的。根据《汇纂》卷十《贼粮》"仓库"一条内所述清军从所俘获的自天京逃出的难民及太平军的间谍口中打探得来的敌情报告说：

> ……伪圣粮馆分丰备仓、复成仓、贡院三处屯贮。截至癸丑年（天国三年，1853）终，共存谷一百二十七万石、米七十五万石。（按从下文推算，谷折合米以六成计）江宁群贼口粮每月约放米三十余万石，合计米谷足支四月。……嗣得句容县探报之（云?）甲寅（天国四年）三月贼粮仅存七余万石，……与前数悬殊，遂沉思其故，似江宁贼众与被虏之民，男妇不下数十万，即以五十万人为断。所发钱米，如贼中定制：每二十五人，每七日，发米二百斤，钱一千二百五十文。以此核算，每月应发米十七万石有奇，钱十二万串有奇，益以伪官加倍之数，统计所发米钱，与难民所述之数实相去不远。若如探报所云，存米且不足支一月。又岂待五月始下一概吃粥之令乎？（按此为实情，亦见他书，然为时甚暂）贼蹂躏数千里，姑不论官中仓库，处处资贼，即所掳闾阎赀粮又安可数计？蔓延既广，所养贼众难民又若是之多，据理推勘，似前次供词（指难民等供词）并非虚谬。官军恨贼心甚，故探报多言贼穷势蹙，赀粮匮竭，然粉饰失实，未足信也。

今按《金陵癸甲摭谈》亦载：

> 贼初入城，发粮无数，有来取者即与之。自有名数可稽，始议每日发米数。于是米价陡贵，每百斤需银六两，尚无买处；有在城外买到者，贼谓之犯法，辄受杖打。

可见不止官兵发给口粮，即数十万城中居民亦发给口粮，政府的气魄是很大的。如谓此乃自武汉东下时沿途掠夺所得的粮，则当时相随者亦有难民数十百万，他们的消费量亦自可观的。如谓乃从商人购买得来，则为什么乡民"与'清'兵勇交易,故昂其值"(汇纂》卷十一《贼数·掳人》)。况且根据李秀成《原供》知天京在未失陷之前,迭经七次围攻,均以粮食充足,用能固守。虽然在前面也提到政府数次动员过万的妇女出城刈麦刈禾一事,且她们后来有一个时期吃粥[1],并且后来女馆也停办了,然此皆不足为粮食绝对缺乏之证。相反地,说明了政府能够发动群众,有计划有组织地进行大规模的集体生产,集体消费,与集体生活。李秀成《原供》说到南京第六次被围的情形云:

> 和帅(春)、张帅(国樑)困天京,得幸粮米丰足,件件有余,虽京兵少,有食有余,而各肯战,故而坚稳也。……是以八、九年之困不碍。……虽被德帅(兴阿)攻破西浦,尚有和州之上未动,京中兼有余粮,故而稳也。……

到了最后一次的被围,城中粮食的供应问题虽已到达严重的阶段,故于城陷以前先后放走难民十三四万人出城,但在城陷半年之前,军粮仍不成问题的。《原供》又云:

> 去年(太平十三年)十一月之间,九帅(曾国荃)攻倒南门城墙,此时城内官兵尚可足食,而各力全,又有城河之隔,九帅之兵不能跃进者,此之由也。

据《原供》又说,秀成奉洪秀全之令,自苏州回援南京之时,原欲"解粮多多回京,将省府财物米粮火药炮火俱解回京,待二十四个月之后,再与(清军)交战"。可惜秀全三四次下诏严催即日班师回京,故此计划未得实行;然由此可见苏州存粮尚多。秀成更以为南京之陷,实因洪氏

---

[1] 《汇纂》卷三《伪官制·伪女官》:"自癸丑岁五月后,每人给米四两,惟许食粥,违者立斩。"

兄弟破坏了他的粮食政策。今观李秀成在苏浙一带的措施,兴农劝商,恤灾救难,无一不深合《天朝田亩制度》的主要精神。如果要说《天朝田亩制度》所规定的方案,自天国六年八月杨韦内讧以后,在朝廷方面渐趋废弛的话,那也不要紧,因为秀成在苏浙一带仍是切实执行它的。谁都晓得天国后年就是只靠秀成这一支军队去和清军对抗。然而这一支主力军,并不单靠它的作战力强韧;它的所以能成为主力,因为它有充足的饷械,这又因为它的军事当局有了开明进步的财经政策,得到了群众的拥护。《原供》说到天国十年秋间他在苏省办理发粮发饷救济难民的情形云:

> 杭州解围已定,我亦班师回省息兵,此时七八月之间,以省近之民,亦有安好,亦有未安好,此外尚有难民,当即发粮发饷,以救其寒。各门外百姓无本为业,亦计给其资,发去钱十万余串(按每串一千文),难民每日施粥饭。苏州百姓应急纳粮税,并未足收,田亩亦是听其造纳,并不深追,是以苏省百姓之念我也。

关于十一年冬收复杭州后的战后救济情形,《原供》说:

> 将杭省……内难民一一安抚,在城饿毙者发薄板棺木万有余个,费去棺木钱财二万余千。难民无食,即到嘉兴载米万石,载钱二十万千来杭。将此米粮发救穷人。各贫户无本资生,借其本而资其生,不要其利,六个月将本缴还。粮米发救其生,不要其还。两个月之内,将杭省一并周妥,此时十一年末矣。

又云:

> 十二年回到苏省,苏省之民,又被陈坤书扰坏,后我回省,贴出

为民之钱米,用去甚多。各铺户穷家不能度日者,俱给本钱。田家未种,速令开耕。我在省时,斯民概安,仍然照旧发米二万余石,发钱十万余千。发此钱米之后,百姓安居乐业。后丰足之时,各民愿仍将此本归还,我并不追问,其自肯还我也。后又将郡县百姓民粮各卡关之税轻收,以酬民苦。[①]

按陈坤书乃秀成部将,平日颇受了捻党与广东会党的腐化分子的诱惑,所以扰害民间。由此亦可知太平军中亦不免有恶劣分子。所谓"树大有枯枝,族大有乞儿",是不错的。但秀成爱护人民,更确为真实情形,观于常熟县在天国壬戌十二年为纪念秀成而立的《报恩牌坊碑序》所云:

> 忠王荣千岁……溯自庚申(天国十年)春夏之交,奄有苏浙两省之地,……禾苗布帛,均出以时,士农工商,各安其业。平租庸之额赋,准课税之重轻。春树万家,喧起鱼盐之市;夜灯几点,摇来虾米之船。信民物之殷富,皆恩德之栽培!(据方诗铭《太平天国革命运动中遗留的石刻》,载《历史教学》第1卷第5期,1951年,5月1日出版)

按秀成所行于苏浙两省之一般行政,似较天国初年时温和了许多。如他在攻破杭州以前,射书入城劝降,答应保全清驻防军及满人的性命,这是初年办不到的事。复据黄钧宰《金壶遯墨》卷四"分米"条载,天国十二年春初,清军勾引由美人华尔(Ward,F. T.)率领之英法美洋枪队反攻松江,太平军守城时,"老幼废疾者日给升米养之"。及松江陷后,"遗米万余石",洋兵与清兵"顾米而争……穷民转不能望撮勺"。

---

① 郭廷以《史事日志》下册,天国十三年:"忠王令部将汪宏建购买粮谷,分救难民。"

清军的丑态,正与太平军的照顾穷人成一强烈的对照。

天国的财经政策,不止使它的粮食政策成功,并且能够配合到军事上的需要,对于设立乡官之处的农民,加以组识训练,有时使他们代为探听清军的军事消息。《汇纂》卷五《伪军制下》"侦探"一条云:

> 贼于所得之地,遍立乡官,每乡以数盗魁督领之,即役使乡官统下伪官伍卒,就其所习之业,如卖棉纱布线钱(?)绳茶叶之类,予以资本,遍撒多人,令其上下左右各探四五百里,限日期回报;如所探不实,或不尽力,则杀其一家,而焚其庐。乡民怵于灭门之祸,无不竭尽心力。此等本是田间百姓,形色衣履,毫无瑕隙,往来我城池营盘诸处,习见不察,诚足虑也。

因之,《汇纂》卷八《贼文告》"伪律"一条云:

> 贼之枭张,则全恃行军有法;贼之灭亡,则在虐民无人理。……

自此说一出,学者不察,深受其恶毒的宣传而不自觉,于是每认为太平军的优势多属于军事方面,殊不知军事的成功必须有健全的政治经济为基础,否则便会成了不可思议的事。甚至太平军的死对头曾国藩亦看出这点,情不自禁地只好承认敌人政策的成功。曾国藩同治二年(即天国十三年)二月二十七日《沿途察看军情敌势片》说到江南人民在天国的政权底下初时是安居乐业的。《片》云:

> 粤匪初兴,粗有条理。颇能禁止奸淫,以安裹胁之众;听民耕种,以安占据之县。民间耕获,与匪各分其半。故取江南数郡之粮,运出金柱关,取江北数郡之粮,运出裕溪口;并输金陵。和春等虽合围城外,而贼匪仍擅长江之利,挹不竭之源。旁江人民,亦且

> 安之若素。……（《奏稿》卷三。《汇纂》卷十《贼粮》"船运"条,亦
> 可参考）

拿上述的情形,和咸丰初年间江南在清反动政府统治下的农村破产情形作一比较,更可了然了。曾国藩在咸丰元年（天国辛开元年）十二月十八日《备陈民间疾苦疏》内,其中三事之第一项说:

> 银价太贵,钱粮难纳也。苏松常镇太钱粮之重甲于天下,每田一亩,产米自一石五六斗至二石不等,除去佃户平分之数,与抗欠之数,计业主所收,牵算不过八斗,而额征之粮,已在二斗内外,兑之以漕斛,加之以帮费,又须去米二斗,而每亩所收之八斗,正供已输其六,业主只获其二耳。……（《奏稿》卷一）

他这一奏疏,上于太平军起义不久的时候,是时江南仍在清统治之下,还未得到太平军解放。《疏》中主要的目的原为"地主"请命,可是疏中亦一再痛陈"小民"悲惨之状,且言"不独官民交困,国家亦受其害"。所有这些文词上的矛盾,我们不必深究。根据这一《疏》,当时地主交纳给清政府的粮仅占总产量3/10至3/8,且是从最宽计算的,实则尚不逮此。另根据前一《片》内所说,天国定都南京以后的情形,即与后一《疏》相距还不到两三年的情形,是"民间耕获,与贼各分其半"。明明是粮米不但没有减轻,且提高到与清政府时代的私租率（百分之五十）相等的程度,而同一《片》内又说"旁江人民,亦且安之若素"。难道天国政府真有迷魂的法宝吗？不是的,它的理由,可从汪士铎《乙丙日记》中,"吾交长毛钱粮,不复交田主粮矣"一语中求得解答。因为农民虽然交给政府更多的粮,但不须交给地主私租,此粮额较之清政府时代的租粮合计额还小一些。所以在天国政府方面,"多取之而不为虐"。况且

在开国初期,还配合了按口授粮的合理办法,更使得农民感觉到已经翻了身,自己当家作主,他们拥护政府的热忱,不是旧社会里梦想得到的。

　　但是,还不止此。我个人的了解,以为当时农民与异族统治下的政权所发生的矛盾超过了他们的社会阶级的矛盾的。农民并不是不常反抗地主,但这种反抗是零星散漫的,小规模的,所以还少有直接爆发为政治大革命的方式,但对于异族统治政权的斗争便不同了。他们采用集中与大规模的斗争方式,有时甚至联合地主一同起来反抗政府征收过重的粮税,因为在纳粮人们的心目中看来,当时的政府就是最高最大最可恶的地主,所以要首先打倒它。我粗翻过《东华录》一次以后,感觉得在天国起义以前及起义后的几年当中,历次农民起义的原因,十次有七八次都是抗粮赋,而非由于抗田租[①]。如道光末年,湖北崇阳钟人杰事件[②],台湾郭崇高事件,湖南耒阳阳大鹏事件,浙江奉化张名渊事件;

————————

①　此乃以抗粮赋与抗田租相对而言,一般由于天灾人祸或宗教以致酿成的武装起义,如米饭主、堂股、捻军等不在内。

②　按《东华续录》道光卷四十四“道光二十一年十二月壬寅”条载崇阳钟人杰因包庇挖煤起义,然为地方官粉饰之词,不足信。今据黄钧宰《金壶浪墨》卷四“漕变”条所载,始知为县官加漕价激变。曾国藩咸丰元年《备陈民间疾苦疏》谓:“……如湖广之耒阳崇阳,江西之贵溪抚州,此四案者,虽闾阎不无刁悍之风,亦由银价之倍增,官吏之浮收,差役之滥刑,真有日不聊生之势。”亦可为证。年前傅衣凌著有《太平天国时代的全国抗粮潮》,载《财政知识》第3卷第3期,惜未见。但傅先生《关于捻乱的新解释》一文(载《福建文化》第2卷2期,1944年出版)亦有可以发挥之处。洪秀全《讨满清诏》云:“加赋劝捐,庶民之脂膏已竭。”《示东王诏》云:“即以钱粮一事而论,近加数倍。三十年前之粮免而复征,民之财尽失矣,民之苦极矣。……”《誓师檄文》云:“得财诅计妨民,田亩有税,关市有税,山林亦有税。”皆集中攻击清廷的横征暴敛,对于土地兼并未提出。彭洋中《湘勇原流》记云:“湘乡……民间正供之赋,向由书吏携串票赴乡征。日久弊滋,需索重查,民不能堪,激为抗欠之计。其俗又剽悍,敛钱拜会,岁以为常。道光末年,纠众积六七万。……三十年,粤西金田衅作,湘乡会匪通焉。将借口钱漕,以发大难……”(据郑振铎编《晚清文选》)

咸丰三年湖北广济宋关祐方四象事件,河南新乡张炳事件,贵州铜仁府徐廷杰梅济鼎事件;就是道光末年最著名的广西贵县张嘉祥事件,亦颇受了知县杨曾惠"催粮填债"的相当密切之影响。当时各地纷起反抗完粮,主要的是因为政府浮收折色之故;而浮收折色的苦痛,又缘于道光末咸丰朝银价太贵所致;银价贵的原因,又因洋银流入与纹银流出所致;纹银流出,则又因鸦片大量输入所致;而鸦片的大量输入,则由于英国及美国资本主义所致。当时输入鸦片到中国来的,不纯粹是英国商人,且有许多美国奸商在内。美国的所谓历史家常常设法洗脱他们这个历史上的污点,用种种不成理由的证据来将全部责任推诿到英国奸商身上,但诡辩不能改造历史的事实,他们一切的愚蠢努力是枉费的。

由上两段,可知为什么天国起义初年以普免天下钱粮为号召,一朝权在手,钱粮不但不免,且有增加的趋势,但却得到农民热烈的拥护的真正原因了。因为这一次革命不止为农民解决了当时民族对立的基本矛盾,并且连在当时是比较次要的阶级矛盾也一并解决了。我相信太平军的民族意识是很高的。他们对于烟酒(特别是洋烟)最为痛恨。《汇纂》卷六《伪礼制》"饮食"一条载:

> 至于烟酒为贼最禁之物。吸"洋烟"谓之犯天条,杀无赦。水旱烟名曰黄烟,重则立决,轻亦枷杖。(其下又云:"贼令虽严,然未能周察,故杀者自杀,而食者自食",盖不欲归美于太平军之辞,未足深信)[1]

所以太平军始终不肯向英美低头或妥协。观于李秀成亲供一再痛斥洋

---

[1] 萧一山跋李明成致富礼赐《第二书》(《太平天国书翰》第十),谓烟酒禁令,在高级官吏中似未尽奉行,似为偶然的事实。然烟土在所必禁,悬令甚严。严中平:《太平天国初期英国的侵华政策》,《新建设》1952.9,页16—17。

鬼子兵,且献议曾国藩制造炮械训练炮手以御洋人,可见其垂死尚不忘记中华民族。清人给起义诸首长如洪秀全、杨秀清、萧朝贵、罗苾芬、吴如孝等人写传记时,皆诋以贩运烟土洋货为生,真可谓含血喷人极无耻之能事了。

现在我可以将曾国藩《沿途察看军情敌势片》内所指的天国"粗有条理"的耕佃制作一粗枝大叶的速写了。这个"条理"如就其土地分配方式言之,可以有以下三种不同的形态:

第一种,是经过政府分配的。在战争破坏严重及人口锐减的状态之下,不只无主的荒田甚多,且有耕种能力的农民亦大为减少。但造成人口锐减的情形,在农民方面与地主方面各微有不同,农民数目的减少主要由于战争,他们或被交战双方抓去参加战争工作,或横被战祸波及,以致受伤死亡。在原则上,他们是不离开他们的土地的。至于地主数目减少的情形,一方面他们在太平军尚未到达之前便已溜之大吉,如上载上海的情形一样,一方面他们也是太平军要消灭或驱逐的对象,如镇江府的情形一样。不管由于哪一种缘因,只要地方上经过了战争剧烈的破坏以后,其结果总是造成无主荒地甚多及农民大为减少的状态。在这种状态之下,政府如欲维持生产,必须将无主的荒地接收过来再分给有耕作能力的农民耕种,那是最自然不过之事。并且这一件事不只是天国革命政府要作的,就是一般不革命的政府也要作的。所不同者,天国有计划的打倒地主阶级而已。在这种土地之上,政府可以宣布土地收归国有,只给农民以耕种使用之权;但亦可以将土地所有权也一起交给农民,把农民创置成一种合法的小自耕地主的地位。天国究竟采取哪一种办法,抑或两种办法同时采用,文献不足,无法确定。不论情形如何,我们是不能希冀当时有很高度的整齐划一性的,因为究竟一方面仍在军事时期当中,另一方面各地被灾情形及其程度均有不同,办法自亦无法完全一致;但虽不一致,只要它们与《天朝田亩制度》所规定的基本精神并无抵触之处,便无损于政策的完整。关于这一类的土地的处置详情如何,现存的当时记录甚少,但现尚流传着的分田传说数则可供参证。张霄鸣著《太平天国革命史》(1932年神州国光社初版)书中所述的口碑两道:

> 我曾祖父曾告诉我(在太平天国时他已二十多岁了,湖北黄冈人):"在太平天国革命平定后,一般贫穷的乡人受了欺压而不能申诉时,每每在我村对面的横岗上(我村中都是大地主),愤愤的喊道:'你不要凶,长毛不久又要来了。现在你虽富? 享福! 那时我们大家要来均产了。'……"这种叹声,正可看[见]太平天国的土地政策在湖北虽没有积极实行,但影响已大大的波荡了社会了!

> 一九二八年,我曾至无锡,遇一贫苦的老农(时八十多岁),他告诉我说:"现在的世界,真是一天天不如从前,就是长毛,比现在都好万倍。他们那时说救我们穷人,真正把地主都赶走了,将土地分给我们没有田的人。现在我们所种的一点田,就是以前某(忘记了)姓的田地。某姓那时是我们此地的大富户,前面村子的房子,就是他住的。你看,他的正屋完全被烧了,所剩下屋都有这般好。人家骂长毛,长毛对我们却是好啊!"(页177—178)

还有,便是罗尔纲先生在他的《太平天国天朝田亩制度实施问题》一论文所引的安徽某一县的父老的口碑,亦说是均田制度在该县实行过的(见氏著《太平天国史丛考》〔1943年渝初版〕页106)。

以上的口牌,多少可以给我们一点参考的价值。例如无锡南乡有无均田,虽不能从光绪《无锡金匮县志》诸书去寻求答案;然而亦未尝不可能只是一乡之情形,而非全县的事实。我以为现存八九十岁以上的江浙农家父老,纵使未亲见太平军的行动,然他们闻之于父兄的口述者,亦甚有参考的价值。所望发起访问工作,或不无结果罢。

还有,像我在前面所说的,自宋元明以迄清代一向以土地高度集中著名全国的江南,到了太平天国时及其以后便有了小自耕农颇占优势的情形出现,这一点也泄露出天国确实行过土地革命或土改。

第二种方式,便是土地并没有经过政府的分配,但"谁耕属谁"。这就是令佃户在原耕基础上,维持原有耕地不动的办法。这种办法,只适用于原来人地比率没有很大变动的场合。如果地面上原日佃户已死亡或逃去了大半时,则这种办法是没有多大的意义的。前面引的南京城外蔡村,只交给政府田粮,不交给地主地租,可以说是此种方式中的最典型的。但是经过了此次改变以后,土地所有权是属于国家,抑或就转移给原佃户,原文不详,无法决定。至1860年(天国庚申十年)太平军克太仓州后所颁行的"计亩造册,着佃收粮"一办法(见《民国太仓州志》卷一四);同年,常熟县的"贼军在乡,使乡官按田造花名册,以实种作准,业户不得挂名收租"(顾汝钰《海虞贼乱志》)的办法,大约都属于另外一种与前微有分别的方式①。在此种方式之下,可能仍保留一部分的土地给地主去耕种,并承认他们在这份土地上的所有权,其余不耕的部分,规定由佃户收粮完税,业户不得挂名收租。

第三种方式,是维持原日的主佃关系,但对于地主收租实行监督,由政府印发收租票,于收清租后交给佃户收执,以凭查对②。且对于超额

---

① 清光绪《海盐县志》卷末《咸同海盐兵事始末纪略》:"(同治元年,1862)以粮户迁避,无可征收,遂责令佃户输纳,沿村追迫。"似亦属于同一种方式。

② 绍溪《上海太平天国起义百年展览会中的实物和文献》:"但最有价值的是壬戌十二年九月莤珊县右营军帅来某所发的一张业户收租票。莤珊即萧山,太平天国避西王萧朝贵及南王冯云山讳,改萧为莤,改山为珊。票内说明'当于收菁(讳清为菁)后将此(转下页)

地主加以较重的赋税。此一方式,颇行于浙江。自天国辛酉十一年后,太平军在浙江所占领的州县,征收的粮米,多从五亩起科,五亩以下免征(参光绪《剡源乡志》卷二四,及光绪《忠义乡志》卷一六)。又,当时盛行的门牌捐,在浙江各县征收数目多少不一,但皆视居民的贫富而定(郭廷以《史事日志》下册,页834)。可见地主富户在各方面都是受歧视的[①]。我还要指出几点应当注意的情形,就是这种方式,只用于军事上屡进屡出易手频繁的地带,它的宣布是在政权刚树立起来的地方,且已在天国的末期,所以是最缓和的。除了上述几点情形之外,还有一种实际的原因,就是当时因战争的关系,所有旧政府作为征收粮赋的册籍,多已丧失毁灭,新政府那时的当前任务乃在问地求粮,"按亩征收"原本是一时不得已的办法。就只是能作到这点,也是极不容易的了;而且要作到这一点,亦非有群众的支持不可。关于此事,我不惮再引一两段书来说明。光绪《宜兴荆溪新志》卷五《咸丰同治年间粤寇记》云:

> (咸丰十年)秋八月,贼出伪榜趣贡。……诸团悉败,贼亦厌兵,稍稍安静,不复出城肆掠。……各乡……置局曰乡官局,……但令各区献册,按户征搜,莫得遁隐。然是时……四野耕种,得不

(接上页)票付交佃户收执为据,以凭查对'字样,此为太平天国之天朝田亩制度未曾普遍施行之证据。但地主收租由政府发收据,以凭查对,足见太平天国对地主收租是实行监督的。"天国壬戌十二年十一月林彩新《谕青岩檄文》云:"勿以团练为事。照依旧规,请令设局投诚,捐粮纳赋输饷,安业如常,贸易相依。"陈真卿《青岩御寇录》节录"檄文"作"照依旧规,投诚捐粮"。大约即为仍旧承认往日的租佃情形,但附以"投诚"的政治条件。

① 光绪《慈溪县志》卷五十五:"其货贿以村落大小、户口贫富为等差。"《越州纪略》云:"有田者令输租亩入三分,民家租额皆定于局。各户赴局买票,数十百钱不等。襄称富人,重为刻剥,名曰大捐,千金万金不等,不受者杖击之。"

失时，……凡贼有取求，多下乡官局，资应之费，皆按亩苛派。（以下言太平军"苛索"情形，不录）……市最盛者为大浦，左右设卡尤密，商贾云集，交易日数十万金，……

征赋册籍的丧失，似以在浙江为尤甚。遂安毛淦（字景澄）《粤寇窜遂纪略》云：

咸丰十一年二月十三日，伪感王陈荣由白溙岭到境，入据城中，焚县署架阁库，合邑征收鱼鳞册尽归一炬。

又，何德润《武康寇难诗草·伪设门牌》七律中有句云：

图册那肯献鱼鳞？（原注："勒民开丁口，民以假名应之。"方仲按：鱼鳞图册为田亩册，乃以圻领户，不应载丁口，此乃文人之诗，不足深论。然武康县之户口实征册已散佚则可证。——以上两条皆从《浙江文献展览会》借钞）

光绪《桐乡县志》卷二〇载：

（咸丰十一年辛酉三月）又有钟姓伪官来设馆，并立军师帅等名目，招邑之无赖者充之（按《县志》前记〔咸丰十年〕庚申十一月初九日太平军始至青镇，"于是四乡博徒土棍及地保皆作为乡官"）。设局敛钱，按殷户派钱，……其市上列肆，按生意之大小派出月捐、店捐、股捐。复率贼党至各乡掳掠，名曰打先锋。是年踞逆公然征银收漕，有陈、张两胥吏，献征册于贼，故得按籍而稽，无敢匿者。每亩收白米二斗，又钱七百，折价每石六千二百文。十一月廿八日，杭省再陷，贼势益张，公然考试文武童生，无赖子竟有投

试者,不过数人而已。……①

我们综合以上各条观之,可知当时所克苏浙等地往往无征册可凭,大约系地主阶级故意毁灭它们所致,然亦有因战事焚毁的,如遂安县。——记得1936年间笔者去兰溪县调查田赋,据县人说该县鱼鳞图册亦于太平天国时被焚掉。天国时终归倚靠深明大义的旧干部的力量将图籍追查出来。政府有了威信,各县粮赋才不敢亏欠。以上各记载,多数证明了地方秩序,很快的便安定起来。所以杭省的文武试也举行了。而《宜兴荆溪县新志》"四野耕种,得不失时"一语,尤足证明农民安居乐业。

根据手头上的史料,我仅能试作几句暂定的结语。我以为以上三种方式,皆因时因地以制宜,原本是灵活不过,现实不过的。虽然以上三种方式,彼此之间似乎并没有像在血统上长子嫡孙一脉相承的老幼次序,可是它们有一个精神上的共同祖先,——这就是依靠贫雇中农打倒地主阶级的一条总路线。在某些场合之下,一种方式以至各种方式之间均有变化的发生,即如前述由不定额税制改为定额税制便是;但关于耕佃制,在它既成了定制以后,除非有重大情形,是不轻易变动的了。我的印象以为在天国六年以前,行于南京、镇江附近一带的,以第一种方式占优势,它的衰落约与圣粮仓及圣库制度之衰落同时。天国十年以后至天国末年行于苏常等地的以第二种方式占优势。十一年以后行于浙江一带的以第三种方式占优势。在执行第二、三种方式时,是

---

① 吴敏树《黄特轩传》:"……居湘阴东北乡长乐里。……咸丰四年,……时贼由水路掠船至罗江。新市长乐人惊走。而其里人有先在贼中者,至是以长发归,胁里中率钱粮输贼。黄君为里富室,挈家去。已而钱米大集,胁者皆自取之。……"可见天国不只与清争夺土地,且亦争夺钱粮。

以李秀成的军政部队为中心。若就整个政策的内容而言,则在天国初年及离天京较近的地带,行得比较前进积极一些;及到了末年在距离天京较远的地带,行得比较保守与缓和一些。然不管在哪一个时期,哪一处地方,哪一种方式之下,天国的财经政策(自然包括土地政策在内)的总路线,是坚定的,它保持着一种一贯的精神与作风。所有各种不同的方式,都百变不离其宗的环绕着这种损富益贫的政策中心而进行的,它们的目的是彼此一致的,并且它们的实施成绩已收相当满意的效果。自然我不是说它们毫无偏差的地方,偏差是时时有的,然无损于政策之伟大和在实施上的大体成绩。即如我们拿它最温和的那一种方式来与清末湖北荆门州摊派庚子(1900年)赔款的方法作比较,便可知天国的政策比清政府真不知进步了多少。天国征粮的办法是五亩以上起征,五亩以下不科,对于贫中农是有利的,对于地主富农是不利的。清政府的摊款方法,刚刚与它相反。它规定随银米带征赔款捐,凡征丁银壹分或漕米壹升者,皆随派赔款捐七十文钱;征银一两以外或征漕一石以外者,仅随派三百文钱(见本文附录二)。这说明了地主阶级的政权复活了以后,又去加紧剥削中贫农。历史的教训不是很明显的吗?

　　让我们重复地说一句话:太平天国的土地政策整个是成功的。它运用各种不同的方式,配合当时当地的客观实在情况,有计划,有步骤,灵活巧妙地解决了当时许多问题。只就它对于土地问题本身而言,最主要的贡献便是解除了地主阶级的武装,摧毁了地主阶级的政权,将他们在社会上的威风打击下去,使贫雇农翻得过身来,抬得起头来,这一点做到已解除了人剥削人的关系的一大半。其次,它使得农民有地可耕,最少也将田赋的实际负担减轻,同时还叫地主多担任些合理的负担。这一点做到又解决了人与生活资料的矛盾的一半。光是办到了两点中之一,已经非达到翻天覆地的革命斗争是无从做得来的了。这一段有声有色的光荣的历史,有了《天朝田亩制度》一文件固然更是增光不少;但如无该文件发现(比如巴黎、伦敦的藏件永远不公开给世人看的话),这一段历史还是不会丝毫减色的。独怪当代作家,每每依照他们自己对于这一个文件所作字面上的解释,而忽略了它的真正要点,来作衡量天国土地政策成功失败之标准。因之,对于天国的各种制度,如商业政策等,都承认有了相当的成功,唯独对于这一段土地斗争革命的历史及其中心问题却不敢下笔。这一种错觉,很容易从最近出版的《太平天国革命运动论文集》(1950年11月京初版)发现出来。

由于天国的土地政策在当时各地的实施方面得到了普遍的成功,我以为今日作家凭空给它加上了一顶"空想主义"的帽子,是一件不公平的事。如果作家们仅仅批评《天朝田亩制度》一文件是一种"空想主义"那是我可以赞成的。因为中外历史上的农民革命运动都免不了有许多农业社会主义的空想的成分在内,这大概可以算作农民革命的规律。所以这一个文件关于好些很琐碎的事项确是都规定得很详细,这是空想社会主义的通例。不过,我们纪念太平天国,自然是强调它的现实部分,而不是要强调它的空想的成分。所以我对于作家们未能将政纲的最终目的与政策的现实运用分别清楚,便硬要在天国的斗争史上面活泼泼地给它套上那一顶不大好听而又似乎掷地有声的帽子,不能不站在公诉人的地位代表天国的农民提出控诉。

其实我的意思很简单。须知,以农民为发动中心的革命团体,尽管在意识上还不能完全脱开过去"圣贤"所留给下来的包袱,但在行动上他们对于与自己最有切身利害的土地问题的解决(注意,只指此一问题而言),他们是有最合适的办法来照顾自己的,他们是最现实不过的,他们不须要向周公、耶稣请教解决土地问题的理想和方案。只要他们有了正确的领导和健全的组织(头一点天国尚未能作得到,第二点仅有一部分的成功),他们的革命事业和最后目的一定可以达到成功的地步的。太平天国的失败,我以为并不完全由于土地政策的失败。天国的失败,如专从经济方面言之,实由于它不能巩固土地政策所得来的初步胜利的果实,它并没有很大大地发展了整个的农村生产力,它更没有能办到将工业生产力提高(产业工人阶级因之无法产生)。同时在商业上亦受了敌人与英法美资本主义勾结的阻挠,它并没能够和友军小刀会刘丽川等的部队密切地合作,所以连上海一港口也无法占领下去。这样,便给在解放区以外的地主阶级留下一口喘息的机会,他们于是纠合一切反动势力,加强封建阵营中以湘军集团为中心的力量,挟其得来洋鬼子的军事援助,再向天国反攻,革命运动是这样失败下去的。

末了,对于当代学者所以怀疑《天朝田亩制度》不曾实行的根本原因,我试加以检讨。一般提出的理由,都根据常识来论断,以为土地与人口的配合,情形非常复杂,同时清军不断进攻,烧杀抢掠,天国领土常起变动,农村秩序无法安定,以致土地政策无法执行,如范文澜先生就是代表这种看法。罗尔纲先生亦有类似的看法,他说:

> 至于论太平天国不能实行土地社会公有制度的原因,乃时势使然。因为田亩等级的划分,人口与田亩分配的统计,在军事时是无法从事的。而且,这个制度,原是一件震古铄今的大改革,民众难于图始,实行尤多阻碍。……太平天国为着缓和革命阻力,便不得不把这一个大改革留待胜利以后。……(《太平天国的理想国》,页36—37)

他们的看法,当然未尝没有部分的真理。但不知土地改革的实行,其要求正出于广大农民群众的本身,其目的正在于巩固革命战争的军事胜利。既然大家都承认所有"兵农合一"种种制度都行得通了,何以最宝贵的生命都不惜贡献给国家,而独惜仅占总财产中一部分的土地? 由此可知倘若天国没有马上宣布全国土地一律归公,乃系斟酌客观情况而然,并非由于土地政策推动困难所致。况且土地政策的成功,并不必须先将统计办好。只要能正确地发动、组织与领导群众,便有充分成功的把握。革命的政府,绝对没有真正大不了的困难事情。再则天国的行政效率是很高的,大军所至,每一地方,很快的便将地方自治政权——乡官制度树立起来,门牌、户籍,以至田亩赋役册籍,都很迅速地编制成功,所以不止农业,连商业工业都无不于军事过后短期内便恢复了常态,此种例证,已见上文,且上文所引仅为一小部分的例证而已。根据以上的观察,我们还可以说天国没有实行过它的土地政策吗? 且能否认它的成功吗? 还不应当给它一个历史上应有的地位吗?

其次,大家所以没有将天国这段土改的光荣历史整理出来大概是由于学者过度的小心慎重,主要的原因又由于文献不足。文献不足,是可以想象得到的,即如替清廷作情报工作的特务头子张德坚也在《贼情汇纂》自序中列举"六不易知"的理由,但在今日便可以分开两方面来说了。其一,天国文献,迭经清政府的毁灭查禁,所以流传下来的不多,且多数只属于典章制度一类的官书,至若天国民间著作似乎尚未有发现,民间著作的缺乏,恐系原来如此,因为革命的农民是历史的创造者,而不属于历史的写作者一类。至若清朝人当日所写的关于天国的著作,无问题的是多出于地主阶级出身的人之手,他们对天国自然不会有好感,且因文禁綦严,即为稍有利于天国的资料都无法保留下来,所以我们读清人的著作时就必须于字里行间心知其意,自非十二分警惕不可的。可是还留下一个问题没有解决,这就是如果太平天国真有它的一套土地制度,那为什么当日身历其境的人们很少提到它? 其实这个问题不难回答,因为被杀了的地主自是无可说的;至于从解放区逃走出来投到异族反动政权怀抱里面还活着不死的地主,对于他们自己,生命第一要紧,身外物尚居其次,——亦有两者一样重要的亦不居少数,但他们却多数系甚少执笔兴趣的人了,因之地主们肆情诋毁的对象多集中于杀戮一方面,反正全部财产都已经扔在后头,谁还管他土地不土地,政策不政策?然而生于今日的我们,不能因为积极证据稀罕,便怀疑到天国没有实行它的土地政策,我们必须配合当时的整个的客观形势,用历史唯物主义的眼光去综合分析,才能够得到真实的内容。这是我勾稽各种记载来写成这篇文章的用意。我以为天国的土地政策,可以从当日遗留下来的一对联中所表现的思想意识形态得到很重要的启示,这一对联仍保留在敌人的记录《汇纂》一书之中,据说此是师帅(乡官之一)的联句,它的大意用今日的话来说:我们不妄杀一人的,我们的目的只在肃清土豪恶霸,推翻反动政权;我们是疏财仗义的,我们要讨伐汉奸,更要对抗外国鬼子,要求土地还家!下面就是那对联句:

师天父训言,莫学黄巢、李闯;

帅地官徒旅,但为鲁肃、曹彬!

附录二　跋清光绪二十九年湖北荆门州便民易知由单

前清光绪癸卯二十九年(1903)湖北荆门直隶州便民易知由单一张,余于1935年春得于北京琉璃厂海王村公园冷摊。原件白竹纸,木刻,版框高18.3公厘,阔25.1公厘。上未盖有关防。骑缝间亦未编字号。见附图六。

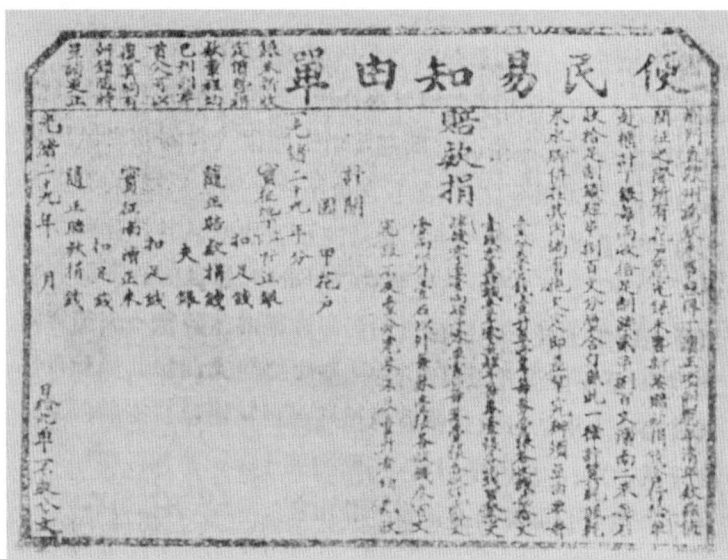

附图六

此单末开列实征地丁上下忙正银，及南漕正米两栏，各附扣足制钱之敷，而随征赔款捐钱亦附见（地丁随征赔款捐项下又多"夫银"一项）。各栏项下均有空白，以备发给花户时用笔填注。

单首开载丁银、漕南二米折收足制钱之比率。——每钱一串，等于一千文。中段载赔款捐摊派方法。

所谓赔款，就是光绪庚子二十六年（1900）义和团运动失败，八月八国联军攻陷北京后，翌年辛丑七月，清政府与英、美、德、法、日、俄等十一国缔结的《辛丑和约》中的第六款内所规定的赔款。

这一次是中国有史以来的最大一次的赔款。1842年（道光二十二年）因鸦片战争而签订的《江宁条约》赔款银二千一百万元。1858年（咸丰八年）缔结的《天津条约》，中国赔偿英、法军费八百万两。1895（光绪乙未二十一年），因甲午战争签押的《马关条约》赔款二万万两给日本,复因退还辽东加三千万两。但这次庚子赔款竟达450,000,000关平两之巨。

这一巨额的赔款,定为三十九年内还清,年息四厘。每年还本一次,每半年付息一次。自1901年7月1日起息,1902年1月付款,迄于1940年清讫,息银532,238,150两。本息合计,共为982,238,150两。然此仅就海关银两(关平两)计算,当时清廷订约人不知银价低落之趋势,故于条约内又载有"照市价易金"等字样,但并未加以正确的解释。迨后银价日落,我国抗议多次,结果到光绪三十年九月始议定以赔偿三年来之英磅价为准。这种以银两折合磅价的损失,名曰"磅亏"。只按头三年计算,已达一千零四十万两。平均每年所亏约三百四十万两。如按赔款总额本息共计九万八千二百余万两之数核算,则三十九年之中应增磅价共为二万万余两,二共总数将达十二万万两。且此数还是按当时银价计算,以后银价逐渐降落更不止此。

赔款的偿还方式,分期订定年额,第一期自第一年至第九年(1901—1910),每年定额18,829,500两。清政府即以此数摊派于全国十九省,东三省在外,未摊派。兹表列如下:

江苏		2,500,000(两)
四川		2,200,000
广东		2,000,000
浙江,江西	各1,400,000(两)	共2,800,000
湖北		1,200,000
安徽		1,000,000
山东,河南,山西	各900,000(两)	共2,700,000
直隶,福建	各800,000(两)	共1,600,000

湖南		700,000
陕西		600,000
新疆		400,000
甘肃,云南,广西	各300,000（两）	共900,000
贵州		200,000
总计		18,800,000（两）

以上各省摊派之数作为定额。查庚子赔款原以海关、常关、盐税三项作担保。据光绪二十八年（1902）的调查,除关税收入外,尚欠一千一百万两。然则清政府只须求足一千一百万两之数便够,何须分派各省至一千八百余万两之多（参周棠《中国财政论纲》页78,清宣统三年〔1911〕晴天片云室藏版）？今以赔款为名,强派逾额之款,无非是搜括民脂民膏罢了。以上各省摊派额数,分别解交江海关道按期拨付各国。遇镑价低落之时兑交外币以外,尚有余银,名曰"镑余",另案支用。至镑价过高时,则为"镑亏"（cf. Coons, *The Foreign Public Debt of China*, 1930. pp. 15—23）。

按照《辛丑和约》订定,第十年至第十三年（1911—1914）,每年应偿还的额数为19,899,300两,即比前九年的年额应增加一百〇六万八千多两,由度支部（即财部）另筹抵补。

但到了第十一年（1912）,民国已成立,各省摊派均行停止,改由海关关税项下按数拨付,以总务司任交款之责。

1908年（光绪三十四年）美国假仁假义以庚款超过实在之损失及费用为口实,退还其一部分,用作北京清华学校校款及其派遣留学经费之用。美国这次举动,目的有二：一、想缓和我国排斥美货运动,这一运动由于美国驱逐华工而起;二、想遂行文化侵略。

1917年（民国六年）北京政府对德、奥绝交宣战,协约诸国以庚款展缓五年交付,并免加算利息,即以此五年中之赔款,移抵公债基金,俾充宣战经费,以为诱致中国参战的条件。及参战后,中国即停止对德、奥支付。欧战结束,德、奥全部赔款尽归消灭。

第一次世界大战结束以后,中国对协约各国缓付五年之赔款,至1922年（民国十一年）11月底止期满,自是年12月起应为重行付款之期。嗣于1923年之际,各国间有鼓吹退还赔款之倾向。1924年5月31日中国与苏联新派来华大使订立《解决中俄悬案大纲协定》,该协定第十一条内开,苏联政府允予抛弃帝俄部分之庚子赔款。

同年9月中国又宣布美国同意将赔款全部退还（参《美国退还庚子赔款余额经过情形》,《中华教育改进社丛刊》之二,1925年出版）。据贾士毅《民国续财政史》第四编（1933年8月出版）第五章《庚子赔款之改债及其变迁与退还》所载,关于各国赔款之退还方式,又可分为"协定退还部分"、"变更用途后协商部分"、"变更用途并未协定部分"、"换算余额之处分部分",及"按约照付部分"（又可参看曾友豪《中国外交史》〔1925出版〕第九章附录一"庚子赔款退还之实际"。杨汝梅《国民政府财政概况论》〔1938〕页274—278）。

其后英、法、比、荷四国亦相继与中国成立协定,退还应付赔款。大体上都一致规定设立特种机构（如管理中英庚款董事会等）,来管理退还赔款的使用。其使用皆有指定的用途,如除用于铁道、交通、水利、实业各建设工程以外,仍以基金的利息,办理文化教育事业。

以上美、英等国退还赔款余额的用意（苏联除外）,无非是对于当时我国日益膨大的民族运动中的人民力量有所顾忌,所以不得不改换了他种侵略的方式,即如关于实业建设方面,它们不只限定用途,且限定必须聘请该退还赔款国国籍的工程师来主持设计,以至建设物料亦必须在该国购买。至于利用息金来进行文教侵略,其用心尤为险恶。

根据这些丧权辱国的协定,赔款在名义上虽然是退还的了,但每年国库仍须拨付本息,中国政府财政,并未能因退还而宽纾,唯所谓经济建设与文教事业略受分润而已。直至民族抗战发生以后,1939年以前,中国仍然是照协定去偿还各国的。据魏友斐《我国之战时国际收支平衡》(《财政评论》三卷一期)文内所载,偿付外债之支出,以关税担保者,1937年为76.9百万元国币,1938年为78百万元国币。此中虽不尽为庚子赔款,但庚款在1939年沪关尚未被日本接收以前仍是继续支付的。贾士毅《论财部对海关担保债赔各款之新处置》(载1939年2月《财政评论》一卷二期)载,当时关税担保各项长期债务之本额总数,以法定汇率核算,约等国币二十五万万元,其中庚子赔款,约占一万万元(参《财政评论》一卷三期"统计":耿爱德《中国政府现负担保外债表》,页190)。

民族抗战惨胜以后,庚款似仍由国库继续拨付本息,因无数目字公开发表,无法查出。唯各种特殊机构,依然存在。如1947年11月伪南京政府行政院核准,依据1943年所谓《中英平等新约》,将前管理中英庚款董事会改名为中英文教基金董事会,公布《组织规程》共八条。此外如保管美国退还庚款之机构,中华教育文化基金董事会等机构亦依然继续存在。当时庚款快到满期的期限了,伪南京政府屡有裁撤合并各种管理庚款机构的传说,但有一部分有关人士仍然希望这些机构继续维持下去,其目的无非欲培植自己在文化教育上的势力。同时亦可充分证明反动政府的软弱无能,已失去一般人的信心。1948年12月出版的《第二次中国教育年鉴》,是由伪教育部主编的,竟说是"四十年来,此项庚款在教育上之收效,实非浅鲜",真不知对哪一国的教育而言？

以上我们将庚款的经过大致情形，作一最简单的叙述。现在让我回过头来再对上开清末荆门州的易知由单作一最概括的检讨。当时赔款额议定以后，清政府便将此额摊派于各省，已见前载。至于各省的摊派方法，又各有不同。富庶省份多由藩库、运库、道库三机关分筹，来源为地丁、厘金、盐斤加价、常税、捐输等项。贫瘠省份则由他省代拨，如新疆、甘肃等省（参汤象龙《民国以前的赔款是如何偿付的》，载《中国近代经济史研究集刊》第3卷第2期）。

湖北省摊派赔款的方法，据民国六年（1917）出版的《湖北财政纪略》一书页19"岁入，六，赔款改学堂捐"云：

> 前清光绪庚子之后，部派鄂省岁解赔款关平银一百二十万两。院饬司局议筹，除酌提州县盈余，及按粮捐、房铺捐、税契捐、土药加税等项凑解外，不敷尚在三四十万之谱。经藩司善后局会详批准，通行各县开办签捐彩票，摊派绅民分销。按月由省开彩一次，所获余利，专供赔款之用。办理数月，成效难著。各县咸以为累，禀准随粮带收，将原详之按粮捐并入在内。嗣因开铸铜元，盈余较厚，抽收土税，入款日增。鄂督张文襄（之洞）饬县免解此款，充作本县兴学之需，故名曰赔款改学堂捐。其后省校、府校经费支绌，分成提解、留县，为学务专款。改革之初，悉数留作县用，并未按成提解。……

由上可知庚子赔款对我国地方财政的影响，是大开烟赌之禁。至于利用赔款的余额来办理教育的费用，实开各帝国主义日后在华办学风气之先。又如广东的情形，根据光绪二十九年六月初十日，两广总督岑春煊、广东巡抚李兴锐合奏所说：

……迫后奉新定赔款，只得督饬司道将粮捐、房捐、"烟土"膏捐、酒捐、猪捐之款，先后委员招商设局，并责成地方官分别举办。……（笔者自藏件。又本校藏《羊城日报》辑《新经世文编》，岑制军、李中丞《会奏减派赔款折》颇有节略）

又据同折所载关于随粮摊派的方法说：

此项粮捐，当时电奏原拟按征数代收五成，嗣经减为三成，现复改为照正额，核计减轻已不啻过半。……

这种随粮带征的方法，大约就是各省最通行的方法，且亦为摊款中主要的来源。今从荆门州由单检看，知亦属于此种的方式。所应注意的，此处摊派的方式，是采用累退税率制。所有花户应完丁银一分至一钱，或漕米一升至一斗的，皆各收赔款捐七十文钱，但应完丁银一两以外，或漕米一石以外的，亦不过收钱三百文。赔款重担显然地大部分落在丁少粮少的贫户的身上。

关于鄂省银两折收铜钱的情形，《湖北财政纪略》"岁入田赋，一，地丁"云：

光绪二十八年间，钱价日涨，银价日跌。州县盈余较多，有奏准减价征收，并酌提钱价盈余之案。嗣因赔款无出，仍将减征于民者复之于公，名曰减征复旧，提作凑还赔款之需。数年以后，铜元充斥，钱价渐低，各县提款积欠累累。宣统初，先后奏罢。此前清旧制也。……（页1）

今按同书页4所载，民国四年定荆门县地丁银每两折合钱价三串；漕米每石折钱六串（页8）。同书，"二，漕米"云：

　　前清……定章之初,北漕解供京仓,设督粮道员专司其事。南漕秋米则为本省兵食之需,隶于藩司。其后北漕停运;兵米亦以转运繁重,均改征折色征收,作为正供。咸同间,前鄂抚胡文忠公(林翼)奏定按各县米额之多寡,定折收价值之高下:每米一石折收钱四串以至六千五百文不等,秋米一项有收至七八千文者。解之于库,有正耗兑费水脚等款目,每米一石约计解库平银一两七八钱至二两数钱不等,以充京饷及本省营饷之需。光绪三十一年间,裁撤粮道,归藩司经管。维时地丁案内有奏提钱价盈余,减征复旧诸案。漕米一项随案提解,旋因钱价日高,同时奏罢。民国建元,无分北漕、南漕、秋米,统改名曰鄂军漕米,各按折价征钱解钱。……(页5—6)

　　关于湖北省自1902—1910年摊还庚款数目,及其款项来源,可参看汤象龙先生文第十表,及附表一,内有详细记载①。

　　胡钧《中国财政史》(1920年出版)载:光绪末年清理财政所得之数,各省粮捐充地方经费者颇不少,其中湖北规复丁漕增价,额数"十万两。每两复征百文,每石复征一百四十文"(页347)。按此款预算上列为地方税,故其所征钱数与由单所载的丁漕折钱率及赔款捐折钱率皆异。胡著论庚子赔款对中国财政的恶劣影响有二,附录如下:

　　　　各省既担任此巨款,不得不放手自筹;中央既责以自由筹款,亦不能干涉其非法,督抚自专财政,遂一发而不可收拾,此其魁柄

---

①胡钧《中国财政史》页344—345载庚子赔款各省分担之额数,其后有按语云:"〔全国〕共计一千八百万两,其中若新疆、云南、贵州、广西等省,为著名受协饷之省份,何以尚能分担赔款? 可知此项数目,不过一种具文,不论何时,均不能收全也。"今证以汤文及表,知湖北省所认派之额数,历年似皆征足。

之倒持于外省者一也。议款之时,各国公举英、德、法、日四国公使为中国偿金财源调查委员。约成,更支配中国财政,大扩充海关税务处之权,多数常关亦归新关管理;并议及盐政。自此外人以辅助中国整理财政为名,直接或间接日增其监督之权,此其招致外人干涉财权者二也。(页337)

自前言之,封建政权的内在矛盾日益加深;自后言之,资本主义与帝国主义对中国的剥削日益加强。

附录三 题民国二十年江苏武进县下忙易知由单

民国成立之后,关于田赋的征收,"各省间有单行之法,中央曾无综核之方,即欲查考各省征收实情,亦少例案可据"(赵连福《民国以来政府整理田赋之总检讨》,载《中山文化教育馆季刊》1939年夏季号,页478)。及1927年国民党政府建都南京,7月财政部公布《划分国家地方收入暂行标准案》,列田赋于地方收入之首项。1928年10月订定《限制田赋附加办法八项》,分别函令各省省政府、各特别市市政府,及各省财政厅、各特别市财政局转饬遵照。其中第(三)、(四)两项,与易知由单有关,今转录如下:

(三)忙银应改两为圆,将每亩旧时应完石(按应为银字)数,及改征银元之数,并各种附捐数目,注明易知由单与粮串。

(四)漕米应改石为圆,将每亩旧时应完石数,及改折银圆之数,并各种附捐数目,注明易知由单与漕串。(民廿四年《财政年鉴》下册,第13篇,《地方财政》,页2138。)

命令只管命令,各地方并未切实遵照办理。有颁发易知由单的,亦有不颁发易知由单的,殊不一律。即就颁发由单的地方而说,彼此之间毫无一致的办法,且皆有名无实,弊病重重。由单的名称亦有多种,普通名叫通知单,有时亦叫背单,或印归。今根据1934年8月万国鼎、庄强华、吴永铭合编的《江苏武进南通田赋调查报告》作一简单的介绍。页74记武进县完粮手续说:

> 值年员接到忙漕易知由单后,随即散发各庄首递送各业户。在开征前三日,由值年员饬丁鸣锣,分赴各村,催告业户依限完纳。……

页58记武进县的易知由单云:

> 易知由单例须填载清楚,刊刻详明,庶人民了然于自己应完之税额。但实际则由单大都用败纸印刷,板刻模糊,"完粮须知"栏字迹渺小,非目力所能辨。粮户田额,类皆疏漏不填。而应完银额下所填数字更属潦草不堪,易致奸胥弊混。

页65记旧循理乡科征吏沈某与镇长尹某等勾结,将尹某之粮免除,而加派于其他各粮户,擅改易知由单银数,(至1931年)业已数年,始经值年员发觉,于是各粮户自相稽核,不符者十有七八。页66—67又记:

> ……粮柜根据征册,编造易知由单及印串。易知由单应于开征前半月或十日,送达粮户,然各乡图多有于征限将满时,尚未收到易知由单者。……粮差(原注:即催征警)于每届忙漕开征,至各乡图递送易知由单,或向值年员索取数元至十数元不等。……

任意需索,俨然为合法行为。稍不遂意,则叫嚣驰突,哄吓拘捕,无所不用其极。乡愚无知,往往受其非法鱼肉,而莫明所以。其乡图辽阔,税收素疲者,则更援引党徒,分任追催,谓之"老二";而彼则坐分其利,群尊之曰"老大"。

可见由单弊端之一斑。至于南通县的通知单(即由单)向不发给花户,故办法与武进县不同。页157记南通县征收手续说:

> 粮串造就后,由征收主任交内柜保管,定期启征,于启征半个月前,城乡遍贴布告,俾民周知。通知单概不散发,以防持单冒收钱粮云。

页160说:

> 新订粮串,共分三联:一联存根,贮县备查;一联地价税执照,截给人民收执;一联通知单,亦留县而不发给人民。

上载三联单办法,可与前引明代丁元荐《西山日记》下《日课》所记"蝴蝶由票"相参证。页161载有南通县民国二十二年分第二期"地价税通知单"式样一张,册首又载同年分第一期地价税通知单照片一张,今均不转载。页180载"荡地折价易知由单"式样一份,册首亦有照片,均为两淮盐运使所属余中场发给,灶户凭此由单以完课者。

关于武进县的易知由单的式样,见该书第58页;册首又有二十一年下忙易知由单照片一张,然模糊已甚,不便再为制版。今将第58页所载二十年下忙由单式样一张,转载如下:

民国
念年
下忙
易知
由单

武进县财政局为征收下忙事照得县境原续垦熟新垦滩田亩剔除勘实被淹无收灾田应征
本年下忙银元现已定期十一月二十五日开征除布告通知外合颁知单仰该粮户查照后开应完洋
数于法定两个月限内赶紧提前赴柜清完擎据安业如有舛错随时声请更正须至单者

计开

粮户　　成熟折平田　　应征下忙合国币银

都　　图　　庄

中华民国二十年　　月　　日给　　东字第　　号

完粮须知

（一）旧治武进各粮户在西区田赋征收处完纳阳湖各粮户在东区田赋征收处完纳（二）武邑折平
田每亩照章应完下忙银五分六厘五毫八丝每两原征省税一元七角五分县附税三角征收费一角
二分三厘义务教育捐三角五分四厘地方不敷银五角三分一厘疏浚运河亩捐三角五分四厘农业
改良捐一角七分六厘普及教育捐三角五分四厘水巡队经费二角六分六厘又带征水利经费者全
沾二角半沾一角合征省税九分九厘县附税一分七厘（逾限并按以上各数加征十分之
一）义务教育捐二分地方不敷银三分疏浚运河亩捐二分农业改良捐一分普及教育捐二分水巡队
经费一分五厘每亩应完银二角二分八厘又带征水利经费者全沾一分一厘四毫半沾五厘七毫
（三）各户完粮应于开征两个月限内完清限满加征十分之一余照议图规则处分罚办（四）粮户完
粮后应随时擎取收据如有索需规费及推宕隔日取据等事随时指名请究

附图七　民国二十年下忙易知由单式样

今据"完粮须知"（二）所开税捐名目统计如下：

	元角分厘毫丝
每亩照章应完下忙银	0.0 5 6 5 8
每两原征省税	1.7 5 0 0 0
县附税	0.3 0 0 0 0
征收费	0.1 2 3 0 0
义务教育捐	0.3 5 4 0 0
地方不敷银	0.5 3 1 0 0
疏浚运河捐	0.3 5 4 0 0
农业改良捐	0.1 7 6 0 0
普及教育捐	0.3 5 4 0 0
水巡队经费	0.2 6 6 0 0
共计	4.2 0 8 0 0
带征水利费：	
全沾	0.2 0 0 0 0
半沾	0.1 0 0 0 0
合征省税	0.0 9 9 0 0
县附税	0.0 1 7 0 0
征收费	0.0 0 7 0 0
义务教育捐	0.0 2 0 0 0
地方不敷银	0.0 3 0 0 0
疏浚运河亩捐	0.0 2 0 0 0
农业改良捐	0.0 1 0 0 0
普及教育捐	0.0 2 0 0 0
水巡队经费	0.0 1 5 0 0
共每亩应完银	*0.2 2 8 0 0
又带征水利经费者：	
全沾	0.0 1 1 4 0
半沾	0.0 0 5 7 0

*此数字比实际计算结果少了一分。江苏十九年后，丁米折价，重新划分地丁银一两折价2.05元。

上表有"共计"二：其一，为每两应征各项税捐共计4元2角8厘。其二，为每亩应征各项税捐共计2角2分8厘（按实际计算数字应为2角3分8厘）。前一项"共计"乃以前征收银两时的税率。后一项"共计"为民廿年的现行税率。今按同书页51第十六表《武进平田每亩额征正附税一览》，民二十年下忙应征共计为2角4分9厘6毫，因为表中增加了滞纳罚金一项，其数为1分1厘6毫。

除下忙以外，每亩平田复应征上忙银共计2角7分4厘6毫，冬漕银共计5角6分4厘2毫，三共总计1圆零8分8厘4毫。

复据页52第十七表《武进每亩正附税比例》，知民二十年正税为5角4分8厘，附税为4角4分，正税与附税之比率为100∶81。

关于田赋与地价及收益的关系，据同书页100所载，"现征田赋，显已超过地价百分之一"。又云：

> 更就每亩收益论之，……每亩生产，各地不一，因土地之肥瘠，天时之顺逆，投资之多寡，工作之勤惰，管理之优劣等种种原因而异。概括言之，大抵中等田一亩，年可产麦六七斗，约值三元；稻三石，约值九元，稿秆十石，约值五元，合计十七元。生产成本，每亩人工二十日，每工伙食工资等约需四角，共计八元；种子一元，肥料三元，役畜三元，机器打水一元，已需十五元之谱。所赢不过二元。纳赋一元二角，仅余八角。一家种田十五亩（每家平均不足十五亩），赢利十二元，以应仰事俯蓄婚丧疾病之需，其何能足？谷贱税重，民困已甚，至为明显。

我们从上可知在国民党反动政权统治下的时代，田赋竟占农民纯收益3/5，这种剥削苛刻的程度比之清代有过之而无不及（参前引曾国藩咸丰元年十二月《备陈民间疾苦疏》），即就附加税捐名堂之多，亦可说空前绝后的了!

附记:本文附录(二)、(三),由萧步才、陆景武两位同学代为检借参考材料多种,附志谢忱。

书后:本文草写成后,先后承谭彼岸、吴晗、彭雨新、钟一均诸先生提供意见数点,谨此致谢。

一九五一年六月三日写完于模范村八号

（原载《岭南学报》第11卷第2期,1951.6）

田赋输纳的方式与道路远近的关系

——一个史的考察

　　说到地租理论的发展，我们除去了李嘉图（Ricardo）以外，当然不会忘记了吞伦（Johann Heinrich Von Thünen, 1783—1850）的贡献。李嘉图的地租理论，是专从土壤天然的肥瘠去着眼的；到了吞伦才以地的位置为主体，间亦兼及耕种深浅的程度，去讨论地租。吞伦以为假设地的沃度相同，则其位置愈接近市场，愈占有优势（即得到较高的地租），因为运输费较轻，生产者从售价所得来的净利较多。若地的位置离市场渐远，则须从生产品的售价中减去较巨额的运费，生产者的利亦因之减少。而且距离市场较近的土地，其耕种的程度亦较深，故其所得的地租亦较高。吞伦这个见解，在他所著的《隔绝的国家》（全名为 *Der Isolierte Staat in Beziehung auf Landwirthschaft und Nationalökonomie, oder, Untersuchungen uber den Einfluss*, den die Getrei dep reise, der Reichhtum des Bodens und die Abgzaben auf den Acker bau Ausuben, 第一卷, 1826年出版）阐发得甚为明白，大意如下：他假定一个大城市，位置于一块广大肥沃的平原的中心。这块大平原内的地土，其沃度是一律的。又假设平原境内并无河流或运河可通，运输的工具只有一种

（如四轮马车）。这块平原的尽处,四围被一大沙漠包起来,于是将这个"城市国家"与外面的世界隔绝了。

问题于是发生:在上述的假设状况之下,平原内的各地与城市距离的远近,对于农业生产的分布有什么影响呢? 吞伦的答案,以为距离城市(即市场)较远的地方,农产品的运输费必然增加;运费的增加,即不啻生产品的售价降低(在地与市场的距离相等时)。所以距离市场愈远的地方,愈无利可图。因此吞伦发明了所谓农业生产的分区化的理论。他以为近城之处,所耕种的生产品必为体重而价值低,其运输费昂贵故不利于在较远地点生产者。至如易于朽腐的产物,亦必种于近城之处,推而言之,耕种的分类得从城市的四周围分区以观察之,因为各区之内有其适宜的作物。现在列图说明如下:

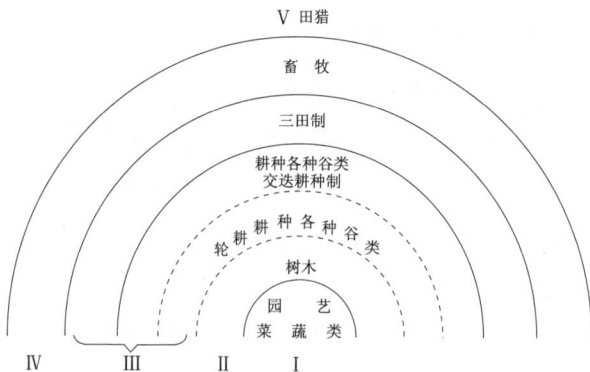

上图共分五圈,以一圈代表一区。第一区离城最近,二区次之,三、四、五以次各区又次之。凡不禁转运或其售价不堪负担运费者,皆种植于离城最近之中心之圈内,如菜蔬、牛乳品、谷类之附产品、家畜之饲料如刍秣等,以及园艺及菜圃皆在第一区内。其在第二区内则为树木的种植,以供给城市的薪柴与木料;但近城的树可供燃料,较远的树则用于建筑,因为建筑所需的木料,可担负运费之力较大。第三区又内可划分为三小区:凡距城愈远则春耕种的方式将愈粗放而不采用集约,三小区中其最内的一小区 (1) 耕种最集约,需要的资本与劳力亦最多,这是采用最发达的"轮耕制"的,在此制中,谷与豆与萝卜类及刍秣的耕种,皆依次轮流,不得混乱,与第 (2) 小区内所采用的交迭耕种制 (Feidgr Aswirschaft) 仅以谷及牧草交迭耕种者不同。至最后之第 (3) 小区则为三田制 (Three Field System),以耕种的土地分为三部分,每年轮流支配,以一部分弃置不加耕种,他一部分则于秋季种谷,又一部分则于春季种谷,除了耕地以外,更辟有永久之牧场及草地。以上说第三区内的三个小区的农作物的分布状态。第四区内以畜牧牛羊为主体,其比较近城之处,畜牧可供屠宰,且离谷田近,畜养易肥;至于去城较远之处,则宜畜牧价值较高的兽类,以供重载及耕种之用,因为其担负运费的能力亦较大。至于最外之第五区仅以供狩猎而已,猎获之品如皮角等物可以运入城内出售。

以上申引了吞伦大段的话,用意在于阐明市场距离的远近(换言之,即运费的大小),对于耕种的方式及其种类,以至地租及生产成本所发生的影响。

从各国的赋税史上观察,当在行"实物租税"以及交通不便的时期,输纳道路的远近,在当时确是一个复杂微妙的问题,值得我们深切地注意的。我们知道古代埃及的田赋,其税率的高低是依据于田地与尼罗河 (Nile) 流域距离的远近而定的。但这仍不过是根据土地的沃度去定田赋税率的高低。我们今要从土地的位置一点去说明其与田赋输纳的方式的关系。

托为禹所手定的《禹贡》,其论尧制甸服之法说道:"百里赋纳总(禾本全曰总),二百里纳铚(刈禾曰铚),三百里纳秸(半藁去皮曰秸)服(力役输将之事,蔡沈注说是总前二者而言之云),四百里粟(谷),五百里米。"这就是,路愈远者所纳的物品愈精,愈近愈粗。物品愈精则其担负运费的能力亦较大。所以米还可以五百里外运来,禾木俱全的"总"若从五百里外运来便不上算了。可见《禹贡》所说的与吞伦的意思正若合符节。虽然经近人考定《禹贡》为战国时人所作,而且所述的制度也许根本没有实行过,但至少在战国或以前我国便有人注意到或主张按道路的远近以定田赋的轻重精粗的了。

元魏显祖献文帝即位,天安元年(466)(《文献通考》卷二作庄帝即位,永安元年〔528〕,误),因民贫富为租输三等九品之制,千里内纳粟,千里外纳米。上三品户入京师,中三品入他州要仓,下三品入本州①。北齐武成帝河清三年(564)定令垦租皆依贫富为三"枭",上枭输远处,中枭输次远,下枭输当州仓。租入台(即中央政府)五百里内输粟,五百里外输米;入州镇(地方政府)输粟②。至宋代有所谓"支移"之法,凡赋税输有常处,而以有余补不足,则移此就彼,移近就远,叫做"支移"。哲宗元祐初定以税赋户籍前第一等第二等者支移三百里,三等四等者二百里,五等一百里。不愿支移而愿输道里脚价者,亦酌度分为三等,以从其便。又如仁宗天圣初(1023)诏三等以下户毋远输。景祐初(1034)诏户在第九等免支移。徽宗政和元年(1111)诏应支移而所输地里脚钱不及斗者免之,寻诏五等户税不及斗者支移皆免③。这些都是优待贫户的办法,所谓"租赋科拨支折,当先富后贫,自近及远"便是。金田赋之制,凡输送粟麦,三百里外石减五升,以上每三百里递减五升;粟折秸百"称"(重量的单位名)者,百里内减三称,二百里减五称,不及三百里减八称,三百里及输本色藁草各减十称。据宣宗兴定四

---

① 《魏书》卷一一〇《食货六》。
② 《隋书》卷二四《食货》。
③ 《宋史》卷一七四《食货七·赋税》。

年（1220）十二月镇南军节度使温迪罕思敬上书言："今民输税，其法大抵有三：上户输远仓，中户次之，下户最近。"① 及元世祖至元十七年（1280）命户部定诸例，凡丁地税粮，近仓输粟，远仓折纳钞。又规定富户输远仓，下户输近仓②。

由以上我们可得结论如下：第一，输纳税粮的种类，凡与输纳的地点距离愈远者，其品质愈精；反之，距离愈近者愈粗。第二，输纳远地的税粮，得以货币替代实物缴纳；如宋制得输脚钱以代支移；元制得以钞折纳米粟。第三，为调剂贫富的租税负担起见，各朝皆有富户输远仓，贫户输近仓的规定。以上三种事实以至其立法的理由，我们其实都可以用吞伦的理论去解释之，无待费词。

有人会问：据《周礼》载师所说："凡任地：国宅无征，园廛二十而一，近郊（五十里）十一，远郊（一百里）二十而三，甸（二百里）、稍（三百里）、县（四百里）、都（五百里）皆无过十二，唯其漆林之征二十而五。"按此，则离国都愈近者其税率愈轻，愈远者税率愈重。这岂不与前面所说的原则——输纳远地的税粮，其种类与品质愈精，愈近的愈粗……相冲突吗？其实不然。因为我们在前面仅指税粮的种类与品质的精粗而言，与税率的轻重并无关系。并且《周礼》论田制的部分，已经近人考定其为战国时人所作，我们当从其整个的土地制度的理想去说明其田赋的系统，此不在本文范围之内，故不必述。

或者有人还会问：西晋户调之式（即户税）规定："诸边郡（所输），或（为内地）三分之二，远者三分之一。"③ 则是远地所输较内地为轻，对于这史实又如何解释呢？我们的答案还是，税物的精粗与税率的轻重

①《金史》卷四七《食货二·租赋》。
②《元史》卷九三《食货一·税粮》，及《新元史》卷六八《食货志一·税法》。
③《晋书》卷二六《食货志》。

并不是指同一件的事。西晋这样规定,是按照土地的肥瘦去定税率的高低的。边郡的地土比内地贫瘠,故税率亦较低。

明代田赋制度的周详,远过前代。故从明代田赋史上探讨,所得更多,今详细论述如下:

明代田赋,计可分为两大项:其一起运,其一存留。所谓"起运",就是运到中央政府或他省他州他县,或各边镇卫所的部分;"存留"就是存留本地支销的部分。此即所谓"起运以充国足边之需,存留以备支销振乏之用"[①]。便是运的地点看来,起运又可分为三部:一为"京运",即运南北两京的部分;二为"边运",即运各边镇及卫所官军的部分;三为"腹里运"或"转运",即运内地的部分,如出河南怀庆府转运至江南凤阳府等处是。存留从其用途观察之,又分为四科:一为供给本地藩府岁禄之用;一为供本地卫所军饷之用;一为供本地官吏的俸禄之用;一为"补给",如扣算本府留存之数,以有余补他府之不足——如怀庆府所供开封府周王的禄粮即属此类。此外如仍有剩余,则贮积本地仓库,以备赈灾之用[②]。

起运之粮,系输送远方,既有舟车转运耗折的损失,又有搬运装载如人夫、船车、水脚银及芦席、木板种种的费用,更有风波漂荡损蚀与盗贼偷窃劫掠的危险。所以尽管在名义上是起运一石的税粮,但实际在起运的地点必须先缴纳超过一石以上,以补足如上述的损耗与费用,才能将法定的数量(此处为一石)运到指定输纳的地方。起运愈远,则损耗与费用亦愈多。因此即便起运与存留的定额相同,但起运实际所出必定比存留所出为重。这种情形,但引代宗景泰五年(1454)冬镇守浙

---

① 孙秉阳纂:万历《怀远县志》卷五。
② 参看刘泾、娄枢等纂:嘉靖《怀庆府志》卷四。

江兵部尚书孙原贞所言,便可明白:

> 今岁漕数百万石,道路费不赀,如浙江粮:军兑运米石加耗米
> 七斗,民自运米石加八斗,其余计水程远近加耗。是田不加多,而
> 赋敛实倍,欲民无困不可得也。①

我们今将明代起运与存留的差别待遇的事实与理论综括说明
如下:

第一,我们发现起运重粮,多派于上等田地;存留轻粮,多派于下等
田地。这是根据于田土的担负赋税的能力而定的。如武宗正德十二年
(1517),议准真定等府抚按衙门选委各府能干官员亲诣所属地方踏勘
地土原额若干,内肥饶堪种者若干,派与起运等项税粮;碱沙不堪种者
若干,派与阔布存留二项。肥地担负税粮的能力较大,故派以起运;劣
等地能力较小,故派以存留。又如正德三年(1508)奏准新勘过山东滨
州活碱地办纳存留粮,又议准通州、海门、泰兴三州县坍江田粮通作存
留②。这都是以下等田地办纳存留税粮。

又按明代仓库有轻重之分,税粮项目亦有缓急之别。仓口的轻重,
留待下面再谈。税项缓急之分,例如《镇江府志》所说:"催科一节,不
徒催比贵循其序,尤在输解灼知所先。故京库钱粮,孰非当完者? 而惟
蜡、茶、颜料为尤重;地方岁用,孰在可已者? 而惟戍饷为尤急。其余自
可类推矣。"③故当时有主张酌量州县的等次以及田地的肥瘠使与起运
税项的缓急及仓口的轻重相应者,如北直隶《邯郸县志》所录隆万间知
县张第《地亩税粮议》云:

①《明史》卷一七二《孙原贞传》;参看民国十一年《杭州府志》卷一一九。
②《万历会典》卷二九《征收》。
③王应麟等纂:万历《镇江府志》卷一二《赋役志·征解库藏事宜》。

　　各府税粮，除存留外，其各边粮草本折，有轻重之不同。若不酌量地方丰疲，止照原额地亩一概分派，则丰富者受福，而疲惫者日累矣。案到之日，各府掌印官先期将所属州县查勘，某为上等，某为中等，某为下等，却将各仓场粮草，某为极重，某为次重，某为最轻，衰多益寡，称物平施。其所属州县里社有肥瘦之分，土脉有黑白沙碱之异，亦必分为三等分派。各府于未派之先，须选择贤能官员呈请委用。①

盖乃根据地土的肥瘠，然后"酌量税粮之缓急，以次起解"②。

　　但代宗景泰七年（1456）定浙江绍兴等八府重则官粮，各存留本县上纳；如仍不敷，于人户坍江田粮及中则官田、重则民田内补拨③。这里以存留派与上田（假定重则官田即为上田），想系因原定科则过重，故规定其"存留本县上纳"，以调剂之。此疑与杨瓒、孙原贞所用的"平米法"，同一来源④。与我们前面所说起运派上田，存留派下田的原则是不相冲突的。

　　第二，起运多派于富户，存留则派贫难下户。这是当时一种财政政策，用意在调剂贫富的赋税负担。《四川志》所载："成化初巡抚都御史汪公浩将税粮洒派远近仓分，令各户自行上纳，……以上户派纳远粮，下户止与近粮。"⑤按明代仓庾之设，遍于全国，南北两京直隶及布政司府州县、都司卫所、王府，皆各有仓库。又有所谓"预备仓"，亦为收贮

①张成教纂：万历《邯郸县志》卷四《田赋志》。
②杨维新纂：万历《会稽县志》卷七。
③《万历会典》卷二九《征收》。
④参看《明史》卷七八《食货志》及卷一六一《杨瓒传》。
⑤吴之皞纂：万历《四川总志》卷二一《经略志·财赋》。

税粮之用①。仓有远近，人民所输纳的田赋，其实际的负担，亦因而有大小轻重之不同。今以能力较大之户输远仓，能力小者输近仓，即所谓"衰多益寡，称物平施"之意②。如万历《怀远县志》所载："本县存粮，先年酌派下里（即下等里甲人户也），虽名惟正之供，实寓（征一）缓二之意"，可以为证。又如成祖永乐间，虞谦"命督两浙苏松诸府粮，输南北京及徐州、淮安。富民赂有司，率得近地；而贫民多远运。谦建议分四等：丁多粮最少者运北京，次少者运徐州，丁粮等者运南京淮安，丁少粮多者存留本地"③。这是改革以前行贿的弊窦，使人民输纳道里的远近，确实与他们身家的贫富相符合，故《明史》称其"民利赖之"云。

再则凡每户所有的田土，其对于起运与存留的分配，似乎有规定的办法。即某户有田若干亩，应以若干亩为存留，以若干亩为起运。如武宗正德八年（1513）令各州县将大小人户，每户以若干亩为转运，以若干亩为存留，以若干亩为轻赍（关于轻赍的意思参看《明史·食货志》），随其多寡以为定数。田卖亩则随田，户易粮则随亩，税粮量地里远近，立限交完④。虽然说是明令各州县遵照如此办理，但据我们看来，此条文不见得真正全国普遍切实的施行。又江阴县准折则例："京库麦折金花银正耗，并南京各仓、凤阳府寿州仓、颖州亳县仓麦折银正耗，及起运各衙门该用贴夫银、农桑绢价银，俱先尽官田麦全折，次及二十亩以下民田人户均办，各每两准平麦三石。"⑤这是规定麦折银等项银两，尽先由有田二十亩以下的人户办纳。亦是根据人户所有的田额作规

①《万历会典》卷二一《户部九·仓庾》。

②参看明何瑭：《柏斋先生文集》卷八《均粮私论》。

③《明史》卷一五〇《虞谦传》。

④《万历会典》卷二九《征收》。

⑤张衮修：万历《江阴县志》卷五《食货记第四上·田赋》。

定的。

第三,起运多用折色,存留则为本色。所谓本色,例如米麦马草之类,量重而价值低,故不便于转运;折色则为银钞等物,量轻而价值高,便于运输者。例如四川保宁府的屯田征科之法,便是:"凡起运为折银,存留则为本色。"[①]起运便于折色,我们不妨举一个实例来作证,如福建《宁德县志》所载:

> 按本县民米八千余石,半纳四千余石本色米,内除五百六十余石纳际留儒学二仓,更米三千有奇,运赴本州大金仓。然宁德之距大金,道路修阻,转输艰难,必以船由大海外洋而经间峡之险,若遇风时不顺,至有船因阁损,米为咸水浥烂者;或为盗贼劫夺,重赔而倾家者;或遇飓风怒涛而人米俱溺者;幸免无虞,又为揽纳刁难,经旬不得上仓,至为风雨人畜所消蚀者。嘉靖四十四年(1565)知县林公时芳申允俱作改折,每石定价六钱三分,内以五钱给军,余者充饷,军民合口称便。[②]

以上可说已将起运不便于用本色的理由很详细地说出来了。

第四,蠲免田赋时,多只及存留,而不及起运。例如孝宗弘治三年(1490)议准灾伤应免粮草事例,全灾者免七分,灾九分者免六分,八分者免五分,七分者免四分,六分者免三分,五分者免二分,四分者免一分,止于存留内除豁,不许将起运之数一概混免。若起运不足,通融拨补。虽然在世宗嘉靖七年(1528)曾经奏准北直隶八府灾伤,将本年分夏税不分起运、存留,尽数蠲免。但这仅可视为例外,因为关于秋粮的

---

①杨思震纂:嘉靖《保宁府志》卷五。
②陈琯纂:万历《宁德县志》卷二《食货志·赋税》。

部分,仍规定"视被灾分数,仍照旧例行"呢。又嘉靖十六年(1537)题准,今后凡遇地方夏秋灾伤,遵照勘灾体例,定拟成灾应免分数,先尽存留,次及起运。其起运不敷之数,听抚按官将各司府州县官库银两钱帛等项通融处补,及听折纳轻赍;存留不足之数,从宜区处,不许征迫小民①。可见非必不得已时,绝不轻减起运。所以如此者:第一,因为从中央财政的立场看来,起运是中央财政的命脉及官俸兵饷的来源,所以其需要比存留急切,其性质亦比存留为重要。再则起运的伸缩性亦不如存留的大。存留不足,由地方政府从宜区处,尚不致发生很大的问题;但起运各项如军饷等,都是有很强的固定性的,一旦发生不足的问题,设法弥补亦较困难了。如南直隶《清河县志》所载:"旧因民逃地荒,额税难完,以起运派现在,存留派逃亡。"②这虽然是一时的权宜办法,但也就因为起运急不能缓,故以之派于现存人户;存留可以缓些,故以之派于逃亡。我们还应记着,逃亡的人户,大都是财力困难的下户,现存的人户的经济状况,是要比他们稍优越的。

第二个理由,是因为当时地方官吏往往虚报灾荒,以请求蠲免。故对于田赋的蠲免,不能不有些限制。如神宗万历元年(1573)十二月己酉户部尚书王国光奏道:

> 天下存留夏税秋粮共一千一百九十一万七千四百五十六石有奇。其初议留,俱从宽绰,除岁用外,计可剩银百万有余。使有司岁岁如数征足,其有余皆必积贮,则水旱不能灾,盗贼不能为困,乃今遇有兵荒,非奏留京需,则奏讨内帑。揆厥所由,实缘监司因循,有司姑息,以存留为可缓,以追寻为太过。窃谓欲国储之充裕,莫

①《万历会典》卷一七《灾伤》。
②纪士范纂:嘉靖《清河县志》卷一《田赋征输之宜》。

先于核存留之额数。①

国光此疏，虽侧重在核实存留的额数，但当日中央政府与地方政府对于财政权的争取，以及财政上利害的冲突，从此亦可见一二。

普通的说来，田赋中的起运额是较存留额为巨。但它们的比率，各地不同。有些地方志是有文字的记载的，但多数只列出数目字来便完事。所以我们还须计算，始可得到它们的准确的比率。但这并不是一件易事，因为所包括的项目太多，不好比较。有文字记载的，如福建的福宁州，其民米："以农桑丝折绢起运两京承运库，以麦、土苎、钞、零丝绵六分之五存留布政司，六分之一存留本州。"秋粮则"官田米各分本折，每石以五斗折色征银解京，以五斗本色存留各仓；民米以十分为率：七分各征本色派仓，三分征折价银解京师。"②

清代田赋制度，承袭前明。其于起运存留的规定（特别是关于起存的手续方面），更为详密。据《会典》所载："凡州县经征钱粮，运解布政使司，候部拨用，曰起运"；又云："凡州县经征钱粮，扣留本地，支给经费，曰存留。"③可见起运与存留的意义，是与明代相同的。世祖顺治十一年（1654）命右侍郎王宏祚订正《赋役全书》，其体例是先列地丁原额，次抛荒田土与逃亡人户，次地丁实征，次起运存留，起运分别部（如户、礼、兵、工诸部）寺（如光禄寺、太仆寺等）仓口，存留详列款项细数。又如各省的奏销册，以及州县的易知由单，亦莫不规定要详列钱粮起存之数。关于田赋的蠲免，清初定制，凡遇"灾蠲"，起运存留均减，存留不

---

① 《神宗实录》卷二○。
② 殷之辂纂：万历《福宁州志》卷七《税粮》。
③ 《嘉庆会典事例》卷一四二至一四三。

足,即减起运[1]。可见亦是与明制相同的。

　　自明末一条鞭法行后,田赋以银为正赋;现物田赋制度因而逐渐废止,于是起运与存留的分别,其重要性亦逐渐低降,问题亦不如以前的复杂。民国以后所谓"中央解款"、"解省"、"解库"等名称,就是明清间的"起运";"存县"、"地方留款"等等的名称,就是明清间的"存留"。

　　　　　　　　(原载天津《益世报》1936年1月21日,"史学"第20期)

---

① 《清史稿》卷一二一《食货志二》。

田赋史上起运存留的划分与道路远近的关系

一

近年来田赋有两大改革：其一，改征实物；其二，收归中央接管。这两个改革，其实不过都是恢复历史上的办法。如用近代田赋史上的术语来表达，前一个即所谓"本色"和"折色"的问题；后一个约略相当于"起运"与"存留"的问题。上述两项问题是有种种连带关系的，或因起存的差别而本折的规定各有不同；然有时亦因本折的不同而起存的处置亦异。起存问题的发生当在本折问题发生以前。故本文先就前者加以历史的检讨，至于后者则拟另为文发挥。

我国田赋一向以征收实物为主。自十六世纪中叶一条鞭法推行后，地丁两项始逐渐以银两缴纳，取得了主要的地位。但漕粮一项仍收本色，直至十九世纪中叶（清咸同间）以后，各省才渐次改征折色——到了光绪末年，除江浙两省外，其余各省的漕粮皆已征收"银两"了。民国成立后，江浙漕粮亦悉废除，改以"银圆"代纳。不过在边远省份，如甘、青、宁、康各省内，直至最近，仍有一部分保留着征收实物制度，丝毫未受以往各次改革的影响。其次,我国田赋一向是国家税源。在历史上,地方从来没有独立的财政(割据时期例外)。中央地方财政的划分,只可勉强借用"起运"、"存留"两个名词来表示,然而是不尽确切的。田赋划归地方,至民国十七年财政部公布"划分国家收入地方收入暂行标准案"以后,始有明文规定,真正实行。在以往田赋征实且为国税的时期,各地征得的实物除一部分留供本地的用途以外,其余的部分便需缴解中央或中央指定的地点,一切均受中央法令严密的限制。在昔日交通不便的时候,这种运输的工作,其繁重艰难是可想而知的。况且道路有远近之不同、险易的分别,自不能不有差别的待遇。再则输纳的地点亦不能不详为考虑,否则便会遭受不经济的损失;关于这一点,吴景超先生最近考察四川内江一带田赋征实的情形归来后发表的意见可作具体的说明:

> 内江的人,今年除购买自己所吃的粮食之外,还要在别的地方购买并运输若干担的稻谷,到内江来交纳政府摊派给他的粮额。可是这些粮食,运到内江之后,并非在内江消费,将来中央还要把它运到别的地点去,交给军队或公务员消费。这一往一来的运输,只加增了粮食的成本,但不加增粮食的效用,从经济学的眼光看去这种运输是浪费的。[①]

像上面提出各点,历代对之有无特殊的规定,有无调剂折中的办法? 其实施的情形如何,中央和地方对于田赋的分配情形又如何? 本文即拟就其历史方面加以原理上的探讨。

[①] 吴景超:《四川田赋征实的办法及其问题》,《新经济》第6卷第1期。我想宋代的折中法,明代的开中法,或可作为解决吴先生提出的困难的一部分之参考。

　　构成起运与存留问题的因素，主要的是由空间的距离，如无空间这个因素，则所谓起存，仅为法令上的划分，尚不至有多大的问题发生。但如空间距离愈远，则运输愈费事，而问题亦愈多；反之，距离愈短，则运输愈省劲，问题也就比较少了。至若道里的险易，我们可以化作距离的长短看待：道路坦易，则天涯不过咫尺；道路艰险，则咫尺无异天涯。所以我们特别将距离的远近作为讨论的出发点，试观这个因素对于田赋的起存种类、税率、征输的方法这几方面的影响；至其对于输纳的期限、运输的手续诸方面的影响，则不拟深论。

　　因道路的远近以制定田赋输纳的不同方式，最早的记载，见于托为大禹所手定的《禹贡》里面，它"论尧制甸服之法"说道：

> 百里赋纳总（禾本全曰总），二百里纳铚（刈禾曰铚），三百里纳秸（半藁去皮曰秸）服（力役输将之事，蔡沈注云：总前二者而言之），四百里粟（谷也），五百里米。

这就是说：田赋的输纳虽同为一种指定的物品——谷类，然距离愈远，则止限于那物品中的较精贵的部分；距离愈近，则比较粗贱的部分也可一同缴纳（但关于税率方面，可惜无法查知）。最可能的解释就是因为运费的关系在内——米从五百里外运来还勉强可支付运费，若禾本均全的"总"亦从五百里外运来，便太划不来了。这里有一点可注意的，就是依据《禹贡》的记载，当时的人们似尚没有后代人所谓折色的思想，所以像用布绢等物或钱钞货币来折纳米粟的一类记载，尚不见于书中。《禹贡》一书，经近人考证，大约为战国时人所作；上引的一段话，当难遽即引为唐虞的制度真正如此。然若认为在战国或其前便曾经有过这种规定，或真正实行过这种办法，则甚属可能。总之，有了事实，方会有理论和记载发生。我以为上引记载所代表的真实时期，定早已超过氏族部落社会的阶段，因为从疆域已达五百里一点看来便不难推见。这个面积，较之春秋初期一般小国的面积还要大些。又倘若我们将《禹贡》这一番说话当做一种纯粹的经济思想看待，则其推论处，与吞伦著《孤立国》书中所讲的"农业生产的分区化"的理论及"位置地租"的理论，颇可互相发明，虽不尽吻合[1]。因为在公田制度下的田赋，其性质与地租，有极大的相同之处。

稍后于《禹贡》的记载，即为《周礼》地官载师所说：

> 凡任地：国宅无征，园廛二十而一，近郊（五十里）十一，远郊（一百里）二十而三，甸（二百里）、稍（三百里）、县（四百里）、都（五百里）皆无过十二，唯其漆林之征二十而五。

据此，则离国都愈近的地方，税率愈低；愈远的地方，税率愈高。郑玄注云："国税轻近而重远，近者多役也。"然日人服部宇之吉以为这种差异，是由于运输费用的大小所构成[2]。各家的解释，终嫌词费，因为《周官》论田制的部分，经近人考定为战国末年所作[3]。本为一种理想，未可信为事实。且其赋税制度应与书中整个以土地制度连合观之。但由此可知当时农业已颇为发达，故土地的分类渐繁——据后人的解说：漆林之征最重，就是因为这种地土需用人力较少但收益较多；且其为末作妨农，故抑之使归本云云——当然这也不过是农本主义者的一种解释。

与《周官》制度正相反的办法，就是西晋户调之式，及唐初的租庸

---

[1] Thünen J.H., *Der Isolierte Staat in Beziehung auf Landwirthschaft und Nationalökonomie.*（第一版，1826）

[2] 服部宇之吉：《王道论》，《国家学会杂志》三四卷二号，及《井田私考》，《汉学》第二编。田畸仁义：《中国古代经济史》第三章第十节。

[3] 钱穆：《周官著作年代考》，《燕京学报》第11期。

调法。西晋的户调（即户税）规定：

> 诸边郡（所输），或（为内地）三分之二，（更）远者三分
> 之一。[1]

唐高祖武德七年（624）定均田赋税：

> 夷獠之户，皆从半输。[2]

皆为远地所输的税率较内地减轻。其理由想来不外如下所述：第一，边地输至内地，运输费用太大，故税率不得不减轻；第二，边远地方，土地开发的程度较差，或者土地较为荒凉贫瘠，故税率亦不得不减轻。古代埃及的田赋，其税率的高低是以田地与尼罗河流域的距离的远近来定的，其理由当亦与后一个理由相同。

元魏显祖献文帝（466—471）因山东之民，咸勤于征戍转运，帝深以为念，遂因民贫富，为租输三等九品之制：

> 千里内纳粟，千里外纳米。上三品户入京师，中三品入他州要
> 仓，下三品入本州。[3]

《禹贡》所载四百里输粟、五百里输米的办法，至是改为以一千里作分水线，亦可见领土之扩大。至于富户输他处、贫户就本地缴纳的原则，在后来各代亦常采用。例如北齐武成帝河清三年（564）定令"垦租"皆依贫富为三"枭"——枭或为外来语，疑为运户之称，故今俗谓贩运私盐

---

①《晋书》卷二六志一六《食货》。
②《旧唐书》卷四八志二八《食货上》。《唐会要》卷八三《租税上》。
③《魏书》卷一一〇志一五《食货六》。《文献通考》卷二谓庄帝即位（528）定此制，疑误。
　　参《魏书》卷六帝纪六《显祖献文帝弘》。

者曰盐枭,其制:

> 上枭输远处,中枭输次远,下枭输当州仓,三年一校焉。租入台(中央)者,五百里内输粟,五百里外输米;入州、镇(皆地方政府)者输粟。人欲输钱者,准(作"折合"解)上绢收钱,诸州郡皆别置富人仓。①

唐代租庸调之制:

> 租以敛获早晚、险易、远近为差;庸、调输以八月,发以九月。同时输者,先远民,皆自概量。②

开元天宝(713—756)政府方面又增置"水陆运使","转运使"等官专司租税漕粮盐铁的运输事宜。中叶之后,分天下之赋为三:一曰上供(中央),二曰送使(各道采访使,后改观察使),三曰留州。宪宗(806—820)间宰相裴垍奏请令各道观察使各就所驻州取租赋自给,若不足,然后许征于属州。至是大部分的诸州送使额皆变为上供③。——然不久各州送使额又行恢复。送使改为上供的理由,据诸书所载,因为使吏横征巧取,租赋估价太重,平民不堪,究其实际,则为中央欲收回旁落已久的地方财权的一种策略。中央地方在财政上利益的冲突,我们在讨论明代的情形还要提到。

　到了宋代,又有所谓支移之法。本来赋税之输,皆有常处;然因

---

①《隋书》卷二四志一九《食货》。

②《新唐书》卷五一《食货志第四十一》,《旧唐书》卷四三志二三《职官二》"户部度支郎中职掌"云:"凡天下舟车水陆载运,皆具为脚直、轻重贵贱、平易险涩,而为之制。"

③《旧唐书》卷一四八列传九八《裴垍传》。《新唐书》卷一六九列传九四《裴垍传》。《唐会要》卷八三《租税上》。

天时人事的关系，或值饥馑，或遇军兴，则以此处之有余，补他处之不足——或移此输彼，或移近输远，或移丰输歉，都叫做"支移"。此法初时止用于沿边各地，以便军饷；后内地间亦行之。先时御史奏劾陕西转运使吕大忠以支移为名，其实止令"移户"就本处输纳脚价，每斗输脚钱十八文，百姓以为苦；哲宗元祐二年（1087）三月十八日乃诏陕西转运司今后支移赋税，以户籍的高下，定道路的远近，户籍在第一等第二等者支移三百里，三等四等者二百里，五等一百里；不愿支移而愿输道里脚价者，亦酌度分为三等，以从其便。这就是说朝廷亦承认出钱代役为合法的了。同时又定河东助军粮草，支移毋得逾三百里。因为道路太远，则民力愈不能支。支移之法，弊病多端：或因县官里胥，暗受请托，将富作贫，改远为近，减此增彼；或则事前不行晓谕，临期始为科派，百姓仓卒应办，劳费不堪，又或多收脚价，横征暴敛[1]。为了减轻贫穷人户的支移重负起见，宋代历朝屡布优恤的法令，如：仁宗嗣位（1023），首宽减畿辅田赋，诏三等以下户毋远输，又特诏量减河中府同华州支移。景祐初（1034）诏户在第九等者免支移，徽宗政和元年（1111）诏应支移而所输地里脚钱不及一斗者免之，寻诏五等税户不及斗者皆免[2]。虽然有了这些规定，但官吏作弊仍是免不掉的。

金租赋之制：凡输送粟麦三百里外每石减收五升；以上，每三百里递减五升。粟折秸，每百"称"：百里内减三称；二百里减五称；不及三百里者减八称；三百里及输本色藁草者各减十称。——按粟米皆以量计，草则以衡计，故用称——每称重若干，今已不详。据宣宗兴定四年

---

① 关于支移法的史料，零散特甚，以上弊病云云，系根据《宋会要辑稿》（北平图书馆影印本）第126册，《食货九至十》，页13，页33，页36；第163册，《食货七十下》，页11等条。
② 《宋史》卷一七四志一二七《食货上二·赋税》。《宋会要辑稿》第162册，《食货七十上》，页17。

（1220）十二月镇南军节度使温迪罕思敬上书言：

> 今民输税，其法大抵有三：上户输远仓，中户次之，下户最近。
> 然近者不下百里，远者数百里，道路之费倍于所输。而雨雪有稽违
> 之责，遇贼有死伤之患。不若止输本郡，令有司检算仓之所积，称
> 屯兵之数，使就食之；若不足，则增敛于民，民计所敛不及道里之
> 费，将忻然从之矣。[①]

上文前一段所述为调剂贫富负担的办法，此乃历代皆同的；下一段则言
人民亲输远地的劳费，还不如叫他们就近向本地输纳，如有不足再斟酌
加征之为妙。

元世祖至元十七年（1280）命户部定诸路丁地税粮条例，其中关于
输纳道路远近的规定是：

> ……近仓输粟；远仓每粟一石，折纳轻赍钞二两，富户输远仓，
> 下户输近仓。……若近下户计去仓远，愿出脚钱，就令附近民户带
> 纳者听。[②]

综括以上我们可得暂时的结论如下：第一，输纳税粮如为同一种类，则
输往的地点其距离愈远者，其品质愈精细；反之，距离愈近者愈粗重。
如魏齐两朝均规定近地输谷，远地输米。又或实行远地酌减税额之制，
如金代输粟麦逾三百里外者每石减纳五升，至其粟折秸，每百里减若干

---

①《金史》卷四七志二八《食货二·租赋》。关于辽代赋税情形，《三朝北盟会编》卷一二，宋
　徽宗宣和四年（1122）赵良嗣等至金议燕地赋税语云："且如赋税之内，有诸般色数，若细
　琐碎杂之属，地理相远，如何搬运得？"同书卷一三，五年正月二十五日条内亦有类似的记
　载，皆证明当时运输情形的困难，然其处置的方法，则不详。
②《新元史》卷六八《食货志一·税法》。《元史》卷九三志四二《食货一·税粮》。

称的规定,则为融合下一办法而行之。第二,当税粮得以他物折纳的时候,则输远地者例为价值高而体积小分量轻的替代品,如元代以钞(名曰轻赍)折粟便是。又为免除人民亲自搬运实物的劳苦,于是有征价免运的办法,由官府代为雇役①,如宋代得输脚钱以代支移。以上种种措置,无非欲达到人民实际负担的公平与运输上的经济利便和减少转运时的损失。而更可注意者,还是:第三,各朝皆有富户输远仓、贫户输近仓的规定,以谋贫富间租税负担的均平。——而元魏、北齐、金、元皆以异族入据中原,竟亦能采用这种进步精神的财政政策,姑勿论其实效如何,但不能不使千百年以后读史的我们为之低徊叹异的了。

明代田赋制度的周详,远过前代,且其与近代的关系较密切,其留传的史料亦较夥,故从明代田赋史探讨,所得更多。今详论如下。

明代各地的田赋,可分为两大项:其一,起运;其二,存留。所谓起运,就是运到中央政府或他省(布政使司)的府、州、县,或各边镇都司、卫所等军事区域的部分。存留就是留供本地开销的部分。此即所谓"起运以充国足边之需,存留以备支销振乏之用"是也②。由于运往的地点的不同,起运又有三种不同的名称:一为"京运",即运往南北两京的部分;一为"边运",即运往各边镇卫所,供官军兵饷的部分;一为"腹里运",或"转运",即转运内地他司、府、州、县的部分,如由河南怀庆府运至江南凤阳府等处便是。存留的用途,因各地繁简冲僻而微有多寡的不同,普通多分为以下数类(亦名曰科):一为供给本地官吏俸禄、师生廪饩,及赈济孤老、款待过境使客的口粮之用;一为供给境内卫所军饷之用。明开国初规定:存留各地仓廒的粮储,应以足供本处卫所官军俸

---

① 这是一个与役法有密切关系的问题,本文从略。
② 孙秉阳纂:万历《怀远县志》卷五。

粮三年之用为原则,至于其他用途则每年编造预算(当时名曰会计)一次①。以上各项支出,为一般府县所共同的,此外,还有些特别支出,如供给本地藩府亲王岁禄之用;如所谓"补给",即扣算本地留存的余额以补本省内邻境之不足——像怀庆府所供开封府周王的禄粮即属于此类。如仍有余剩,则贮积本地仓库,以备赈灾之用②。

　　起运的税粮,系输送远方,既有舟车转运、虫鼠啮蚀的耗折,又有搬运装载如人夫、船车、水脚银及芦席木板种种的费用,更有风波漂没与盗贼劫窃的危险③,所以尽管在名义上是一定重量(如为一石)的税粮,但实际上必须预先缴纳超过这法定的重量的粮额,以弥补上述各项的损失与费用。并且起运的距离愈远,则损耗与费用亦愈大。因此即便起运与存留的定额相等,但起运实际所出的必定比存留所出的为重。这种情形我们但引代宗景泰五年(1454)冬镇守浙江兵部尚书孙原贞所言可以认为属于京运系统内的漕运的情形,便可明白:

　　　　今岁漕数百万石,道路费不赀,如浙江粮:军兑运米石加耗米七斗,民自运米石加八斗,其余计水程远近加耗。是田不加多,而

---

① 《皇明制书·户部职掌》卷三,页12—13:"凡所在有司,仓廪储积粮斛,除存留彼处卫所三年官军俸粮外,务要会计周岁关支数目,分豁见在若干,不敷若干,余剩若干,每岁开报合干上司,转达本部,定夺施行。仍将次年实在粮米,及该收该用之数,一体分豁旧管、新收、开除、实在开报。"今按《正德会典》卷二三《会计一·粮储》,及《万历会典》卷二四《会计一》,均载此文。

② 参刘泾、娄枢等纂:嘉靖《怀庆府志》卷四。按怀庆府供开封府周王禄米,如自怀庆府言之,应为起运,但两府皆隶河南布政司,故列入存留项内。由此可知,起运与存留本无一绝对的固定标准,大抵前者所输的距离较远(如省境以外),后者则较近也。

③ 参陈琯纂:万历《宁德县志》卷二《食货志·赋税》。

赋敛实倍,欲民无困不可得也。①

对于这种轻重不均的现象,明代采取些什么补救的方法呢,我们择要论述如下:

第一,我们发现起运多派于富户,存留则派贫户。如成化初四川巡抚汪浩:

> 将税粮洒派远近仓分,令各户自行上纳……以上户派纳远粮,下户止与近粮。②

又如凤阳府怀远县的存留税粮,在万历以前多派下等里甲人户③,皆可为证。按明代仓庾之设,遍于全国,南北直隶及各布政司、府、州、县,都司、卫、所,王府,皆各有仓廒,又有所谓预备仓,为蓄积税粮以备灾荒之用。远仓大仓,即为"重仓口";近仓小仓,即为"轻仓口"。富户输前者,贫户输后者,这种规定与以前历代的办法本无二致。惟明代史料保存的较多,故于运户的贫富划分的根据,今尚知得比较清楚:其一,以丁数为标准,丁多之户输远地,少者输近地或存留本土。如成祖永乐九年(1411)以后,虞谦奉命督两浙苏松诸府粮输南北京及徐州、淮安:

> (时)富民赂有司,率得近地;而贫民多远运。谦建议分四等:

---

① 《明史》卷一七二《孙原贞传》。又如《明史》卷一五三《周忱传》:"时(宣德)漕运军民相半,军船给之官,民则僦舟,加以杂耗,率三石致一石,往复经年,失农业。"《明史》卷二〇六《马禄传》:"世宗即位,疏言:江南之民,最苦粮长,白粮输内府一石,率费四五石。"《明史》卷二二三《王宗沐传》:"……背员车运,率二斗而致一斗……。"

② 吴之皞纂:万历《四川通志》卷二一《经略志·财赋》。按汪浩抚川,自天顺八年(1464)十月,至成化五年(1469),见吴廷燮《明督抚年表》卷五。

③ 万历《怀远县志》卷五:"本县存粮,先年酌派下里,虽名惟正之供,实寓(征一)缓二之意。"

丁多粮最少者运北京,次少者运徐州,丁粮等者运南京、淮安,丁少
粮多者存留本土。民利赖之。①

这是一种办法。另一种则以田亩为根据,如太祖洪武四年 (1371) 九月
丁丑规定以纳粮一万石上下的面积为一区,每区设一粮长,以田多者充
之,专司催征解运等项事宜——关于粮长的制度,我另有专文讨论,此
不多赘②。此外武宗正德八年 (1513) 令:"各州县照依黄册③,造定实征
粮册,十年一换,将大小人户,每户以若干亩为转运,若干亩为存留,以
若干亩为轻赍④,随其多寡以为定数。……临征之时,对册给由 (由帖
也,征粮单据之一种),量地里远近,立限交完,以年终为止。……"⑤ 今
据万历间江阴县准折则例:

> 京库麦折金花银正耗,并南京各仓、凤阳府寿州仓、颍州亳县
> 仓麦折银正耗,及起运各衙门该用贴夫银、农桑绢价银,俱先尽官
> 田麦全折,次及二十亩以下民田人户均办,各每两准平麦三石。⑥

这是规定麦折银、起运夫银等项银两,俱尽先由官田折纳,然后由有民
田二十亩以下的人户承办,很可作为正德八年法令的一个具体的例证
(按官田税率远较民田为高)。

　　第二,起运税粮,多派于上等田地。存留税粮,多派于下等田地。

---

① 《明史》卷一五○《虞谦传》。
② 梁方仲:《明代粮长制度》,《史学》第3期。
③ 前人:《明代的黄册》,《史学》第廿二、廿六、三十期。
④ 轻赍即折色之一种,多以银钞为之。参《明史》卷七九《食货三·漕运》,《明史》卷一八
　三《倪岳传》。
⑤ 《万历会典》卷二九《户部一六·征收》。
⑥ 张衮修:万历《江阴县志》卷五《食货记第四上·田赋》。

何瑭《均粮私论》论河南的田赋云：

> ……河内之田，……国初定粮，失于分别，一概定作每亩粮八升五合，后官府以下田人户办纳不前也，乃议令起运重粮，多派于上田里分；在留轻粮，多派于下田里分。盖亦裒多益寡，称物平施之意也。[①]

今按正德十二年（1517）议准北直隶真定等府抚按衙门，选委各府能干官员，亲诣所属地方，踏勘地土原额若干，内肥饶堪种者若干，派与起运等项税粮；碱沙不堪种者若干，派与阔布存留二项。又，其先正德三年奏准，新勘过山东滨州活碱地办纳存留粮；又议准南直隶通州、海门、泰兴三州县坍江田粮通作存留[②]。都是以瘦瘠田地办纳存留轻粮，肥沃田地派办起运的例子。

又按明代仓库有轻重之分，税粮项目亦有缓急之别。仓口的轻重，前面已说过，至于粮项缓急之分，则为起解先后的根据：急项尽先起运，缓项不妨稍迟。如《镇江府志》云：

> 催科一节，不徒催比贵循其序，尤在输解灼知所先。故京库钱粮，孰非当完者？而惟蜡、茶、颜料为尤重；地方岁用，孰在可已者？而惟戍饷为尤急。其余自可类推矣。[③]

---

① 《柏斋先生文集》卷八《均粮私论》。按此文《天下郡国利病书》卷五四《河南五》亦有转载。

② 《万历会典》卷二九《征收》。

③ 王应鳞等纂：万历《镇江府志》卷一二《赋役志·征解库藏事宜》。

故根据地土的肥瘠，然后"酌量税粮之缓急，以次起解"之议[1]，常为时人所主张，如隆万间北直邯郸县知县张第《地亩税粮议》云：

> 各府税粮，除存留外，其各边粮草本折，有轻重之不同。若不酌量地方丰疲，止照原额地亩一概分派，则丰富者受福，而疲惫者日累矣。案到之日，各府掌印官先期将所属州县查勘，某为上等，某为中等，某为下等，却将各仓场粮草，某为极重，某为次重，某为最轻，哀多益寡，称物平施。其所属州县里社有肥瘦之分，土脉有黑白沙碱之异，亦必分为三等分派。各府于未派之先，须选择贤能官员呈请委用。[2]

这就是说要斟酌州县的等级以及田地的肥瘠，使与仓场的轻重及起运粮草的缓急相应——上者派与急项重粮，下者派与缓项。

上述各种调剂贫富的办法，用意未尝不善，但因制度过于复杂，头绪过于纷繁，兼以官吏豪强互相勾结，小民终难得到实惠。我们姑举几个例子看看：英宗正统（1436—1449）初，总理陕西粮储左参政年富以"三边士马供亿浩繁，军民疲远输，豪猾因缘为奸利，（乃）量远近，定征科，出入慎钩考，宿弊以革，民困大苏"[3]。更详细的情形，从下举一例看得更为清楚：孝宗弘治（1488—1505）初，福建灵山典史俞璁奏起存洒派不均一疏内说道：

---

① 杨维新纂：万历《会稽县志》卷四《田赋志》，又蔡光前等纂万历《琼州府志》（日本帝国图书馆藏）卷五《赋役志·实征钱粮》论曰："起运之法，旧志先尽官米解京，次尽逃亡人户虚米解（广东布政）司，军饷欠，则于民米内折凑，又民米内拨解廉州俸需三项俱于该年选丁粮长一二户充解役户，坐是苦累。……"

② 张成教纂：万历《邯郸县志》卷四《田赋志》。

③《明史》卷一七七《年富》，或《明史稿》列传五五《年富传》。

……尝谓税粮输纳,莫先于洒派得宜;纳户受殃,皆由乎势豪
包揽。盖洒派有方,起运无履山涉海之苦;揽纳不除,粮里有倾家
荡产之虞。臣切(窃)见在外官司,洒派税粮,定拨仓分,且凭积书
污吏,颠倒买卖,不问地方之远近,水势之顺逆,但见有钱者近运,
无钱者远运。及至定派本折,不审田土之肥硗,灾伤之有无,但见
贫者本色,富者折色。或一户派为三四仓,或一里派为五六仓者,
致使远运奔驰不敷,揽纳得以因缘为市。①

为了这些弊病太深,所以自景泰天顺以后,各地常有所谓"均粮"运动,
即将往日关于起运存留、轻重仓口、缓急税项等等的差别一律取消或和
缓之:改为不问人户之贫富,田地的肥瘠,皆科以同一或相近的粮额②。
代宗景泰七年(1456)定浙田绍兴等八府重则官粮,各存留本县上纳;
如仍不敷,于人户坍江田粮及中则官田、重则民田内补拨③。这里以存留
派与上则田,便因原定科则过重,故改为存留本县以调剂之,不可视为
与我们前面所指出上田派起运、下田派存留的原则相冲突的。稍后,英
宗复辟(1457)之初,令镇守浙江尚书孙原贞等议定的"平米法",——
即将原定的重则减轻,轻则加重④,盖亦一脉相沿下来的办法。

第三,初时规定,富户派与本色,贫户许可折色。这原本是一种优
恤贫人的办法,以免他们转运远方之劳。例如南宋的和买,亦令上户纳
本色,下户许折钱⑤。但因胥吏作弊,于是贫者反派本色,富者反得折色,

①孙发曾纂:乾隆《连江县志》卷八,该疏下言积弊甚详,可以参阅。
②何瑭《均粮私论》云:"近年上司患里书挪移作弊,乃令不分起运存留,俱总定一价,则上
　田下田,无所分别,虽曰可以绝里书之弊,而下田民户固已不胜其害矣。"其言甚为中肯。
③《万历会典》卷二九《征收》。
④《明史》卷七八《食货二·赋役》;前书卷一六一《杨瓒传》。又参,卷一五三《周忱传》。
⑤《宋会稿》第163册,《食货七十下·税·赋税》,页20—21。

前引弘治间俞璁上疏中可见，又如世宗嘉靖六年（1527）二月十三日宽恤诏云：

> 朝廷每遇灾伤，江南起运粮米，改拨折色，本为优恤小民。近来不才有司，多将折色派与官豪大户，以作人情，贫难户依旧办纳起运粮米，甚非恤民本意。今后上司官员严加禁约，遇有灾伤，折色粮米务令均分派，使小民得沾实惠。[1]

因为这些弊病很难避免，又因为远地输纳本色确为不便，于是到了后来便变成起运多用折色，存留多为本色了[2]。

第四，蠲免田赋时，多只及存留，而不及起运。例如弘治三年（1490）议准灾伤应免粮草事例：全灾者免十分之七，灾九分者免六分，八分者免五分，七分者免四分，六分者免三分，五分者免二分，四分者免一分。止于存留内除豁，不许将起运之数一概混免。若起运不足，通融拨补。虽则在嘉靖七年（1528）曾经奏准北直隶八府灾伤，将本年份夏税不分起运、存留，尽数蠲免，但这仅可视为例外，因为关于秋粮部分，仍规定"视被灾分数，仍照旧例行"。嘉靖十六年题准，今后凡遇地方夏秋灾伤，遵照勘灾体例定拟成灾应免分数，先尽存留，次及起运。其起运不敷之数，听抚按官将各司府州县官库银两钱帛等项，通融处补，及听折纳轻赍。存留不足之数，从宜区处。不许征迫小民，有孤实惠[3]。可见非必不得已时，不轻易减免起运。所以如此者：第一，因为起运是中央财政的命脉，及官俸兵饷的来源，其需要比存留急切，其性质亦比

---

[1] 傅凤翔辑：嘉靖《皇明诏令》卷二〇，页7。

[2] 杨思震纂：嘉靖《保宁府志》卷五记屯田征科之法云："凡起运为折银，存留则为本色，"亦可为证。

[3] 《万历会典》卷一七《户部四·灾伤》。

存留重大，再则，起运的伸缩性亦比存留的伸缩性小。存留不足，由地
方官吏从宜区处，尚不致发生很大的问题；即使发生问题，其影响亦仅
限于一隅一地。但起运各项如军饷等，都是有很强的固定性的，一旦发
生不足的问题，设法弥补便较困难了。故如南直隶清河县的办法："旧
因民逃地荒，额税难完，以起运派现在，存留派逃亡。"① 这虽是一时的救
急办法，但也就因为起运急不能缓，故不得不派于现存的人户；存留还
可以稍缓些，故尚可派之于逃亡。我们还应记着，逃亡的人户，大都是
财力困难的下户；现存的人户，其经济状况是比他们稍强的。第二个理
由，则因地方官吏往往为减少自身财政上的困难起见，亦有为博取当地
民心起见的，用虚报灾荒的方法，以无报有，请求蠲免，以少报多，希冀
例外多免一些。所以中央对于田赋的蠲免，不能不有些限制。如神宗
万历元年 (1573) 十二月己酉户部尚书王国光奏道：

> 天下存留夏税秋粮共一千一百九十一万七千四百五十六石有
> 奇。其初议留，俱从宽绰，除岁用外，计可剩银百万（两）有余。使
> 有司岁岁如数征足，其有余皆必积贮，则水旱不能灾，盗贼不能为
> 困，乃今遇有兵荒，非奏留京需，则奏讨内帑。揆厥所由，实缘监司
> 因循，有司姑息，以存留为可缓，以追寻为太过。窃谓欲国储之充
> 裕，莫先于核存留之额数。②

最后他还说查明了各处存留额数及其各正项支用以后，如有余剩，应解
送京库及济边饷云云。中央政府对于地方财权的剥取，以及两者在财

---

① 纪士范纂：嘉靖《清河县志》卷一《田赋征输之宜》。
② 《神宗实录》卷二〇。参赵用贤：《议平江南赋役疏》，《明经世文编》卷三九七，及张栋：《琐
　拾民情乞赐采纳以隆治安疏》，前书卷四三八，亦有此类的记载。《明史》卷二二三《王宗
　沐传》："四方奏水旱者以十分上，部议常裁而为三，所免不过存留者而已……。"

政上利益的冲突，由此一疏亦可见一二了。

最后我们还要讨论起运与存留的分配情形，一般说来，田赋中的起运额较巨于存留额；但它们的比率，各时各地不同。弘治十五年（1502）户部尚书韩文《会计存留起运钱粮以足国裕民疏》略云：

> 查得本部每年会计天下司、府、州县税粮，存留一千一百七十六万四千八百六十五石零，起运一千五百三万四千四百七十六石零。①

是起运多于存留者约三百二十六万九千六百余石。今据万历十年（1582）张学颜编《万历会计录》②卷二至十六作表统计如下：

万历六年全国分省起存米麦数及其百分比

	起　运（石）	百分比	存　留（石）	百分比
全国统计	15,286,738	57.39%	11,351,722	42.61%
江　　西	2,254,000	86.10%	362,342	13.90%
浙　　江	1,695,739	67.00%	826,889	33.00%
河　　南	1,519,044	63.60%	861,715	36.40%
湖　　广	914,400	42.20%	1,115,808	57.80%
山　　西	752,830	32.60%	1,561,972	67.40%
福　　建	314,400	36.90%	536,448	63.10%
广　　东	314,317	31.50%	679,509	68.50%

---

① 邹泉辑：万历《古今经世格要》（日本帝国图书馆藏）卷六《地官部三·食货格·皇明经制》。今按乾隆《御选明臣奏议》卷十，崇祯陈子壮《昭代经济言》卷五，光绪孙桐生《明臣奏议》卷二，均节录此文。《御选奏议》题曰"会计天下钱粮奏"，后二书均题曰"会计足国裕民疏"，然三书均删去上引数语。

② 参梁方仲：《万历会计录》，《中国近代经济史研究集刊》第3卷第2期。

	起　运（石）	百分比	存　留（石）	百分比
四　川	125,000	12.20%	593,653	87.80%
山　东*				
陕　西			1,735,690	100.00%
广　西			371,698	100.00%
云　南			142,690	100.00%
贵　州			50,808	100.00%
北直隶			598,630	100.00%
南直隶			6,011,862	100.00%

*原书卷六，山东布政司田赋已佚，故无数字。

据上表可知：一，万历初年全国起运额仍多于存留额，——但因山东一省田赋报告已佚，故全国的数字及其百分比皆不甚准确。但根据其他材料，山东省起运数超过存留数甚多，故如将山东一省补入，则全国起运额数，当更远超过存留的额数。二，各省存留额占全部税粮百分之百者为：南北两直隶及广西、云南、贵州三布政司，前两地为两京所在，故无须起运；后三地则因距两京太远，交通不便，且地瘠民贫，故亦无起运。三，起运额占百分比最高之省份为：江西、浙江、河南数省，皆与南北两京距离较近，且水陆交通便利，又为地富民庶的省份，其田赋的收数亦最多。反之，如四川、广东、山西等省，则起运的百分比最低。

《万历会计录》书中关于各府州县的起存额数的记载，颇亦条分缕晰，但欲统计分析，则工作过于烦琐，非本文所能包括。关于起存的比率，在方志中，偶然有些是有文字记录的，如福建《福宁州志》载该州民米："以农桑丝折绢起运两京承运库，以麦、土苎、钞、零丝绵六分之五存留布政司，六分之一存留本州。"秋粮则"官田米各分本折，每（粮一）

石以五斗折色征银解京,以五斗本色存留(本地)各仓;民米以十分为率:七分各征本色派仓,三分征折价银解京"①。像以上这样的记载,在绝大多数的地方志中都找不到的;一般地志最多不过将起存各项钱粮的数目字分条列出为止。如欲求两者的比率,非经过一番计算的工作不可。还有些地志根本不分起存额数,只将总额列出便算了事。

　　清代田赋制度,承袭前明。其于起运存留的规定,——特别是关于起存的手续方面,更为详密。据清《会典》所载:

　　　凡州县经征钱粮,运解布政使司,候部拨用,曰起运。

又云:

　　　凡州县经征钱粮,扣留本地,支给经费,曰存留。②

对于起运存留的意义已加以法令的解释,较之《明会典》又进一步了。世祖初得天下,于顺治十四年(1657)十月丙子命户部右侍郎王弘祚查考明代旧册,重新编纂《赋役全书》,其体例:先列地丁原额,次列抛荒田土与逃亡人户,次列起运存留——起运分别部(如户、礼、兵、工诸部)、寺(如光禄、太仆等寺)各仓口,存留详列各款项细数(当时对于明代起存的分划,颇有厘订,如宗禄银在明代为存留,今改起运,因清代亲王皆居京师而无领土),最后则列续增地亩钱粮。此即所谓旧管、新收、开除、实在之四柱册式③。此外,又如各省的奏销册,以至各州县的易知由单,亦莫不规定要详列钱粮起存之数。关于田赋的蠲免,清初定制:"凡

────────────

①殷之辂纂:万历《福宁州志》卷七《税粮》。
②《嘉庆会典事例》卷一四二,及卷一四三。
③顺治《东华录》卷二二、二九。

遇灾蠲,起运存留均减,存留不足,即减起运。"① 可见与明制先减存留之制正同。

自明代晚年一条鞭法行后,田赋以银为正赋,实物田赋制度因而逐渐废止,于是起运与存留的分别,其重要性亦逐渐低降,问题亦不如以前的复杂。民国以后,所谓"中央解款"、"解省"、"解库"等等名称,就是明清以来的"起运";"存县"、"地方留款"等等的名称,就是明清的"存留"。这些分别,自民国十七年田赋划为地方税后,只变成历史上的名词。但最近田赋又改归中央接管,这些区分以及相当于它们区分的名词亦应当复活;况且自改征实物以后,问题的性质与往日相像的亦更多。历史的"重演"岂不是一件有趣的事情?

（原载《人文科学学报》第1卷第1期,1942.6）

---

① 《清史稿·食货志二》。按清代存留亦名留支,见光绪《忻州志》。

论差发金银

——《云南僰夷的土司政治》读后记

  容元胎先生以江应梁先生《云南僰夷的土司政治》一文相示,受读之下,见其取材审当可喜,叙事简明有法,允推佳构。原西南诸蛮,自古为中国边障。自楚庄𫏋王滇而秦开五尺道置吏,沿及汉武帝置都尉县属,仍令自保,此殆即土官土吏之起源。及唐设羁縻州。但土官之制向未能区划普遍。盖自历代以来,彼辈自相君长,中朝授以官秩,而不易其酋豪,其道在于羁縻而已。至元而分别司府州县,额以赋役,使听之驱调;其酋长亦无不欲得中朝之爵禄名号,以统摄其所属之人,于是土司之法始备。明踵元故事,大为恢拓。洪武初,西南夷来归者,即用原官授之。其官名多仍元代:曰宣慰司,曰宣抚司,曰招讨司,曰安抚司,曰长官司。率以其土酋为之,故名土司。于是自湖广而四川,而云南,而贵州,而广西,连绵数千里,所在有之。然亦往往府州县之名错出其间。嘉靖九年定府州县等土官隶吏部验封清吏司,宣慰招讨等土官隶兵部武选清吏司。隶验封者布政司领之,隶武选者都指挥领之。文武相继,比于中者,盖已成经久之制,而与前代羁縻之意有别矣。但又与内地郡县有授任之期,有考绩之法者不同。故《明史》特为土司立有专传。清承明制，无大改革，然改土归流，颇著成绩。民国以来，又有治局之设，然实权则仍操之土司手中。此为数百年来演变而成之特殊政治制度，至今尚未有多人作普遍精深之研究。江君此文，颇采摭实际调查之材料，弥觉可贵。良以此项问题之研究，必须深入彼间，以求对于各民族之语言文字、风俗习惯有相当之熟习，始可有伟大精邃之贡献也（如文中所载"吭"之一字，本为音译，"吭头"、"吭尾"各所司职权之范围之大小亦因之，即一例也）。

文中第一节于"差发金银"有所论列，此关于边徼对朝廷之财政义务，颇有阐明之价值。因近日读书亦偶有所见，聊摘录以供参考，非敢云有所是正也。考"差发"一词意义，见于傅维麟《明书》卷八二《食货志》：

> 洪武中命曹国公李景隆行西番……以茶五十余万斤，得马三千五百有奇。……以重臣定茶法，彼其纳马，不曰易茶，而曰"差发"，如田有赋，身有庸，示职贡无可逃。国酬以茶，不曰市马，而曰劳赏，所以尊体统，亦最善。

由此可见西番所纳之差发马，由朝廷出茶易之，原与茶马市法无异。然朝廷所出之茶，不曰市马而曰劳赏；番人所纳之马，不曰易茶而曰差发。盖朝廷有直以任土作贡之意。朝廷所出之茶，其性质与番夷入贡时之回赐相同也。明时云南金银产量为全国之冠，而该省西南部亦颇有出产。《天下郡国利病书》卷一一一《云南五·种人·僰夷》云：

> 城池因高山为寨，无仓廪租赋。每秋冬遣亲信往各甸计房屋征金银，谓之取差发。每房一楹，输银一两，或二三两。承使从者象马动以千百计，恣其所取，而后输于公家。

又可见其族内摊派差发银之方法,且可知朝廷所收之数虽甚微小,然夷民之实际负担因征收者之横索亦殊重也。《明史》卷一五九《贾铨传》中之言可以为证:

> 正统十二年(擢云南左布政使)……土官十余部岁当贡马、输差发银及海贶。八府民岁当输食盐、米、钞。至景泰初,皆积逋不能偿。铨等为言除之。[1]

明代云南所输者除差发金银两项以外,尚有"差发马"、"差发海贶"等项名目。如钮儿长官司原日所输纳者本为"差发马"四匹,至万历间始行改折,每匹折银一十两,故共输差发银四十两[2]。江君文内所引《天下郡国利病书》开载明末云南各爨夷土司每年差发银之数,今核以《明史》云南土司列传所载,大致相合。然木邦军民宣慰使司在明初原输岁办金一万四千两。至正统八年以木邦征麓川有功,始免其数[3]。由此又可知各土司所输之差发银有时亦数不在少耳。

至于云南全省所承办之差发银数,亦可得考见。《万历会典》卷三七"金银诸课"云:

> 弘治十五年,令云南每年该征差发银八千八百九两五分,定为常例。自弘治十六年为始,每年折买(按即于上项差发银额内照依时价收买)金一千两(按此项金名曰"年例金"),足色(金)二分,九成色(金)三分,八成色(金)五分。与每年"额办金"六十六两六钱七分,并余剩银两一同解部,转送承运库交纳。

①《明史稿》列传四〇《贾铨传》所载略同。
②参《万历会计录》卷一三《云南布政司·田赋》。
③《明史》卷三一五《云南土司三·木邦》。

此时所定之差发银及额办金两项额数,直至万历时尚无巨大之变动。惟自差发银项内折买之年例金额,则时有增加。嘉靖九年题准云南年例金一千两,并耗金十两。自嘉靖九年为始,每年于该征差发银内,动支六千六十两收买解进,以此年分,永为定规。至嘉靖十三年,又增派年例金一千两,分春夏及秋冬两届解进。万历二十年又奉特旨增贡金一千两。二十二年又增二千两,是时年例金岁额已达五千两,遂为朝野人士所同声诟病,咸以为滇省为害最甚者莫如贡金榷税两事[①]。迭经阁部臣等疏请减免,颇有豁减。至天启即位,始免除加增数额,继又以疆场多故,暂免解进。此亦滇省一重大公案也。(按此事《天下郡国利病书》卷一〇七《云南一·滇志》"大事考"及《赋役志》"贡金"诸条,与查继佐《罪惟录》卷十《贡赋志》"金场"一条,略有记载,然矛盾殊甚,姑以己意绎述如上。)

　　拉杂书此,以缀于江君大作之后,即以归之元胎兄,倘不以续貂见诮乎?

民国廿八年(1939)三月廿五日于落索坡

(原载天津《益世报》1939年5月2日,"史学"第10期)

[①] 参王元翰:《凝翠集·疏草·滇患孔殷维桑虑切疏》。

云南银矿之史的考察

滇省最早开发的银矿,据《华阳国志》所言:诸葛武侯既平滇,出其金银丹漆耕牛战马,以供军国之用,终其世不复匮。如其言可信,便是滇省银矿自蜀汉以来已有开采的了。然在唐宋以前,南诏、大理之地,仅属于羁縻之列,尚未正式入我版图;且其延袤仅及本省东北二部,西南边境犹未尽开辟。当时南诏、大理,时或以金银或金银器饰入贡,然事例并不多见,且其数量亦不甚大。《旧唐书》卷一九七《南蛮列传·南诏蛮传》载,德宗贞元四年(788)四月,遣使臣三路入朝,各献生金,丹砂为赘,愿永为藩国,且说:"所献生金,以喻向北之意如金也;丹砂,示其赤心耳。"及宋神宗熙宁九年(1076),大理又遣使贡金装碧玕山等物,但自后不常来①。在这一段长时期,云南银矿的出产情形如何,我们已没法查考了。

元世祖至元十三年(1276)始立云南行中书省,初置郡县,是为云南正式隶属我国版图之始。自此以后,滇省的银矿事业,始渐发达,且蔚为全国之冠。据《元史》卷九四《食货志二·岁课》载:云南产银的地方,为:威楚、大理、金齿、临安、元江等地。在文宗天历元年(1328),

---

① 《宋史》卷四八八《外国四·大理传》。

全国银课总收入一千五百余锭之中,云南的额数为七百三十五锭三十四两五钱,几占全国课额的百分之五十,居第一位(腹里列最末一位,仅出一锭二十五两)。

明代对于云南银矿的开发,为时甚早。成祖永乐三年(1405)十二月已诏开云南矿冶[①]。十二年,复诏开大理银矿[②]。但明代关于矿业的政策,历朝来殊乏一贯的主张,所以云南的银矿,和其他各地的矿冶一样,时开时闭,至无一定。不论如何,云南的银矿出产以及缴纳政府的银课在明代仍占了第一位,明宋应星《天工开物》卷一四《五金》"银"一条说道:

> 浙江、福建,旧有坑场,国初或采或闭。江西饶(州府)、(广)信(府)、瑞(州府)三郡,有坑从未开。湖广则出辰州(府)。贵州则出铜仁(府)。河南则出宜阳(县)赵保山,永宁(县)秋树坡,卢氏(县)高咀儿,嵩县马槽山。与四川会川(卫)密勒山、(陕西行都指挥使司)甘(州卫)、肃(州卫)大黄山等,皆称美矿。其他难以枚举……燕、齐诸道,则地气寒而石骨薄,不产金银。然合八省(按指浙、闽、江西、湖广、黔、豫、川、陕八省而言)不敌云南之半,故开矿煎银,唯滇中可永行也。凡云南银矿,楚雄(府)、永昌(军民府)、大理(府)为最盛;曲靖(府)、姚安(军民府)次之;镇沅(府)又次之。

今据《明史》卷四六《地理志七·云南省》所载:临安府的蒙自县西南有西溪二,出银矿;纳楼茶甸长官司北有羚羊洞,产银矿;楚雄府的广通县,东有卧象山,东南有卧狮山,俱产银矿;南安州的西南有表罗山,产

---

①《明书》卷五《太宗本纪》。

②《明史》卷八一《食货志五》。

银;大理府的邓川州,东有豪猪洞,一名银坑;永乐军民府的腾越州,西北有明光山,有银矿,可与上引之文相参看。

　　明代云南的银矿计共有多少处? 关于这一方面的记载非常缺乏。不过我们知道在宣宗宣德十年(1435)八月有新兴等七场。孝宗弘治十三年(1500)十一月有判山等九场[1]。万历、天启间,约有二十三所[2]。至末年增至六十三处[3]。可见银场的数目代有增加。

　　银矿的产额,今已无可稽考。但关于缴纳给政府的银课,其数目还可查出一些,一概地说,云南银课的收数亦位居各省之冠。如英宗天顺四年(1460)全国银课的收入总共不过十八万三千余两,但云南一省的岁课已达十万余两,即约占全国总收入的九分之五。大约因为岁额定得太高之故,所以到孝宗弘治元年(1488),诏减去云南课额二万两[4]。大概是从世宗嘉靖四十二年(1563)至万历二十四年(1596)前后,每年云南省布政司例进矿银一万两,另有矿金四百金、宝石三百六十余两[5]。稍后,又增至三万余两[6]。万历间李元阳纂修的《云南通志》卷六《赋役志第三·布政司课程》"矿课"项下说:

　　　　各场原额,虽有定数,但矿脉丰啬不常,银课赢缩靡定。初年所解,全出官帑;季年所纳,半出民间。加以分理之委官重沓,而致更换之课长控诉无门。滇民之颠连狼狈,不知其底极矣!

①《钦定续通考》卷二三《征榷六·坑冶》。
②清王崧辑:《云南备征志》卷一二,引清冯苏撰《滇考》下。
③谈迁:《枣林杂俎·器用篇·贡金》。
④《明史》卷八一《食货志五》。
⑤参《天下郡国利病书》卷一一二《云南六·巡抚陈用宾陈言开采疏》。清倪蜕辑:《滇云历年传》卷八。
⑥清师范辑:《滇系》二之一《职官系》引清昆明倪蜕《复当事论厂务书》。

"银课赢缩靡定",不但是布政司总数如此,各府的分数亦莫不如此,只有临安府的矿银项下标明每年课银二千一百九十两。由上可见,云南省课额以天顺四年这一年定得最高,其后则有下降之趋势。

清初鉴于明代竞言矿利,中使四出,暴敛病民,所以采取比较放任主义,听从人民采取,但须输税于官。关于税率方面的规定:圣祖康熙十九年(1680)复准,各省开采所得金银,以十分之四解户部,十分之六抵还商民工本,按月报销。康熙二十一年,又明令云南省属银矿招民开采,官收十分之四,给民十分之六①。康熙五十三年,议准云南大姚县惠隆山银厂,除商人工本外,抽税一半。除按总生产额分配外,尚有按每一生产单位征税银若干的办法。康熙五十八年,题准云南建水州属华祝菁厂,并云南县属水木支山金龙厂,照依惠隆厂事例:每出银一两,抽课银一钱五分(按即为百分之十五),饬令尽收尽解②。高宗乾隆七年(1742),题准云南省金鸡厂,每出银一两,抽正课一钱五分,撒散三分,尽收尽解,不定年额。乾隆四十二年奏准,云南省蒙自县个旧厂,维西河墩子地方红坡吉咱厂,建水县摸黑厂,昭通府金沙厂、乐马厂,又三道沟子厂,南安州石羊厂,照例抽课,尽收尽解。狌狉地方茂隆厂,每银一两,抽课银九分,以四分五厘作课起解,以四分五厘赏给狌狉酋长。蒙自县金钗厂,铜矿内微有银气,每煎铜百斤,抽课银一钱③。清代云南省银厂的建置,至康熙二十一年(1682)三藩敉定,滇省荡平后,始臻旺盛。然亦旋开旋停,兴废不常,今汇集《光绪会典事例》所载胪列其兴革如下:

---

① 《康熙会典》卷三五《户部·课程四·金银诸课》。
② 《雍正会典》卷五三《户部·课程五·矿课》。
③ 《光绪会典事例》卷二四三《户部·杂赋·金银矿课》。

康熙五十一年（1712）	开采大姚县惠隆银厂。
五十七年	开采云南县属水木支山金龙银厂。
六十年	题准建水州华祝菁厂，洞门荆棘，不便开采，永行禁止。
雍正元年（1723）	开采开化府马腊底银厂。
三年	开采中甸古学银厂。
五年	开采建水县黄泥坡银厂。
六年	开采永昌府辖孟连地方募乃银厂。
十年	请采阿发银厂。
乾隆十年（1745）	封闭惠隆银厂，暨金龙银厂。
十四年	封闭阿发银厂。
十七年	封闭新平县方丈银厂。
二十二年	封闭兴隆银厂。
三十五年	封闭建水州黄泥坡银厂。
四十一年	奏准丽江府迥龙银厂，及昭通府乐马银厂，附近天财、开泰、裕丰、元龙、磠硐四口，试采有效，照例抽课。
四十二年	封闭金鸡银厂。
五十二年	开采三嘉银厂。
五十七年	封闭三嘉银厂。
嘉庆三年（1798）	奏准昭通府乐马银厂，额课短缩，附近金牛菁、绵华地出有银矿，堪以试采，作为乐马子厂，以补缺额。
五年	封闭永昌府茂隆银厂。
十一年	封闭永兴厂银矿。
十三年	开采太和银厂。
十五年	封闭募乃银矿。开采邦发银矿。
十六年	封闭马腊底银矿。
十八年	封闭白沙地银矿。

二十年	开采镇沅州青龙银厂。封闭邦发银矿。
二十四年	开采永北矿山厂银矿。

云南省银课的收数，历元明以入清代，皆列于全国之冠。乾隆间定各厂每年课收额数，如下表所示（根据《乾隆会典则例》卷四十九《户部杂赋上·金银矿课》作）：

临安府个旧银厂	33,613（两）	7（钱）
南安州石羊银厂	22,390	3
楚雄县永盛银厂	3,375	
云南府兴隆银厂	3,132	6
邓川州沙涧银厂	1,302	6
开化府马腊底银矿	706	8
南安州马龙银厂	698	5
建水州黄泥坡银厂	661	1
中甸古学银厂	568	5
鹤庆府蒲草塘银厂	421	8
永昌府募乃银厂	300	
新平县方丈银厂	68	
南安州土革喇银厂	60	8
总计	67,300	6

上列之数，尚有永昌府茂隆银厂，因每年收课多寡无定额，故未列入。此外，邓川州沙涧银厂每遇闰年加一〇六两，临安府个旧银厂遇闰加三八两，南安州石羊银厂遇闰加二九两，鹤庆府蒲草塘银厂遇闰加银二四两，新平县方丈银厂遇闰加银四两，计共遇闰加二〇一两，其余各

厂皆遇闰不加（上开各数，仅列至两、钱为止，钱以下尾数皆舍去）。

至仁宗嘉庆十七年（1812）云南各地新旧各银厂厂名如下：文山县马腊厂；楚雄府马龙厂、永盛厂；南安州石羊厂、土革喇厂；鹤庆府沙涧厂、蒲草塘厂；维西州红坡吉咱厂；建水县摸黑厂；永善县金沙厂；永平县三道沟厂；临安府个旧厂；丽江府迴龙厂；耿马土司悉宜厂；顺宁府募乃厂；昭通府乐马厂；会泽县金牛厂；新抚司绵华地，又涌金铜厂；坡白沙地白羊等银厂，每年额课银62,589两9钱5分。自文宗咸丰六年（1856）军兴之后，五金厂课均已停办。所有光绪年间新开各矿，俱系尽收尽解[1]。今据清嘉庆丁卯（十二年）师范辑《滇系》四之一《赋产系》厂课所揭，除上开各厂外，尚有南北衙银厂坐落鹤庆州，黄龙银厂坐落开化府，肥革银厂坐落河西县。又据同书八之四《艺文系》康熙间（二十五年十一月至二十八年七月）巡抚石琳《进呈编辑全书疏》内所说，知新平县属有明直银场，自明至清开采，每年额课银三百三十两九钱六分，遇闰加征银二十七两五钱五分（关于涌金、悉宜、募隆、募乃诸厂之历史，参看同书同册《檀萃厂记》一文。《清史稿·地理志》关于矿产之地理分布的记载殊不多见）。

全省额课之数，除上揭之外，据《滇系》二之一《职官系》倪蜕《论厂务书》云：康熙四十七八年始报课二万七八千两，迨后二十余年，陆续增至七万两。又据《清史稿·食货志五·矿政》载，宣宗道光（1821—1850）初年，云南之南安石羊，临安个旧银厂，岁课银五万八千两。综合以上的记载，当知云南省平均每年额课银数应在六七万两之间。如行"抽税一半"的办法，则平均每年的生产额当在十二三万两之谱！如为值百抽十五，则当在四十万上下。《滇系》四之一《赋产系》"厂课"云：

---

[1]《光绪会典事例》卷二四三。

……中国银币，尽出于滇；次则粤岭花银，来自洋舶，他无出
也。昔滇银盛时，内则昭通之乐马，外则永昌之募隆，岁出银不赀，
故南中富足，且利及天下。大吏不达时政，禁银厂以事铜厂（案，
《清史稿·食货志五》载："乾隆二年，谕凡产铜山场，实有裨鼓铸，
准罢开采。其金银矿悉行封闭。"疑即此事也），自是银耗铜充，每
银二十四铢至准铜钱二千五六百，远处且准至三千四千，官民交受
其困。滇南银厂十有六。[①]

由上可知中国银币之国内供给，其绝大部分来源于滇省。然同书
十之二《杂载系》"滇银"一条云：

滇之银，……滇人无所用之。五方良贾，贱入而贵出，利之归
本土者，十不一焉。

大约是因为当地人的商业势力不发达，故为外省商人所操纵，其流
出外省之数量当甚可观。

民国以来，有许多银厂仍然沿袭明清两代之旧址。民国十三年由
云龙氏辑的《滇录》（民国廿二年印行）卷六《丙矿产类》"七银矿"栏
内开，当时开办比较著名的银矿有：会泽忠顺里矿山厂，会泽忠顺里麒
麟厂、鲁甸乐马厂、老君山手扒岩、摩刍石羊厂，天仓麒麟硐，兰坪江东
里富隆厂，兰坪下甸片虚岩，兰坪下甸新老山，石屏银厂坡，会泽忠顺里
小华园，腾冲滇滩溢大哨塘，巧家棉花地菜子地，姚安回龙厂等。其中
尤以会泽之矿山、麒麟两厂，兰坪之富隆厂，腾冲之滇滩溢厂为最重要。
孟宪民氏在《滇边的矿产》一文内，列举滇边几个著名的银厂，计为：南

---

① 檀萃辑：《滇海虞衡志》卷二《金石志》所载同。

县北区的温崩厂,顺宁西南的涌金厂,耿马土司属地大黑山附近的悉宜厂,澜沧县的募乃厂（或称老厂）,澜沧县西区的西盟新厂,孟林山南麓的茂隆银厂,还有缅甸腊戍附近的波龙厂（或称老银厂,今属英国,现为亚洲第一个银厂,每年出产最丰,可惜已非我有）。除此一厂外,以上其余各厂均或正在开采,或正在筹备中。地质调查所印行之《第五次中国矿业纪要（民国廿一年至廿三年）·各省矿产近况·第廿一,云南省》云:"腾冲北明光场铅银矿,前法人计划大肆开采,旋停（按,民国八年云南省政府与美国资本家合组一明兴公司,开发明光厂,采掘一年,无结果而罢,言法人者疑误）。其余较重要者,有安宁大龙山,兰坪富隆厂,昆明坪,罗平卑渐厂等。巧家之棉花地,鲁甸之乐马厂,亦计划开采。"这是近数年来的情形。

近年银矿的产量,因为各厂采辍无常,产额亦不一定,诸书均谓难得精确之数字。据《滇录》的估计,全省产量每年至多不上十万两。唯孟宪民氏则以为"假使我们将滇边的银厂都大量的开发起来,恐怕产量的价值在几万万元左右",这是一种乐观的看法,短时期内绝无实现之可能（孟氏文中说涌金厂在嘉庆五年开采时,定每年总课银六万余两;悉宜厂在乾隆四十八年开采,课额亦在六万两左右;茂隆银厂乾隆时开采以后,每年亦课银六万余两,数目皆失之过高,恐系误将全省课银额数认作各该厂的额数,所以他由此推算出之当时各该厂的产量当亦不确）。

本文主旨仅在将滇省银厂的地域分布及其名称以及其课额或产量探索一二,至如开采的历史,经营的方式,以及对于国计民生的关系,均非所注意。

廿八年六月十三日夜雨声中

（原载昆明《中央日报》1939年6月,"史学"第36、37期）

明代银矿考

一　经营的方式

　　中国向来是一个产银不多的国家。自近代与欧洲各国通商以来，银的供给，大部分依赖外国的来源；本国产量，殊不重要。但在通商以前，工商业比较不甚发达，国内对于银的需要，无论在货币上或制造上的，都比较薄弱，因此本国的银的生产，在整个供给上亦颇显得重要。在明代未与欧洲人交通贸易以前，本国需要的银，是否完全由本国的生产供给，以及供给到什么程度，这些问题，尚待于统计的数字去说明。

　　明代银矿的经营，显然比较以前各代为积极，其历史亦较为有趣。关于历史一方面，《明史》及《会典》诸书所载，颇为丰富，但可惜甚为淆乱，且往往不得要领。至于矿冶的经营，矿场的组织，以及矿课的内容，则以上各书都没有明白及系统的指示，我们更不能不多费一点分析和解说的工夫。明代采矿事业，计分金、银、铜、铁、铅、汞、朱砂、青绿数种，其中以银、铜、铁三种在财政上的地位较为重要，而以银矿扰民为最甚，祸害亦最广遍。银矿出产，完全受政府的统制。不论军民人等，苟非得政府的特准,皆不得私掘或私煎。正统三年(1438)规定,凡在福建、浙江等处私煎银矿的,无论军民,正犯处死刑,家属发边卫充军。正统五年复申明此令。但自正统十年四月以后,对于私盗银矿的初犯,仅发边卫充军,死刑的处置,大概已经取消[1]。但是不管法令定得怎样严厉,明代历朝皆有私采的事情发生。统观明代于铜铁铅等矿,采取比较放任的主义;惟于银矿的开采,则法禁森严,这因为银矿之利独厚的缘故[2]。

银矿的经营,不外采取商办或官办的方式。商办的情形,据明末宋应星著《天工开物》卷一四《五金》"银"一条内说:"商民凿穴得砂,先呈官府验辨,然后定税。"从现存的史料看来,明代的银课大约是行定额税制,而非定率税制。商办银矿的史例,比较不多见。谭希思《明大政纂要》卷二二云:

> 永乐间,福建尤溪县民朱得立于山开坑采银,岁纳三十六两。宣德间设官局。后奉诏书罢局封坑,而坑首额户犹照旧纳银。正统七年六月布按二司以为言,乃罢之。

但谷应泰《明史纪事本末》卷三一《平浙闽盗》正统十三年节内又有"尤溪炉主蒋福成"的记事,可见官办民办迭为更替。《明史》卷二三三《张贞观传》载万历初年:

---

[1] 《英宗实录》卷一二八,《正德会典》卷三二,《万历会典》卷三七《户部二四·课程六·金银诸课》。《明史》卷一六〇《王彰传》:"(永乐初,御史)文献盗银课,……坐死。"可见初时法令极严也。

[2] 卢象升《卢忠肃公集》卷五,崇祯九年,《用人修具饬法治兵疏》中将这番道理明白地提出来:"夫银矿不可轻开,盖恐奸民结聚为患。若铅、硝、铜、铁,其为利颇微,盗贼奸民,不至生心于此。"

> 五台奸人张守清招亡命三千余人,擅开银矿。……帝纳巡按
> 御史言,敕守清解散党徒。……守清乞输课于官,开矿如故。贞观
> 力争,乃已。[①]

从"贞观力争,乃已"一句看来,可见如果输课于官,商民照例可得开矿
的权利的。

最普通的经营方式,还是"官办"一种——更确切的名称,应当是
"官督民办"的制度。这就是由官府在产银的地方征募本地的人民进
行开采煎办等项的事宜。为这种目的而设立的机关,名曰银场局,或炉
局,通常简称曰银场,或银坑、银穴、银冶。管理银场,督办银课,以及巡
视银矿各方面的事务,均设有专官,由中央命令都、布、按三司委派或
添设堂上官充之——通常以都指挥使司的佥事、布政司的参议或按察
司的佥事充当[②]。督办银场及银课这方面的职务,亦常由中央直接委派
官员前往,初年多用御史、郎中及监生等,有时亦用中官。自天顺四年
(1460)起,始多用中官,后名曰矿使。万历二十七年(1599)前后,大抵
每正矿使一员,分遣官不下十人,每一官的参随人员等,约计百人。设
局委员以后,负责的官员,便征集工匠矿夫人等进行开采煎办一切事
宜,每年必须向朝廷依期解纳一定的银数,名曰银课。这种课额,差不
多是年年一样的,很少有减低的情形。组成开矿及煎银工匠的分子,各

---

①《明史纪事本末》卷六五《矿税之弊》:"万历十六年十一月,遣内臣祷祠五台山,还奏言紫
荆关外广昌、灵邑可定矿砂作银冶,奸民张守清擅其利。……命逮守清伏法,闭塞矿洞。"
②在州县里银场的数目较多时,往往添设县丞等官专管。例如正统十一年二月增置处州府
丽水、青田、缙云、庆元、松阳、龙泉六县县丞各一员专管银场(《英宗实录》卷一三八);
四月增置浙江处州府龙泉县县丞一员,以参议吴升奏本县银场数多,故增之也(卷一四
○)。按龙泉县丞二月间已增置,此处所载,不知是否重复,抑二月所记为时过早耶。

省的办法似不一致：在云南各银场，一律从卫所军士中拨给[①]，至天顺间又发死罪以下无力自赎的囚徒充当[②]；在北直隶、山东等地，则多用民夫，有时甚至招募盗贼去充当（详后）。关于卫军开矿的情形，据成化九年（1473）三月巡按御史胡泾等奏内所说，云南所属楚雄、大理、洱海、临安等卫军，全充矿夫，每年由官发给口粮衣布，但是不问实际生产额如何，每年必须缴足一定额的银课，并且：

> ……采办之初，洞浅矿深，课额易完，军获衣粮之利，未见其病。近日洞深利小，军士多以瘴毒死，煎办不足，或典妻鬻子，赔补其数，甚至流徙逃生，哨聚为盗，以致军丁消耗。[③]

在开矿成本日大，矿产收益日小的状态之下，政府还要向矿夫征收一定的银课，其目的无非纯粹注重财政上的收入，但矿夫们的痛苦也就不堪问了。

用民丁开矿，初年的办法如何，我们因无记载，不甚清楚，悬想是由政府招募贫民充当矿夫，给以相当的工食或工食的代价。但到了正统以后，这些用民丁充当的矿夫，亦与卫军矿夫陷于同一的悲遇。民丁矿夫的来源，已从招募改为征发：或则按户抽丁，即将贫穷的户丁编为矿夫或坑户，亲执开采的劳役；富户则编为矿头或坑首，负指挥及管理矿夫之责。如有不愿出丁亲身去应役之户，则须出相当代价，转雇他人替

---

① 《明大政纂要》卷一八，"宣德二年六月"。
② 《续文献通考》卷二三《征榷六·坑冶》："天顺四年（1460）命云南杂犯死罪以下无力自赎者，俱发新兴等（银）场充矿夫，采办银课。"
③ 《续文献通考》卷二三。同书又载，到了弘治间官府方面索性连口粮也不发给，只由卫军中的余丁每三至五人合出一矿夫的口粮，名曰"夫丁干认"（弘治十三年〔1500〕十一月"免云南判山等场银课"条）。

代。定额的银课，每年是必须缴足的；甚至矿场的用具，亦由人民供给。在这种情形之下，朝廷只须下一纸明文，派官遣员前往银场督办（当时用"提督"两字），一切开矿的人工及资本，都责成提督银场的官吏设法筹措，按照每年定额依期缴进。这种办法在朝廷方面，确是上算到极点；至于官吏方面决也不会自己赔垫，他们最简便的方法就是责成矿头，矿头有钱有势，多半也不肯吃亏，于是责成矿夫，所以我们不断地看到贫穷里甲下户诉苦连天的记载。由此我们亦可以知道开矿一事在明代不能算作公家的投资，也不是所谓公营的企业，只是政府对人民的劳力或货币或实物的征发，一种变态的租税而已。由于银矿的统制太严，所以历朝都有矿贼流劫的事情发生；由于银课太重，所以户口不断的逃亡。像这些事例，我们不必枚举[1]。我们且先检讨课重的情形，在正统九年（1444）浙江按察使轩輗的上奏，内中已有"银场凡百器用，皆出民间"[2]一语。正统十年四月又下令：

> （浙江、福建银场）除公用器具取给于民，凡提督官吏及诸坑首匠作，有仍称课不及额，掊敛民财，及侵盗官银者，一切治之如律。[3]

这不已经证明摊派科敛的情形，早已流行于当时课额极盛的闽、浙两省吗？正统十四年（1449）五月福建建阳县耆民林惠亦上奏说：

> 本县武仙山银坑年远埋塞，比因本县里长虚报额办课银一千

① 例如《英宗实录》卷一四八，正统十一年十二月壬戌，户部郎中杨谌："比因福建复设银场，闽浙流民盗矿劫掠，命臣同御史等官设法抚捕。受命以来，夙夜靡宁，躬冒矢石，已招抚附籍复业流民三千五百三十九户，男妇共八千三百九口，生擒贼徒马大王等八名。"
② 《通鉴纲目》三编。《明史》卷一六二《倪敬传》："景泰……再按福建，时议将复银冶，敬未行，抗疏论，得寝。既至，奏罢诸司器物滥取于民者。"
③ 《英宗实录》卷一二八。《万历会典》卷三七。

三百余两,俱是煎银夫甲赔纳,乞于原额减除什五,以苏民困。[①]

又如在成化四年(1468)之后,福建福宁州福安、宁德两县的银矿久已闭绝,但"有司责课,民多破产"[②]。以上两例,亦可充分说明当时银课以至银场的器用都已经摊派于里甲人户。及至万历以后,一切更无制度可言,像这类的记载更多,如万历二十四年(1596)采矿刚开始盛行时,行于北直隶及山西的办法,是编富民为矿头,招矿盗、无赖开矿[③]。富民不一定会开矿,现在用他们当矿头统率盗贼开矿,其用意所在,不问而知是要向富人责成银课。万历二十五年(1597)五月刑部尚书吕坤上疏亦说到这种情形:

> 以采矿言之,南阳诸府比岁饥荒,生气方苏,菜色未变,自责报殷户,而半已惊逃,自供应矿夫工食、官兵口粮,而多至累死。……今矿砂无利,责民纳银,而奸人仲春复为攘夺侵渔之计,朝廷得一金,郡县费千倍。[④]

又可知不但以银课责成富户,并且矿夫工食以至巡矿官兵的口粮皆摊派于他们。万历二十六年(1598)九月,山东益都知县吴宗尧奏矿务太监陈增冈上营私的罪状,益都县只有铅砂,但陈增强把它算作银矿,又

---

① 《明大政纂要》卷二三。

② 《明史》卷一八三《何乔新传》。

③ 《明史纪事本末》卷六五:"万历二十四年八月招矿盗开采,仍编富民为矿头,从太监王虎请也。"按王虎是提督北直、山西等地银场的矿使。

④ 《明史》卷二二六《吕坤传》,或乾隆《御选明臣奏议》卷三三《吕坤:陈天下安危疏》。按,仲春乃奏请开矿之人。同年河南巡按姚思仁奏言开矿之弊八,其中两个是"矿头累极,势成土崩""矿砂银少,强科民买"云(《明史》卷八一,明吴亮辑《万历疏钞》〔日本宫内省图书寮藏〕卷二九《姚思仁:中原困疲乞停开采疏》)。

强迫采者代纳银课，稍行迟缓，即行逮捕吏民。又当矿使出巡时，打死矿夫，三日不许埋葬；有些贫民久被刑禁；有些富户，横遭掳掠。各种罪状，多至百款。且朝廷所得不过十分之一，而入增私囊者则为十分之九[1]。陈增在益都包卖铅砂的情形，据户科给事中郝敬劾陈增疏内云：该县计口抽丁，包派金银，一县共抽丁夫二千名，计应派银三千六百两，另派铅价银一千八十两。若依此通计全省内六州二十九县所有的矿课，每年派银约该十余万两[2]。还有更直捷了当的办法，即为将银课摊派于税粮或地亩中，但求完税了事，连矿夫也可有可无不一定要招集了。万历二十七年四月抚治郧阳右佥都御史马鸣銮《矿税繁兴人心惶骇恳乞圣断亟停以保治安疏》内云：

> 夫中州包矿之累，抚臣业陈之矣，臣可略而勿言。若商、洛、汉、沔一带，自开采至今，不闻某洞出砂，煎销金若干；但闻某州县坐派条鞭金银若干，勒限追解，急于星火耳。陛下前有旨不忍加赋，彼啖草根度命之遗黎，何以堪焉？[3]

---

[1]《明史》卷二三七《吴宗尧传》。《明史纪事本末》卷六五。

[2]《明史》卷二八八《文苑四·李维桢传附郝敬》。《明臣奏议》卷三三《劾矿使陈增疏》(节录)，《纪事本末》卷六五，载万历二十七年四月"河南矿监鲁仲言：'矿砂赢缩不一，请均派官民'，从之"。《续通考》卷二三，载万历二十九年七月，湖广巡抚赵可怀疏云："楚地困苦极矣，以矿言之，初议四六分，而山不皆出矿，矿不皆出银，年年开挖，生长难继，是以不能四六分，而买砂，而赔银矣。既而赔矿产尽，遂令合县包赔。……或执砂地名，派定岁纳金若干，或发零银买金若干。……"大约对于采矿的收益，初时或尚行政府与采矿者四六分配的制度，及后则矿产日少，遂令全县包赔及行强迫收买矿砂。

[3]明吴亮辑：《万历疏钞》(日本宫内省图书寮藏)卷二九《矿税类》，页22—23。清师范辑：《滇系》八之十《艺文第十册》，载天启李大受《张公革北衙陋规碑》云："当神宗朝，榷使四出，课数倍常额，而矿产日微，问诸炉，炉无以应；问诸硐，硐亦无以应。于是行税亩法，举郡隶编户中税粮若干石，派课若干金。"此言行于鹤庆军民府的摊派情形，可与上互相参证。

当时,矿使乘势勒索的情形甚多,最普遍的,如于富家巨族,则诬以盗窃矿产;良田美宅,则指为下有矿脉;或称某人墓内藏有黄金巨万,掘出可以救济国用。但得到当事者的贿赂,便寂然无声①。吏部尚书李戴上疏说:

> 不论矿税有无,概勒取之民间,此何理也。天下富室无几,奸人肆虐何极,指其屋而恐之曰"彼有矿",则家立破矣!②

结果是"无矿而输银,甚且毁庐坏冢,籍人赀产,非法行刑"③。万历二十八年 (1600) 八月庚辰户科给事中田大益《陈矿税六害疏》内,很沉痛地指出来:

> 内臣务为劫夺以应上,求矿不必穴,而税不必商,——民间丘陇阡陌,皆矿也;官吏农工,皆入税之人也。④

万历二十九年 (1601) 九月大学士沈鲤《请罢矿税疏》亦说:

> 矿额非取诸山泽,税额非得之贸易,皆有司加派于民以包赔之也。有司既加之,而使者又攫之,加征者有数,攫取者无极。⑤

人民所受的剥削,从剥削者的阶层来说,有地方政府的加派,有朝廷派来的矿使的攫取;从剥削的程度来说,有有定额的摊派,有无定额的抽

---

① 《明臣奏议》卷三三《万历二十七年冯琦:修省弭灾疏》,《明史》卷二一六《冯琦传》。
② 《明史》卷二二五《李戴传》,按此疏大约上于万历二十七年。
③ 万历二十七年礼科给事中杨天民奏语,《明史》卷二三三,本传。
④ 《明史》卷二三七《田大益传》,清孙桐生辑:《明臣奏议》卷八《田大益:陈矿税六害疏》。
⑤ 《亦玉堂稿》卷五,《明史》卷二一七《沈鲤传》系上疏事于三十年,今从《纪事本末》。

剥。当矿使去任之日，莫不满载民财而归①。至于地方有司与矿使的关系，固有不少相因为利、狼狈为奸的，但亦有受了良心的指使、不肯为虎作伥的。地方官吏反抗矿使十九皆告失败。如万历三十三年（1605）二月，广西巡抚杨芳（《纪事本末》原作巡按杨芳国，误）奏劾税监沈永寿，说他以土产金银铅锡派当地有司包解，又永康、思恩等州原无矿洞，亦派以巨银，均请免除。可是皇帝置之不答②。这还算最温和的处置，有时地方有司稍忤矿使之意，便被加以阻挠的罪名，下狱革职的处分也就随之而来了。

所以我们研究明代的银矿，决不能根据每年朝廷的银课收入去推算实际的生产数量。在当时不管实际的生产量如何，也不管开矿的成本若干，甚至不管真正有矿没有，只要有人向朝廷报告某地有某种矿，朝廷得到了情报以后，便派矿使去踏勘，矿使派出的目的，在开发财源，他们有的指鹿为马，如上面所说山东矿监陈增，硬以铅矿作银矿，有的无中生有，如广西税监沈永寿硬要派永康、思恩等县的课额。

从明代历朝的银矿经营作一检讨，有一奇怪的事，就是生产收益的数额，远不及生产成本之大。例如宣德五年（1430），命广东三司开验番禺县的银锡矿，每矿砂百斤，仅得银四钱、铅二斤。六年闰九月又命河南三司集民丁在嵩县白泥沟开发银矿，得银砂四千斤，煎一月余，计用人力二千七百工，仅得黑铅五十斤、银二两。以上两地皆以所得不偿

---

① 庄廷鑨《明史钞略·显皇帝本纪三》云："万历三十四年二月，陕西开矿太监赵钦揹克无厌，复命之日，驿递申报，除牛负马驮外，箱九十六抬，用夫四百名，尚颠踣不起。"可见一斑。
② 《明史纪事本末》卷六五，《明史钞略·显皇帝本纪三》云："万历三十三年二月乙巳朔，开采太监沈永寿以广西地多猺獞，矿场险远，请令有司包解，上命酌派河池、永康等州，富州、思恩等县，岁纳银一千两有奇，巡抚侍郎杨芳请赐豁免，以惠遐方。不报。"

所费,先后封闭①。在嘉靖初年,已有"四方银矿得不偿费,反为盗窟"之叹②。嘉靖二十五年(1546)七月又下令采矿,自这年十月起至三十六年,委官四十余人,防兵一千一百八十人,约费三万余两,但仅得矿银二万八千五百两③。万历二十六年(1598)浙江衢州府开化县开采的经过情形,尤为有趣。当时有人献议,说开化有三处矿洞可开,采矿内监曹金乃委官挟诸商到县(按此为官督商办之一例),起工深挖,采得矿砂四千斤,约每百斤煮银一两,所得尚远不及所费,但矿使诸人又不肯白手空回,知县逼得没法,乃议将本县官山各木变卖,措得四百两抵充矿价;内监既去,始将矿洞封闭④。以上所举的例子,其中或者有因为奏议的人欲求朝廷停止开矿,以免劳民伤财,故为过甚之词,亦未可知,但证以当日开矿的技术落后⑤,加以提督人员的侵吞中饱,则朝廷成本多而收益少,确为实在的情形。

①《宣宗实录》卷八三;《明书》卷八二《食货志二·矿采》。关于采取金矿的情形有两条材料可以参考:成化十年(1474)冬,户部檄开辽东黑山金场,巡抚彭谊奏:永乐中太监王彦开此山,督夫六千人,三阅月,止得金八两(《明史》卷一五九《彭谊传》;《明书》卷十《宪宗本纪》)。同年十二月,湖广宝庆等府共开二十一淘金场,岁役五十五万人,死者无算,仅得金三十五两(《明大政纂要》卷三一),可见比银矿还要蚀本。

②《明史》卷二〇三《曾钧传》,大约在嘉靖十二年(1533)以后。

③万历二十四年,给事中程绍上疏言,《明史》卷二三七卷末赞语;《明史纪事本末》卷六五。

④《天下郡国利病书》卷八七《浙江五》。

⑤关于明代开矿的技术情形,参看陆容:《菽园杂记》(墨海金壶本)卷一四"五金之矿"条,宋应星:《天工开物》卷一四《五金》"银"条及《利病书》卷八八《浙江六·徽州志·胡编较记取矿之害》。

第一表   银矿开闭纪事表

洪武二十年至万历二十四年（1387—1596）

年 月	纪事	根据材料
洪武二十年（1387） 前 后	设福建延平府尤溪县银屏山银场局炉冶四十二座，又浙江温州府平阳县、处州府丽水县等共七县亦设场局。	《明史》卷八一《食货五》。
永乐元 年（1403） 正 月	罢浙江银矿。	《明书》卷五《太宗本纪》。
三 年 十二月	开云南矿冶。	同上。
六 年 十二月	罢浙江温州处州两府银铅矿冶。	同上。
十二年	开河南府陕州及西安府商县凤凰山银坑八所，福建建宁府浦城县马鞍等坑三所，（交阯或贵州）葛溪银场局，云南大理银冶。	《明史》卷八一。
十三年	差御史及郎中等官至湖广贵州，于辰州铜仁等处金银场采办金银课。	《万历会典》卷三七《课程六·金银诸课》。
宣德五 年（1430）	置四川会川卫密勒山银场，遣官开采。	《嘉庆一统志》。
五 年 十一月	罢温处银矿。	《明书》卷七《宣宗本纪》；《明史》卷一六四《黄泽》。
五 年 前 后	命官填广东番禺银锡坑洞。	《明书》卷八二《食货志二·矿采》。
六 年 十 月	罢河南河南府嵩县白泥沟银矿。	《明书》卷七《宣宗本纪》。
十年（英宗已即位） 正 月	诏各处金银硃砂铜铁等课悉停免，坑冶封闭，其闸办内外官员即赴京。	《续通考》卷二三《征榷六》；《明史稿》列传五一《王来》。

年　月		纪　事	根据材料
正统三　年 (1438)		封闭各处坑穴,罢闸办银课。	《万历会典》卷三七。
七　年	六　月	罢福建延平府尤溪县银场。	《明大政纂要》卷二二。
九　年	闰七月	令复开福建浙江有矿银场。	《万历会典》卷三七;《续通考》卷二三。
十　年		令开福建浙江云南银矿。	王圻:《续通考》(《明会要》卷五七所引)。
十　年	三　月	停处州矿课。	《明书》卷八《英宗本纪》。
正统十四年	四　月	遣御史李俊等十三员同中官督办福建浙江银场银课。	《明书》卷八《英宗本纪》;《明史》卷一〇《英宗前纪》。
景泰元　年 (1450)	二　月	悉召各银场官还京,复罢采福建浙江诸处银课。	《明书》卷九《景帝本纪》;《续通考》卷二三。
三　年	闰九月	复开处州银场。	同上;《明史》卷一一《景帝本纪》。
四　年	三　月	开福建建宁府银场。	《明史》卷一一《景帝本纪》。
五　年	正　月	罢建宁银场。	同上。
天顺二　年 (1457)	二　月	差中官开办福建浙江云南银场银课。	《明史》卷一二《英宗后纪》;《明书》卷八《英宗本纪》系此事于四月。
四　年	四　月	分遣内官督福建浙江云南四川银课。	《明史》卷一二《英宗后纪》。
七　年	三　月	停各处银场。	同上。
成化三　年 (1467)	三　月	复开福建浙江云南四川银场,以内臣领之。	《明史》卷一四《宪宗本纪》;《明书》卷一〇《宪宗本纪》。

年　月	纪事	根据材料
三　年	令封闭四川会川卫密勒山银场。	《万历会典》卷三七。
四　年	复开密勒山银场。	同上。
七　年	令福建浙江云南四川采办银课。	王圻:《续通考》(《明会要》卷五七引)。
九　年	奏准各处山场有新生矿脉者从各镇巡三司等官勘实开采以补附近坑场赔纳之数。	《万历会典》卷三七。
十一年　二　月	罢河南宜阳等卫银洞。	《明书》卷一〇《宪宗本纪》;卷八二《食货志二》。
四　月	禁北直隶永平府迁安县银矿。	同上。
八　月	闭扬州府泰州银矿。	同上。
十四年　三　月	闭贵州乌撒卫银场。	《明史》卷一四;《明书》卷十。
十八年　六　月	闭四川建昌卫银矿。	《明史》卷一〇《宪宗本纪》;卷八二《食货志二》;《明史》卷一八五《黄绂传》。
二十年　十　月	罢云南元江诸府银矿。	《明史》卷一四《宪宗本纪》。
弘治二　年 (1489) 三　月	闭密勒山银矿,从镇巡等官请也。	《明史》卷一五《孝宗本纪》;《明大政纂要》卷三五。
十　月	罢福建建宁府浦城县银冶。	《明书》卷一一。
五　年　三　月	禁北直隶永平府银矿。	《明书》卷一一。
十一月	封闭温庆银矿。	《明书》卷一一;《明史》卷一五。

续表

年　月	纪　事	根据材料
十三年	云南巡抚李士实言,云南九银场,四场矿脉久绝,乞免其课,允可。四川山东矿穴亦先后封闭。	《明史》卷八一。
十六年　　　十　月	闭山东兖州府沂州银矿。	《明大政纂要》卷三五;《明书》卷一一。
十七年　　　十一月	罢云南银场。	《明史》卷一五。
十八年　　　二　月	禁北直隶顺天府密云县银冶。	《明书》卷一一。
正德二　年(1507)　十二月	开福建浙江四川银矿。	《明史》卷一六《武宗本纪》;参《明史》卷二八二《邵宝》。
三　年	令河南府宜阳县、永宁县、卢氏县、嵩县等处洞口俱照旧封闭。	《万历会典》卷三七。
六　年	议准云南银场九处自正德七年以后俱各封闭,银课免办(镇巡以地震奏请故)。	同上;《滇云历年传》卷七;《武宗实录》卷八七。
九　年　　　六　月	复开云南新兴等银矿(从军士周达之请)。	《明史》卷一六;卷八一《铜场》。
十五年	令云南银矿新兴场并新开处所一律封闭,以后不许妄开。	《万历会典》卷三七。
十七年　　　五　月	罢大理银矿。	《明史》卷一七《世宗本纪一》。
嘉靖十五年(1536)	开蓟州瀑水洞,遣内官及锦衣官督其事。	《明书》卷八二《食货志二》。
十五年　　　九　月	罢顺天府等处所进矿砂。	《明书》卷一三《世宗本纪一》;《明大政纂要》卷五一。

续表

年　　　月		纪　事	根据材料
十六年	二　月	闭永平矿。	《明书》卷一三。
	六　月	开天下矿洞。 命广开山东沂州宝山、龙爬山、石井山等处银矿。	同上。 《续通考》卷二三。
十七年	二　月	开北直隶顺天府房山县银洞。	《明书》卷一三。
	四　月	命锦衣卫千户范镛等分勘天下有银矿者报采之。	《明大政纂要》卷五一; 《明书》卷八二。
	七　月	开云南大理府、河南宜阳诸银洞。	《明史》卷一七;《明书》卷八二。
十八年		遣中官崔成等开浙江观海卫矿。	《明书》卷八二。
十九年		令四川建昌卫麻合村落娶、选迭二厂,并会川卫密勒山矿场及陕西甘州等处大黄山等矿洞,俱照旧封闭。	《万历会典》卷三七。
十九年	十　月	罢各处矿场(从给事中曾钧之请也)。	《明史》卷一七;《明书》卷一四《世宗本纪二》。
二十年	六　月	封闭各处矿场,敕内外官员使回京。	《明大政纂要》卷五二。
	十一月	复停采矿。	《明书》卷一四。
二十七年	十一月	诏抚按官采生砂金。	《明史》卷一八《世宗本纪二》。
三十四年	十二月	开山东四川银矿。	《明史》卷一八;《明书》卷一四。
三十五年	五　月	左通政王槐采矿银于玉旺峪。	《明史》卷一八。
三十六年	正　月	闭近畿银矿。	《明书》卷一四。
	六　月	罢陕西矿。	《明史》卷一八。

年　　月	纪　　事	根据材料
三十七年　　正　月	罢河南矿。	同上。
四十五年　　三　月	令浙江衢州府开化县云雾山场等严加封闭。	《天下郡国利病书》卷八七;《续通考》卷二三系此事于四十三年三月。
隆庆二　年（1568）	罢蓟镇开采,南直浙江江西各处矿山,亦勒石严禁。	《明史》卷八一《食货志》;《万历会典》卷三七。
万历十二年（1584）　十二月	罢开银矿。	《明史》卷二〇《神宗本纪一》。
十六年　　十一月	闭塞山西大同府广昌灵丘银矿。	《明史纪事本末》卷六五。
二十四年　　七　月	始遣中官开矿于畿内,未几河南山东山西浙江陕西悉令开采,以中官领之。	《明史》卷二〇《神宗本纪一》。

二　开采的经过

明代开采银矿的历史,可分为两时期去讨论:第一,自洪武(1368—1398)起,至万历二十四年(1596)以前,这一段时期里,银矿时开时闭,但并没有全国同时大规模的开采;第二时期,自万历二十四年以迄崇祯末年(1644),此时期中由万历二十四年至万历末年,约有十余廿年的全国大规模的开采,显出空前的盛况,但因毫无一定的制度,人民遭受了空前的痛苦,演成史家所谓万历"矿税之弊"。神宗崩(1620)后,虽有遗诏停罢矿税两项大恶政,然明室灭亡的种子早已经播下。到了崇祯末年,因财政困难,再有一度下令开采银、铁、铜、铅等矿,而明室不久便倾覆了。

论到开矿在国计民生上的影响,自然是后期比前期远为重要。在前一时期内,人民所受的痛苦仅限于一时一地,非若后期内所受的痛苦普遍与深刻。在前期内,各地的银矿时开时闭,至无一定;它的历史因为过于琐碎,甚难叙述。今搜集各种资料,作成附表一张,亦因材料所限,无法得其全豹。至于后期的历史,材料比较集中,故另作两表,并分节讨论。在此三表内,我们尽可能的将各银矿的所在地及银场的名称查考出来。今请先叙前期的历史。

太祖初年,对于开矿所取的政策,似乎不甚积极。洪武元年(1368)三月,山东平后,近臣请开银场,太祖说:"银场之弊,利于官者少,害于民者多,今凋瘵之际,岂可以此重劳民力!"(《太祖实录》卷二七)十五年四月廉州巡检王德亨言陕西巩昌府阶州有水银及银坑等,愿得兵取其地,以归利于朝廷。帝谓侍臣说:"尽力求利,商贾之所为;开边启衅,帝王之大戒。"[1]命斥之。二十年正月,府军前卫老校丁成请开河南府陕州银矿。帝恐日久矿产易竭,而岁课成额后征银不已,重为民害,故以"凡言利之人,皆戕民之贼也",严词斥之[2]。以上的表示,并不是因为太祖天性特别仁慈,只因天下大乱初定,无力及此罢了。所以不管太祖的话说得怎样的好听,但福建延平府尤溪县银屏山银场局炉冶四十二座在洪武二十年以前便已成立[3],浙江温州府平阳县、处州府丽水县等共七县至迟在洪武末,亦已设有场局——以上闽、浙两地的场局,在其后各朝屡经诏令禁罢,但复时时开局煎煮,或闭或开,殊无一定。永乐

---

[1]《明书》卷二《太祖本纪二》,卷八二《食货志二》;参《续通考》卷二三。

[2]《明大政纂要》卷八。《太祖实录》卷一八〇。

[3]《续通考》卷二三《征榷六》:"尤溪县银屏山尝设场局,煎炼银矿,置炉冶四十二座,岁办银二千一百两,至洪武二十年增其课额。"

十年 (1412) 广西庆远府河池县民言:"县有银矿,宜大发民采炼。"成祖虽然以"献利以图侥幸者,小人也;国家所重在民而不在利"一番大义斥他①,但究竟因为利之所在,未可轻易放弃,而且成祖是一个好大喜功的英祖,又当建国伊始,亟待开发财源,所以在云南、交阯、河南、陕西、湖广、贵州等地先后设立银坑场局②;又遣官往湖广、贵州、福建、浙江采办金银课,复遣中官或御史往核之。至于毫无出产的金银矿冶,在永乐朝亦屡有革罢。总之,在永乐朝,银场已遍设于各地,银课收入亦为各朝之冠 (详后)。宣德五年 (1430) 于四川会川卫设立密勒山银场,遣官开采③。约在同时,命官填塞番禺民有的银锡坑洞。浙江温州、处州两府及河南嵩县的银矿亦相继诏罢。按永乐、宣德两朝各地银场的课额比较洪武时大为增加——这些增加的额数名曰"闸办",洪武的旧额,则名曰"岁办"。英宗初年,颇禁革各地矿冶。在宣德十年 (1435) 正月,他刚刚即位时,即诏各处金银朱砂铜铁等闸办课额一律停免;其闸办内外官员即召回京。至八月,管银坑太监山寿奏称当时云南新兴等七场及四川密勒山场皆已封闭。明年,正统元年 (1436) 正月,又罢贵

①《明书》卷八二《食货志二》。又,《明史》卷一五三《宋礼传附蔺芳》云:"永乐中出为吉安知府,……吉水民诣阙言县有银矿,遣使覆视,父老遮芳诉曰:'闻宋季尝有言此者,卒以妄得罪,今皆树艺地,安所得银矿?'芳诘告者,知其诬,……奏上,帝曰:'吾固知妄也。'得寝。尹守衡《明史窃》卷九九《循吏第七十七蔺芳传》所载较详。

②日人加藤繁《唐宋时代金银之研究》第十一章第三节第二项谓:"明代在景泰以前,以开采浙江福建银矿为主;天顺以后,又开采云南四川之银矿。"今证以本文第一表所载,知川滇两省的银矿自永、宣以来已有经营,不自天顺始也。

③《嘉庆一统志》"宁远府·山川·密勒山"条下注云:"在会理川东二百里,产银矿。明宣德五年置银场,遣官开采,寻罢。"按,明会川司,即为清之会理州治。又按《续通考》卷二三载:"宣德四年三月,黔国公沐晟言:'东川府会川卫所属山内产青绿、银、铜诸矿,军民往往潜取之。其地与云南武定府金沙江及外夷接境,恐生边患,乞令四川云南三司巡禁。'从之。"在翌年设立官场,大约就因为防止军民私盗矿产。

州铜仁府金锡局。正统三年，定福建、浙江等处军民私煎银矿的治罪条例^①。但至七年十二月，浙江处州府丽水县盗陈善恭、庆元县盗叶宗留纠众私盗福建宝峰场银冶，斗杀不可止，于是福建参政宋彰、浙江参政俞士悦请复开银场，说是"利归于上，则矿盗自绝"。乃下闽、浙两省三司议。三司附言者，惟浙江按察使轩𫐐力持不可，乃止不开。已而，刑科给事中陈傅复请开场，中贵与言利之臣相与附和。九年闰七月乃命户部侍郎王质往闽、浙两省重开银场，又分遣御史曹祥、冯杰提督。是时两省的课额，虽然规定得比永宣两朝减低许多，但比较洪武朝的旧额，高出约十倍，民困而盗更多，至十三年四月遂有邓茂七之乱，至十四年大发兵戡定，乱始止^②。当时政府对于银课的征收与蠲免，毫无一定的主张，如正统十四年（1449）正月，闽、浙矿盗乱事方亟时，乃下诏免福建、浙江银课；及二月，官军击斩邓茂七于福建延平府，乱事已粗定，便于四月，遣御史十三人同中官往督闽、浙银课。这种举动，真未免近于滑稽了^③。景泰元年（1450）闰正月，诏免福建银坑煎办银课，又诏回内官三十余人；二月召浙江处州银场闸办内外官员人等回京，命有司差人守护坑场^④。但在景泰三年，浙江处州银场已复开。四年，户部奏福建宁与其地相连，亦请并开，从之，乃命中官前往提督，后复封闭^⑤。天顺四年（1460）纷遣中官往闽浙川滇四省提督银场。以中官提督银课事宜，自此始盛。七年，又下诏封闭各处坑场，停止煎办银课，取回内外官员。

①《续通考》卷二三。
②《英宗实录》卷一一九；《明史》卷一五八《轩𫐐传》；《明史纪事本末》卷三一《平浙闽盗》。
③《明史》卷一〇《英宗前纪》。
④《英宗实录》卷一八八、一八九。
⑤《明史》卷一七二《孙原贞》："（景泰三年）……福州、建宁二府，旧有银冶，因寇乱罢。朝议复开，原贞执不可，乃寝。"《明史》卷一七七《林聪》："初，正统中，福建银场额重，民不堪，聪恐生变，请轻之，时弗用能，已果大乱。及是（景泰四年），复极言其害，竟得减免。"

自后历成化（1465—1487）弘治（1488—1505）正德（1506—1521）数朝而至嘉靖初年，湖广、云南、四川、山东、福建、浙江等地诸矿场时设时罢①。嘉靖中，蓟、豫、齐、晋、川、滇到处进奉矿砂金银，于是复议开采以助土木大工。十七年（1538）遂命锦衣千户范镛等分勘天下有银矿者报采之。三十五年（1556）既获永平府临榆县玉旺峪矿银，崇奉道教的世宗以为是"天地降祥"，谕道："昨玉旺峪之宝，大胜于昔，今可承天地之赐，如法取用，不可自误，各处有未开之场，须查访取用。"户部尚书方纯等乃请令四川、山东、河南抚按严督所属，一一搜访，以示迎祥之意。于是公私交骛矿利②。至四十五年（1566）二月浙江、江西矿工陷徽州府的婺源县，幸不久平定③。穆宗即位（1567）诏撤矿使，封闭诸洞，又严私采之禁。万历十二年（1584）以后，言利之徒屡以矿利耸动神宗之心，抚按诸臣及大学士申时行等先后力陈其弊，帝虽勉从众议，银矿罢不开，然意下不无怏怏④。但至二十年（1592）以后，三大征接踵发生，国用

---

① 《明史》卷一七二《张瓒传附谢士元》："（成化初，）起知（江西）广信（府，）永丰（县）有银矿，处州民盗发之，聚数千人。将士惮其骁犷，不敢剿，士元勒兵趋之，……获其魁，塞矿穴而还。"

② 当时有一班方士之流在那里积极活动，深得世宗的信幸。例如，《明史》卷三〇七《佞幸传陶仲文传附段朝用》云："以烧炼干郭勋，言所化银皆仙物。用为饮食器当不死，勋进之帝，帝大悦。……朝用请岁进数万金以资国用，帝益喜，已而术不验。"同卷《顾可学传》云："时又采银矿、龙涎香，中使四出，论者咸咎可学。"

③ 《明史》卷一八《世宗本纪二》。先是，世宗初即帝位时，山东等地亦曾被矿盗之患。《明史》卷二〇八《汪应轸传》："世宗践阼，召为户科给事中。山东矿盗起，掠东昌、兖州，流入畿辅、河南境。"今按《明史》卷一七《世宗本纪一》，正德十六年七月丁丑（即二十八日），"（北直河间府）宁津（县）盗起，（济南府德州）德平知县龚谅死之"。似所记即为矿盗。至嘉靖元年十二月戊寅（初六日），乃"振陕西被寇及山东矿盗流劫者"。

④ 朱国祯《涌幢小品》卷二载："国初救荒事例，原有开矿一节。泰陵（孝）宗禁止。成化年间太监秦文又起此端，给事中徐忱和之。至神皇其说大行遍天下矣。"

大匮，更不能不想开源的办法。三大征就是：第一次，平宁夏哱拜之乱，由二十年三月至九月，用饷银二百余万两；第二次，援朝鲜，在同年十二月出兵，至二十六年十二月破倭寇于乙山，朝鲜始平，明年四月师旋，首尾八年，共费饷七百余万两；第三次，平四川播州杨应龙之乱，由二十七年三月至二十八年六月，用二三百万两。这几笔庞大的军费，固已煞费筹措，更不幸的，二十四年三月，乾清、坤宁两宫着火。次年六月，皇极、建极、中极三殿亦告火灾，重新建造三殿的费用，仅采木一项，便须九百三十余万两①。当时内廷藏帑本甚充盈；但神宗只知聚敛，不肯拨发。所以矿税两项应运而生。但事实上又不用来供给军国大工之需，仅以之充实一己的内库，及对第三儿子福恭王常洵的赏赐②。如此贪婪昏庸的人君，实是古今中外所少见。

当然，欲谋财政上收入的增加，增加田赋不失为一最简捷的办法。但田赋是所谓"惟正之供"，朝廷总是要设法避免加赋之名，以免遭受人民剧烈的反对。及至矿税盛行，流弊大著以后，于是言事者纷纷以为不如索性加赋还痛快一些。万历二十七年左都御史温纯率同九卿上章请停矿税疏内说道：

> 矿税之役，在皇上爱民盛心，固曰："不忍加派，乃有此举。"在

① 王元翰：《凝翠集·疏草·灾异重大加派不前乞停三殿工程疏》（宁州王氏树德堂清嘉庆年重刊本）。《明史》卷八二《食货六·采木》；《明史》卷二四一《张问达传》；贺凤山（名盛瑞）先生《冬官纪事》（宝颜堂秘笈普集第七），男贺仲轼编。

② 《明史》卷二三五《王汝训传》："初，矿税兴，以助大工为名，后悉输内帑，不以供营缮，而四方采木之需，多至千万，费益不訾。"同书卷二三七《田大益传》，二十八年十月上疏言："陛下尝以矿税之役，为裕国爱民，然内库日进不已，未尝少佐军国之需。"孙承泽《春明梦余录》卷三五《户部一·内供》云："云南各处矿银，各闸办银，竟入女官库。"《明史》卷一二○《福王常洵传》云："四十二年始令就藩。先是，海内全盛，帝所遣税使、矿使遍天下，月有进奉。明珠异宝、文罽锦绮山积，他搜括赢羡亿万计，至是多以资常洵。"

地方有司官吏,则曰:"奉有明旨,谁敢不遵!"于是或摊于行户,或派之经纪,或为头会箕敛,或为椎髓剥肤。……①

御史余懋衡上疏说道:

> 与其骚扰里巷,榷及鸡豚,曷若明告天下,稍增田赋,共襄殿工。今避加赋之名,而为竭泽之计,其害十倍于加赋!②

但其结果,不但矿税两项次第设立起来,而且各地田赋也继续地数次增加。《明史·神宗本纪二》内载万历二十七年 (1599)"闰四月丙戌,以倭平,诏天下除东征加派田赋"。"二十九年春正月壬子,以播州平,诏天下,蠲四川、贵州、湖广、云南加派田枏通赋"。可见为了征倭及征播州两役,已经增加了两次田赋。

　　神宗朝遣官开矿是从万历二十四年 (1596) 起。是年六月,府军前卫副千户仲春请开矿以助营建各宫殿的大工,时大学士张位执政,以为矿利出于天地之自然,可以益国而无病民,遂采其议,命户部及锦衣卫各遣官一员,同仲春前往开矿③。这次开矿的地点,史书已无记载,但证以《明史·神宗本纪一》,是年七月"始遣中官开矿于畿内"的记载;和《明史纪事本末》"矿税之弊"一卷内本年七月里有"户部尚书杨俊民奏请停开真、保、蓟、易、永平等矿"一条的纪事,大约是在北直隶。同月,又命户部郎中戴绍科及锦衣佥书杨宗吾开矿于河南汝宁县。八月,从府军后卫指挥王允中及锦衣卫百户吴应骐等的奏请,准开山东青州

---

① 温纯:《温恭毅公文集》卷五《矿税酿祸已深重地用兵尤急恳乞圣明速允停止以遏乱萌以保鸿业疏》。王元翰《凝翠集·疏草·县令为民被逮疏》亦云:"圣上原为大工,不忍加派于民,始有矿税之役。"
② 《明史》卷二三二《余懋衡传》。
③ 《野获编》卷二 "矿场"、"矿害" 两条;《天下郡国利病书》卷九一《福建一·福州府志·矿冶》。

府沂水，及山西夏邑等处矿。同月，特遣太监陈增前往提督山东开矿事务。自此以后，建议开矿的人争走阙下——这些人多半是锦衣等禁卫的武官（见第二表），皇帝自然是无求不准，即命中官偕同建议人前往主持开矿事务，名曰矿使，给以关防，以示专责（见第三表）。在十二月里，复分遣各中官往山西、浙江、陕西等地开矿。二十五年又命开采后来续报的矿洞。是年二月，山西开矿太监张忠奏进平阳府解州夏县三岔等洞样银及砂，及官民续报矿洞，命如所奏开采。五月，百户王遇桂及张杰等奏开南直宁国、池州两府，山东济宁府等处金银铅矿；嗣后百户刘心泽及张钦等奏开浙江衢州府及河南彰德等处矿洞，俱命内官一并开采[1]。不久，复于二十七年二月委派大批中官提督湖广、辽东、福建、江西、云南、四川、广东、广西等省，及河南开封、彰德等府的开矿事务。到了这个时候，开矿的事业，可以说差不多普及全国了。当时最为厉民的虐政，除了开矿一事外，朝廷又纷遣中官四处榷税。中官榷税并不始于万历，以前各朝亦常有之，但至万历间，其祸最惨，原因有二：第一，在万历以前，虽然亦有以中官榷税的事件，但地方尚少，远不及万历时的普遍；第二，自万历间普遍地用中官往各地榷税以后，各种新税纷纷设立，而原有的税，其税额或税率亦一致提高。人民痛苦，不堪言状。朝廷派出的榷税中官，名曰税使，或税监，相当于主持开矿的矿使，税与矿两种职务，到后来多由一人兼任。先是矿使设于万历二十四年（1596）七月，同年十月，始命中官榷税北通州[2]，这时的税使，大约是专领税务的。自二十六年起，大规模地分遣中官往各地榷税[3]，此时的税使，或兼领开矿，或即以原设的矿使兼任税使。较后，大约在二十七年，各省皆

---

① 《续通考》卷二三。
② 《明史》卷二〇《神宗一》。
③ 《明史》卷八一《食货五·商税》。

并税使于矿使①,自此遂有"矿税使"一名称。税使所领的税,范围甚广,如店税、市舶、船税、盐、茶、珠、鱼课,及门摊商税、油布杂税等项,皆由税使征收。暴敛百出,其害不亚于开矿。又因矿使税使由一人兼任,所以在当时人的奏议中,每将两事相提并论,请求同时撤销;后人不察,便往往将两者混为一谈,这是要分辨清楚的。关于税使的扰民事件,在此处不便多说;至于开矿的流弊及其扰民的情形,我们在前面已提到一二,今再引《明史·食货志》的原文作补充:

> 矿脉微细无所得,勒民偿之,而奸人假开采之名,乘传横索民财,陵轹州县,有司恤民者,罪以阻挠,逮问罢黜。时中官多暴横,而陈奉尤甚:富家巨族,则诬以盗矿;良田美宅,则指以为下有矿脉,率役围捕,辱及妇女,甚至断人手足投之江,其酷虐如此,帝纵不问。②

纵然皇帝不管,但许多大小臣工忍不住要讲几句公道的话,特别是身受其苦的老百姓,他们经过了多少次哀哭、请愿,以至示威,要求撤回矿税使,但皇帝仍然置之不理;最后一着,只好诉之直接行动,与各矿税使拼命。于是在万历二十七年(1599)四月,东昌府临清州首先发动"民变",焚了税使马堂的公署,杀了他的参随三十四人。同时,湖广矿税使陈奉在二十七八两年间先后在武昌、汉口、黄州、襄阳、宝庆、德安、湘潭等地激动民变,数至十次之多。像这类的"民变"以后不断发生。二十八年梁永在西安激变;三十年潘相在饶州景德镇激变,刘成在苏松常镇激变,杨荣在云南激变。此外,两淮、辽东亦各有激变的事件发生。杨

---

① 《明史纪事本末》卷六五《矿税之弊》,万历二十七年二月一节内有"寻诸省皆并税于矿使"一语。

② 参《明史》卷三〇五《宦官二》陈增、梁永各传。关于州县有司因反对开矿而受到严厉处分的,在《明史》卷二三七《华钰传》里有一篇颇详尽的总账。

荣到了三十四年三月,被云南的民众扔到火里活活烧死,他的党羽二百多人也被杀害,公署和辎重亦通通被火烧光①。以上各地发生的暴动,像火一般很快地蔓延全国。所要注意的,上面列举的暴动事件,在史书上的记载往往笼统地冠以矿税使某人在某地激变等字样为纲——因为矿使税使皆由一人兼职,这种书法,似乎没有什么不可以,但终嫌不甚清楚。因为我们若将各种记录仔细分析,则知引起暴动的导火线,由于榷税这一方面的原因居多。例如陈奉在湖广各地所激起的变乱,除有一两次确是导源于开矿事件以外,其余大半皆属于榷税的理由。纯粹因为开矿的原因以致逼起民变的记载,我们在《明史·梁永传》看见有"横岭矿监王虎以广昌民变,劾降易州知州孙大祚"一语②,惜其详细情形已无法查考。只为的个人的特殊理由,并不是因为民变四起的关系,在神宗时一共下了三次罢免矿税的诏令:第一次,在万历三十年二月己卯(即十六日),神宗偶感不豫,一时心慌,自恐不起,急下诏罢除矿税等苛政。不幸隔一天病便好了,于是又反悔,急追还前谕③。第二次,在万

---

① 《明史》卷三一五《云南土司三·木邦·孟密安抚司附》云:"初,孟密宝井,朝廷每以中官出镇,司采办。武宗朝钱能最横。至嘉靖隆庆时犹然。万历二十年巡抚陈用宾言,缅酋拥众直犯,蛮莫某执词以奉开采使命令,杀蛮莫思正,以开道路。全滇之祸,皆自开采启之。时税使杨荣纵其下以开采为名,恣暴横,蛮人苦之,且欲令丽江退地听采,缅酋因得执词深入,巡按宋兴祖极言其害,请追还荣等,帝皆不纳。"参《天下郡国利病书》卷一一二《云南六·巡抚陈用宾言开采疏》(万历二十二年以后)。

② 《明史》卷三〇五《梁永传》。按此事在万历三十三年,《续通考》卷二三载:"是年二月,大同巡抚张悌以矿使弗戢,有广昌之变,因言:'岁包矿课,业有定数,应归并税使为便。'疏留中。"《梁永传》内又有"江西矿监潘相激浮梁景德镇民变,焚烧厂房"一语,但据《明史纪事本末》核之,此次激变的原因仍由商税,尚非由开矿事件直接逼成。《明史》卷二四一《汪应蛟传》:"(万历二十余年,)迁山西按察使,治兵易州,陈矿使王虎贪恣状,不报。"同卷《孙玮传》。

③ 《明史》卷二一《神宗本纪二》;《明史纪事本末》卷六五;《明史》卷二一六《冯琦传》。

历三十三年十二月。第三次，在万历三十四年三月，大约都因为庆祝皇
长孙初生，特下诏罢采矿，封闭各处矿场；又令税银归有司征解，内使一
律回京①。这一次诏令亦没有真正实行过。关于停止开矿一事，我们知
道在万历三十五年闰六月里大学士朱赓仍上疏力陈矿税之扰，其末云：

> 儿童走卒，无非怨诅臣之言；流离琐尾，无非感悟臣之状。乃
> 者，赍捧即说矿税，各处书来，未开缄而知其说矿税。令臣等如何
> 抵对？……辅相之地，真苦海矣!

可是皇帝对此疏仍然置之不理②。及万历三十六年七月，湖广郴州又有
"矿贼之乱"起③。均可见罢采矿一事并未发生实际的效力。至于移税
务征收管理权于地方政府一事，根本便没有做到。在这次诏令颁布还
不到一个月的时候，陕西税监梁永首先坚持咸阳潼关所委中官不应停
罢。翌年（即万历三十四年）三月里，朝廷又自食前言，命仍以江西湖
口税务归税监李道管理。虽然亦曾在三十五年七月和三十六年五月先
后撤陕西税监梁永及辽东税监高淮回京④，但在其他各地的大批税监，

①按，万历三十三年十一月甲申（即十四日），皇太子第一子生，是为熹宗皇帝（《明史钞
　略·显皇帝本纪三》）。十二月壬寅（初二日），诏罢天下开矿，以税务归有司；乙卯（十五
　日）以皇孙生，罢采广东珠池、云南宝井（《明史》卷二一）。三十四年三月，"始诏罢矿
　使，税亦稍减"（《明史》卷二二〇《赵世卿传》）。复据《明史》卷二三二《李三才传》云：
　"三十四年，皇孙生，诏并矿税。……既而不尽行，……其明年，……三才因请尽撤天下
　税使，帝不从。"（参《万历疏钞》卷二九《矿税类·李三才：政乱民离目击真切疏》，《万民
　涂炭已极乞赐省览疏》）

②《明史钞略》之《显皇帝本纪三》。参《朱文懿公奏议》卷二《请停矿税疏》；卷四《请罢矿
　税监高淮揭》。

③《明史》卷二一《神宗本纪二》。

④按，梁永只领税务不兼开矿；高淮则兼领矿税两事，他的矿使一职，不知是在此时以前已
　被罢免，抑在此时与榷税之职同时罢免？

如在河南的胡滨（《纪事本末》作胡江，疑误。今从《明史钞略》），江西的潘相，南京的刘朝用，通州的张烨，天津的马堂，四川的丘乘云等，都是在万历四十八年七月神宗崩后，才奉到皇太子令旨撤回京的[①]。

我们根据上节的记述，并略加补充，作成第二、第三两表。在第二表中，我们可以知道从万历二十四年至二十八年朝廷先后批准了在北直隶、山东、山西、陕西、河南、湖广、南直隶、浙江、四川等处开矿——根据各种材料，我们知道这些矿，其中绝大部分都是银矿。有同一的地区经两人以上分别上奏请求开采的；奏请开矿的人员差不多完全为卫所军官。第三表，是采矿地区及奉使官员姓名表。朝廷批准了开矿以后，便即派官前往监督，经营一切。从此表中，可知到了万历二十八年，南北两直隶及十三布政司皆已派有专员主持开矿的职责，官营的政策，实已贯彻全国。每一布政司大约皆由内监一人或两人负责，惟北直隶的官员特别多一些。又有时一人管辖地跨两省的矿区，如太监王虎，除管领北直隶真定府矿务以外，并领山西平定州及稷山县开矿的事务[②]。关于各矿使的任期，我们确定知道湖广使陈奉奉命于二十七年二月，至二

[①] 参《明史纪事本末》卷六五。按《神宗本纪二》云："四十八年七月丙申（即二十一日）崩，遗诏罢一切榷税。"又，张溇《庚申纪事》（借月山房汇钞本）亦载："己亥（原作乙亥，疑为己亥之误，即二十四日）撤榷税中官，尽罢天下商税"，是皆言罢榷税而已，未及开矿也。然《光宗本纪》载："丁酉（即二十二日）遵遗诏，尽罢天下矿税"，则矿使亦在罢中。今按自万历三十五六年以后，关于开矿的纪事殊不多见，故疑矿使之罢当在税使之前。《明史》卷二二〇《赵世卿传》云："至三十四年三月，始诏罢矿使，税亦稍减，然辽东云南四川税使自若。"（《万历疏钞》卷二九《赵世卿：民生垂毙可恻天语势难反汗疏》）

[②]《明史》卷三〇五《陈增传》云："其遣官自二十四年始，其后言矿者争走阙下，帝即命中官与其人偕往，天下在在有之，真、保、蓟、永则王亮……真定复益以王虎，并采山西平定、稷山。"

十九年三月因在武昌激起民变被撤职回京①。陕西开矿太监赵钦奉命于二十四年十二月,至三十四年二月回京复命。以后复任或另派人否,不得而知。此外,还有与陈奉同时奉命的云南矿务太监杨荣,江西矿监潘相。杨荣在三十四年三月己卯(十二日),被当地的民众烧死,潘相在此时以前亦已被免去矿税等项的职务②。二十六年五月,辽东税监高淮激变锦州,命撤职还京,他亦是与陈奉同时受命开矿的③。以上杨、潘、高三人的终任日期,虽然可以考出,但究竟是他们被罢去矿使之职,抑被罢去税使之职的日期,我们无法决定。所以表中只载奉命的年月,至于去职的时期不述。不过我们总可以断言,如果他们不是在万历三十三年十二月诏罢天下开矿以后撤职的,最迟到四十八年七月,神宗崩后,光宗继位时,便一律罢免了。

第二表　诏准开矿地区及奏请职官姓名表

万历二十四年至二十八年(1596—1600)

年　月	诏准开矿地区	奏请职官姓名
万历二十四年	北直顺天府延庆州横岭路矿。	千户郑一麟。
	北直顺天府涿州房山县矿。	千户李纶。
	北直顺天府涿州房山县、保定府涞水县银矿。	千户余润。
	北直顺天府蓟州、永平府等处矿。	太监田进。

① 《明史》卷三〇五《陈增传附陈奉传》。按《纪事本末》载:"八月,锦衣卫总旗申敏奏湖广兴国州矿洞丹砂,命陈奉开采",所记奉使之月较《明史》略晚,未知孰是。参《明书》卷一五九《宦官传二·陈奉》,《温恭毅公文集》卷六《亟敕正法以平众怨以解阽危疏》。

② 《明史纪事本末》卷六五:三十四年三月"乙亥(初七日),江西矿务太监潘相以停税,移景德镇,请专陶,从之"。可见潘相此时只专领瓷器一事。

③ 《明史纪事本末》卷六五。

续表

年　　月	诏准开矿地区	奏请职官姓名
	北直永平府银矿。	百户李方春。
八月	山东兖州府沂州矿。	锦衣卫百户汪文通。
八月	山东兖州府沂州、费县矿。	指挥郝承爵。
八月	山东登州府栖霞、招远二县等处矿。	指挥刘鉴。
八月	山东登州府宁海州、文登县矿。	指挥马清。
	山东登州府宁海州、文登县矿。	指挥袁友松。
八月	山东青州府沂水等州县矿。	府军后卫指挥王允中。
八月	山东青州府沂水、临朐、蒙阴三县矿。	千户赵良将。
八月	山东青州府临朐县七宝山等处矿。	指挥曾守约。
八月	山西平阳府夏县等处矿。	锦衣卫百户吴应麒、詹事府录事曾长庆。
	山西太原府盂县,平阳府曲沃、翼城、平陆、夏四县及潞安府等处矿。	百户王果等。
	陕西西安府等处矿。	百户段大奎等。
	陕西西安府蓝田县等处矿。	百户丘继勋等。
	河南等处矿。	指挥陈永寿。
	河南汝宁府信阳州等处矿。	百户曲守正。
	湖广郧阳府房县等矿。	千户陶寿。
二十五年二月	山西官民续报未开矿洞。	山西开矿太监张忠。
五月	南直隶宁国府、池州府等处银矿。	百户王遇桂。
五月	山东济宁府等处金银铅矿。	百户张杰。
	浙江衢州府等处产金银矿。	百户刘心泽。
二十七年二月	四川。	千户翟应泰。
八月	湖广兴国州矿洞丹砂。	锦衣卫总旗申敏。
二十八年二月	河南开封、彰德、卫辉、怀庆四府等处矿洞三十二所。	武骧卫百户张钦。

第三表　采矿地区及奉使官员姓名表

万历二十四年六月至二十八年二月（1596—1600）

奉使年月	采矿地区	奉使官员姓名
万历二十四年　六　月	北直隶（?）	户部、锦衣卫官各一员,及府军前卫副千户仲春。
（?）	北直顺天府昌平州,延庆州横岭,保定府易州涞水县珠宝窝山。	内监王忠。
（?）	北直永平府昌黎、迁安二县。	内监田进。
（?）	北直顺天府蓟州及涿州房山县,真定、保定、永平三府,及山西大同府蔚州,太原府平定州,平阳府绛州稷山县。	太监王亮、王虎。
七　月	河南汝宁府汝宁县。	锦衣佥书杨宗吾及户部郎中戴绍科。
八　月	山东济南府,青州府沂水、临朐、蒙阴三县,兖州府滕县、济宁州及沂州费县,登州府栖霞、招远、蓬莱、福山四县及宁海州文登县。	太监陈增及府军指挥曾守约。
十二月	山西太原、平阳、潞安三府。	太监张忠。
十二月	浙江杭州、严州、金华、衢州四府,湖州府吉安州孝丰县,及绍兴府诸暨县。	初用太监曹金,后代以刘忠。
十二月	陕西西安府耀州富平县。	太监赵钦、赵鉴。
二十七年　二　月	湖广武昌府兴国州、黄州府麻城、承天府京山县、襄阳府谷城县及德安府。	御马监奉御陈奉。
二　月	辽东。	尚膳监监丞高淮。
二　月	福建。	御马监监丞高寀。

续表

奉使年月	采矿地区	奉使官员姓名
二 月	江西。	御马监潘相。
二 月	云南。	内监杨荣。
二 月	四川。	内监丘乘云及千户翟应泰。
二 月	广东。	前珠池太监李敬。
(?)	广西。	内监沈永寿。
七 月	南直隶宁国、池州两府。	南京守备太监郝隆、刘朝用。
二十八年 二 月	河南开封、彰德、卫辉、怀庆四府及南阳府裕州、叶县、汝宁府信阳州。	内监鲁坤。

自万历末年诏罢开矿以后的十余年间，朝廷方面大约惩于前失，似乎没有再开过银矿。但至崇祯八年（1635）三月宣大总督杨嗣昌请开金、银、铜、铁、锡、铅诸矿，以为诱使流贼解散之计[1]。次年十月，命开银、铁、铜、铅诸矿[2]，疑即从嗣昌之请。十二年十月，湖广巡抚陈睿谟奏称临武蓝山上下百里，共有矿洞二十余处[3]。我们不知它们是否银矿。但不到五年，明室便被李自成所倾覆了。

三 银课的收入

根据《明史·地理志》所载，当时全中国出产银矿的地方只在下开

---

① 《明史》卷二五二，本传。
② 《明史》卷二三《庄烈帝本纪一》。
③ 《续通考》卷二三。

各处境内：山西大同府蔚州的广昌县；四川叙州府的宜宾县及会川卫军民指挥使司；江西瑞州府的上高县，饶州府的德兴县，广信府的弋阳县、永丰县；湖广武昌府的武昌、通城二县及兴国州，郴州的永兴县；浙江绍兴府的会稽县，衢州府的西安县，处州府的宣平县；福建福州府的古田县，延平府的大田县，漳州府的龙岩县；广西庆远府的南丹州；云南临安府的蒙自县及纳楼茶甸长官司，楚雄府的广通县及南安州，永昌军民府的腾越州[①]。可诧异的，我们在前面三表内所列举的银矿所在地，在《明史·地理志》内往往找不出它们有产银或置场的痕迹；同时，《地理志》所载产银的地方，在前面三表内，有时也发见不着。例如，我们所知在明代不断开采的浙江温、处两府的银矿，在《地理志》内只有处州府宣平县下注有："西北有砦坑山，旧产银"之语；至于温州府各县下之注都完全没有关于银矿的任何记载。由此可以知道《明史·地理志》对于各产银地点的记录，并不详尽。比较扼要而且有用的记载，还数《天工开物》内所记的。此书中关于各地银矿出产的丰绌美劣，皆略有叙述，今引用原文如下：

> 浙江、福建，旧有坑场，国初或采或闭。江西饶（州府）、（广）信（府）、瑞（州府）三郡，有坑从未开。湖广则出辰州（府）。贵州则出铜仁（府）。河南则宜阳（县）赵保山，永宁（县）秋树坡，卢氏（县）高嘴儿，嵩县马槽山。与四川会川（卫）密勒山，（陕西行都指挥使司）甘（州卫）、肃（州卫）大黄山等，皆称美矿。其他

---

① 《明史》卷四〇至四六《地理志》一至六，上述各地，其中如浙江衢州府西安县等，原注作"旧出银"或"旧产银"者，今亦遍举其名；惟泛称"产矿"或以"银山"、"银岭"为地名者，亦有数处，不备举。

难以枚举，……燕、齐诸道，则地气寒而石骨薄，不产金银[1]。然合八省（按指浙、闽、江西、湖广、黔、豫、川、陕八省而言）不敌云南之半，故开矿煎银，唯滇中可永行也。凡云南银矿，楚雄（府）、永昌（军民府）、大理（府）为最盛；曲靖（府）、姚安（军民府）次之；镇沅（府）又次之。[2]

上段所说的大致不差，但应补充的，就是全国的产银区域，除云南出产最丰外，浙江次之，而尤以浙东处州府所属各县境内的出产为众，福建的出产又亚于浙江，但仍居全国的第三位。

全国的银矿共计有多少场所？关于这一方面的统计，尤其感觉缺乏。从前面"银矿开闭纪事表"看来，知洪武间福建尤溪县设有银场局及炉冶四十二座。永乐间河南陕州及商县有银坑八所，福建浦城县亦有银坑三所。此外我们还知道云南银场在宣德正统间有七处，弘治间有九处[3]，万历天启间约有二十三所[4]。至明末增至六十三处[5]。嘉靖初年，山东沂州开矿七十八所[6]。万历二十四年（1596）从府军后卫指挥王

[1] 但陈全之《蓬窗日录》卷一（嘉靖四十四年刊，著者自藏）《寰宇一·山东》，页30云："青州府矿徒特猛，能以一当百。天下矿气特盛于青兖之间：上矿九煎，其最上全化为银；五煎三煎，乃其次下，环产郡山中，恶少盘据，人莫能敌。……"又，页29云："青济之间，号多矿贼"——注意，此时铲矿两字已通写，然以从"石"字旁者为多。今按"银矿开闭纪事表"内所载，山东青州、兖州、济南数府皆曾建置银场开采。

[2]《天工开物》卷一四《五金·银》。

[3]《续通考》卷二三："宣德十年（1435）八月，时英宗早已即位，管银坑太监山寿奏：'云南新兴等七场……'"及"弘治十三年（1500）十一月巡抚都御史李士实奏：'云南银场凡九'"，正德六年（1511），封闭云南银场九处。九年以后，复次第开采（见同书）。

[4] 清王崧辑：《云南备征志》卷一二，引清冯苏撰《滇考》下。

[5] 谈迁：《枣林杂俎·器用篇》"贡金"条："云南银矿共六十有三。"

[6]《续通考》卷二三："嘉靖十六年（1537）山东巡按李松言：'沂州宝山开矿七十八所，得白金一万一千三百两，宜将龙爬山、石井山以次开封'，帝责户部推诿，命抚按力任之。"

允中及指挥陈永寿等奏,诏开"各处矿洞至百余处"[①]——此则疑泛指全国言之。万历二十五年百户张钦奏河南彰德等处矿洞三十二所[②]。万历二十七年,全国矿税使区计分二十处[③]。以上一鳞一爪的记载,虽不足以代表全国银场的总数,但从此看来,全国的总数至少也在一百处以上吧!

关于全国银矿的每年生产额,史料上的记载简直没有。至于银课收入之数,则《实录》自成祖朝初年至武宗朝末年,于每年之终,均有记载。今据以作成第四、第五两表。第四表,洪武二十三年(1390)至成化二十二年(1486)的采纳银数,在这一段时期内所收入的完全是银;第五表,成化二十三年(1487)至正德十五年(1520)的采办金银额数,在这段时期内所收入的是金银共计的数目。以上两表,除去中间原缺数年以外,每年都有记载,共包括一百一十一年的期限。但自正德十五年以后,《实录》内不复接续按年记载,只偶然有一两年的记录,我们另辟专节讨论,可惜我们在史书里找不到银课的税率,所以不能利用银课的收数去推算银的生产量(其他实际上的困难,已见前述)。

第四表　历朝采办银数表

洪武二十三年至成化二十二年(1390—1486)

年　　代	采纳银数(两)	根据材料
总计	9,786,462	
合计	75,070	太　祖　朝

---

①《明书》卷八二。

②《续通考》卷二三。

③《明史纪事本末》卷六五,万历二十七年(1599)二月,"辅臣沈一贯言:'中使衙门皆创设,并无旧绪可因……今分遣二十处,岁靡八百万……乞尽撤之。'不报,寻诸省皆并税于矿使"。此数与本文附载"采矿地区及奉使官员姓名表"内所载略有差异。

年　代	采纳银数（两）	根据材料
洪武二十三年（1390）	29,830	《太祖实录》卷　206
二十四年（1391）	24,740	214
二十六年（1393）	20,500	230
合计	4,894,898	成　祖　朝
建文四　年（1402）	8,354	《成祖实录》卷　15
永乐元　年（1403）	80,185	26
二　年（1404）	100,373	37
三　年（1405）	82,104	49
四　年（1406）	209,136	62
五　年（1407）	159,268	74
六　年（1408）	172,670	86
七　年（1409）	*272,262	99
八　年（1410）	214,815	111
九　年（1411）	285,751	123
十　年（1412）	237,126	135
十一年（1413）	271,226	146
十二年（1414）	393,949	159
十三年（1415）	276,336	171
十四年（1416）	280,523	183
十五年（1417）	298,550	195
十六年（1418）	278,274	207
十七年（1419）	281,323	219

年　代	采纳银数（两）	根据材料
十八年（1420）	302,544	232
十九年（1421）	149,020	244
二十年（1422）	285,767	254
二十一年（1423）	★255,342	266
合计	175,686	仁　　宗　　朝
永乐二十二年（1424）	175,686	《仁宗实录》第二册不分卷
洪熙元　年（1425）	△	
合计	2,300,858	宣　　宗　　朝
宣德元　年（1426）	59,290	《宣宗实录》卷　23
二　年（1427）	185,738	34
三　年（1428）	191,192	49
四　年（1429）	294,081	60
五　年（1430）	320,297	74
六　年（1431）	305,459	85
七　年（1432）	292,057	97
八　年（1433）	325,136	107
九　年（1434）	327,608	115
合计	930,338	英　　宗　　朝
宣德十　年（1435）	△	《英宗实录》卷　12
正统元　年（1436）	5,055	25
二　年（1437）	2,800	37
三　年（1438）	5,550	49

续表

年　代	采纳银数（两）	根据材料
四　年（1439）	953	62
五　年（1440）	5,550	74
六　年（1441）	△	87
七　年（1442）	△	99
八　年（1443）	△	111
九　年（1444）	67,180	124
十　年（1445）	18,920	136
十一年（1446）	52,330	148
十二年（1447）	45,212	161
十三年（1448）	67,180	173
十四年（1449）	38,930	186
景泰元　年（1450）	△	199
二　年（1451）	△	211
三　年（1452）	△	224
四　年（1453）	△	236
五　年（1454）	△	248
六　年（1455）	7,982	261
七　年（1456）	16,065	273
天顺元　年（1457）	16,065	285
二　年（1458）	74,457	298
三　年（1459）	102,544	310
四　年（1460）	146,341	320

年　代	采纳银数（两）	根据材料
五　年（1461）	#176,339	335
六　年（1462）	58,698	347
七　年（1463）	22,187	360
合计	1,409,612	宪　宗　朝
天顺八　年（1464）	△	《宪宗实录》卷12
成化元　年（1465）	15,128	24
二　年（1466）	12,121	37
三　年（1467）	69,282	49
四　年（1468）	88,750	61
五　年（1469）	86,080	74
六　年（1470）	70,967	86
七　年（1471）	79,968	99
八　年（1472）	79,960	111
九　年（1473）	52,124	124
十　年（1474）	43,380	137
十一年（1475）	50,105	148
十二年（1476）	52,154	160
十三年（1477）	53,458	173
十四年（1478）	52,124	185
十五年（1479）	79,968	198
十六年（1480）	46,007	210
十七年（1481）	40,067	222

续表

年　代	采纳银数（两）	根据材料
十八年（1482）	49,800	235
十九年（1483）	91,021	247
二十年（1484）	89,969	259
二十一年（1485）	89,969	273
二十二年（1486）	117,210	285

附注：洪武二十三—二十四年原书称"白金"；洪武二十六年，建文四年及永乐——
　　二十二年，称"银"；景泰六年以后称"采纳银"。
　　*原作"二千七万二千二百六十二两"。
　　★原作"二十疋万五千三百四十二两"。
　　#原作"一十七万六千三百三一九两"。
　　△原无记载。

第五表　历朝采办金银数表

成化二十三年至正德十五年（1487—1520）

年　代	金银货共（两）	根据材料
总计	1,510,032	
合计	983,312	孝　宗　朝
成化二十三年（1487）	81,270	《孝宗实录》卷8
弘治元　年（1488）	81,270	21
二　年（1489）	81,270	33
三　年（1490）	81,270	46
四　年（1491）	77,350	58
五　年（1492）	72,130	70
六　年（1493）	53,380	83
七　年（1494）	53,356	95

年　代	金银货共（两）	根据材料
八　年（1495）	53,356	107
九　年（1496）	52,380	120
十　年（1497）	52,380	132
十一年（1498）	52,380	145
十二年（1499）	31,920	157
十三年（1500）	31,920	169
十四年（1501）	31,920	182
十五年（1502）	31,920	194
十六年（1503）	31,920	206
十七年（1504）	31,920	219
合计	526,720	武　宗　朝
弘治十八年（1505）	32,920	《武宗实录》卷8
正德元　年（1506）	32,920	20
二　年（1507）	32,920	33
三　年（1508）	32,920	45
四　年（1509）	32,920	58
五　年（1510）	32,920	70
六　年（1511）	32,920	82
七　年（1512）	32,920	95
八　年（1513）	32,920	107
九　年（1514）	32,920	119
十　年（1515）	32,920	132

年　代	金银货共（两）	根据材料
十一年（1516）	32,920	144
十二年（1517）	32,920	156*
十三年（1518）	32,920	169*
十四年（1519）	32,920	181
十五年（1520）	32,920	194*

　　*本表及上表内各年分之数字系根据北平图书馆所藏《明实录》本，但正德十二、十三及十五年原书有残缺已无记载，今根据历史语言研究所藏本补入。

　　从以上两表，我们知道采办银课，在太祖朝只有三年的记录，这或者由于制度尚未确立的原因。但自成祖（即太宗）朝起，直至武宗朝，除中间因特殊原因缺去数年的记载以外，按年皆有报告。由于银课的收入已带有经常性一点，足以证明银课的制度已比较确定。就收数而论，历朝中以成祖一朝为最高，合计达五百万两以上（宪宗朝年度长短相同，收数合计仅一百四十余万两）；若单就一年份而论，亦以永乐十二年（1414）的收数为最高，是年为三十九万三千九百四十九两。总计太祖以迄成祖两朝内共采纳银数九百七十八万六千四百六十二两余。至孝宗朝以迄武宗朝，历年收数，原书皆作"金银货共"若干两，并无分别记载①。今总计共收金银一百五十一万三十二两，此中绝大部份应为银的收数，因据我们所知，明代金的收益往往每年仅得数十两。故若与前一表采纳银的总数合为观察，可知在上开一百一十一年中银课的收入，定必远超出一千万两以上。

---

①查继佐《罪惟录》卷一〇《贡赋志》载："弘治二年，各矿银课，岁办一十五万一千余两。"　较之表中同年份金银货合计的收数还多出约一倍。

　　在以上两表中，有两点值得提出讨论：第一，在第四表内，由正统六年（1441）至八年，景泰元年（1450）至五年，一共八年内，《实录》原书均无收数的记载，共原因或由于当时闽、浙矿盗为乱之故——按，盗起于正统七年十二月，至景泰元年五月乱事始完全平定（见上文）。今从上段中附载的"银矿开闭纪事表"内考核，知正统三年曾经下诏封闭各处坑穴，七年六月复罢福建尤溪县银场，至九年闰七月始令复开闽、浙有矿银场，采办银课。然景泰元年二月，又悉召各银场官还京，并罢采闽、浙银课。五年复罢福建建宁府银场。表中所记的开闭情形，大致正与今第四表中无报告之年分相吻合。但封闭银场的诏令，历朝皆有之，然各年皆有银课的报告，独上述数年无之，则恐是此数年的诏令特别的严厉执行，而其他诸年却并未能真正地办到。再则，据第四表所载天顺四年（1460）采冶银额为十四万六千三百四十一两，但依《明史》载同年闽、浙、川、滇四省课额总计十八万三千两有奇，疑后者为额征之数，前者则为实征之数。但由此可知以上四省所出课额之巨①。从第五表内看来，可知自孝宗朝起以至武宗朝止，两朝内金银课的额数，显然有趋于固定的倾向，而且大体有逐渐下降之势。其中弘治四、五两年的课额，虽略有变动，但或由于蠲减及封闭金银坑的影响也未可知②，至

---

① 《明史》卷八一《食货五·坑冶》载天顺四年（1460）课额："浙闽大略如旧，云南十万两有奇，四川万三千有奇，总十八万三千有奇。"今按正统九年（1444）浙省岁课为四万一千七百余两，闽省二万一千一百二十余两，与上揭川滇两省岁课合计，得十七万五千八百余两。

② 按弘治元年（1488）七月，诏减浙江温、处银坑岁额，见《明大政纂要》卷三四及《明史》卷一五《孝宗本纪》。八月，减云南银课（《明书》卷一一），二年四月，复减免浙江银课一万一千四百两（《明书》卷一一《孝宗本纪》，及《菽园杂记》卷一一）。但《钦定续通考》载："弘治五年诏减云南银课二万两，温处一万两"，所记年月与减免之数均与上列诸书不甚符合。复按，自弘治二年三月至弘治五年十一月，先后封闭川、闽、永平、温、处等地银矿（见上揭银矿开闭纪事表）。

武宗一朝十余年间课额均为三万二千九百二十两,其定额的倾向尤为明显。

武宗朝以后,《实录》于每年之终不复如前按年记载银课收入之数[①],其原因不大明白。今将散见各处的统计资料略加整理,借明大概:世宗嘉靖三十六年十二月戊戌(即阴历十九日,1558)以冬寒暂停山东、保定、山西采矿,召先前差出的采办主事张芹、锦衣千户张钺回京。这一年内先后收入各矿金银的数量如下[②]。

地　　名	银（两）	金（两）
总　　计	48,271	1,953
玉旺峪	7,500	
保　　定	928	28
山　　东	8,143	825
河　　南	10,500	
四　　川	11,200	700
云　　南	10,000	400

所以要注意的,就是从这年起,世宗的开采政策,更趋于积极(见上文开采银矿的经过),以后开矿的区域扩大,矿银的收入,恐更不止上数。至于万历中年采矿盛行时收进的数目,只有《明史·食货志五》坑冶篇内"自二十五年至三十三年诸珰所进矿税银几及三百万两"一语,

---

①关于户口田赋及其他各项国家赋税收数的记载情形亦然,参拙著《明代户口田地及田赋统计》第一至第十六表,《中国近代经济史研究集刊》第3卷第1期。

②《世宗实录》卷四五四。

但这里所说的,大约税银亦包括在内①。

以上就全国银课总额而言,至于各地的课额,则因银场的开闭不时,矿产收益的赢缩无定,所以增减的情形亦更不一致。银课的收数,今散见于《明史钞略》书中的,有以下诸条:

> 万历三十四年正月,乙未,罢征甘肃、延绥二镇盐引税银。真、保、蓟、永开矿太监王虎奏缴开采进过金银数目,自万历二十四年闰八月至三十二年正月,共:金五百五十七两(零),银九万二千六百四十二两零,石青(一百)一十九斤。然计历年(间)开矿所费工值物料,亦至十余万,得不偿失也。(《实录》417,12.9)

> 同年三月,仪真太监暨禄进银十万余两;苏松税监刘成、江西税监潘相、天津税监马堂,共进银十万余两;河南税监胡滨进矿金二十八两,银四千七百八两。

后一条内所说的,大约只有胡滨所进的是矿课的收入,其余似皆为税银。又:

> 同年六月,河南胡滨进税银三万五千八百余两,矿银四千八十一两,金十五两;广西税监沈永寿进税银八千九百六十"万"(疑为"两"字之误),矿银三百八十两。②

---

① 陈子壮辑《昭代经济言》卷一二(万历二十六年吏部右侍郎)冯琦《为灾旱异常备陈民间疾苦恳乞圣明亟图拯救以收人心以答天戒疏》云:"(矿税)大略以十分为率,入于内帑者一,克于中使者二,瓜分于参随者三,指骗于土棍者四,而地方之供用,岁时之馈遗,驿递之骚扰,与夫不才官吏指以为市者,皆不与焉。……竭天下矿税之额,大略百万,……天下贡税正额,四百余万,……"又,万历二十七年冯琦《修省弭灾疏》云:"五日之内,搜取天下公私金银已二百万。"(《御选明臣奏议》卷三三)皆合矿税言之也。

② 以上俱见《显皇帝本纪三》,按万历三十三年二月定广西岁纳银课一千两有奇。

但以上几条所记,仅为随收随解之数,尚不足以表示各该地方的岁额。就各省税额而言,大体上以云南为最高,浙江次之,福建又次之。滇省的银课岁额,在天顺四年(1460)定为"十万两有奇",这个数目定得太高了,实征上很难到此[①]。所以至弘治元年(1488)不得不诏减二万两[②]。大约自嘉靖四十二年(1563)至万历二十四年(1596)前后,每年布政司例进宝石三百六十两有奇,矿金四百两,矿银一万两[③]。及后又增至三万余两[④]。万历间李元阳纂修的《云南通志》云:

> 各场原额,虽有定数,但矿脉丰啬不常,课银赢缩靡定。初年所解,全出官帑;季年所纳,半出民间。加以分理之委官重沓,而致更换之课长控诉无门。滇民之颠连狼狈,不知其底极矣![⑤]

"课银赢缩靡定",不但是指布政司总数而言,各府的分载亦莫不如此,只有临安府的矿银项下标明"银二千一百九十两"罢了。

关于明代中叶以前,闽、浙两省的每年银课(即所谓岁办银额)材料比较丰富,而尤以浙江的记载为较详,今依年次整理,排列如下表:

[①] 据民国十三年的调查,全省银产量至多不上十万两,民二十二编印由云龙辑《滇录》卷六,页327。

[②] 《明史》卷八一《食货五》。

[③] 参《天下郡国利病书》卷一一二《云南六·巡抚陈用宾陈言开采疏》;《云南备征志》卷十二引清冯苏撰《滇考》下,及清倪蜕辑《滇云历年传》卷八,前引《实录》所载嘉靖三十六年云南省进奉之数恰为金四百两,银一万两。

[④] 《滇系》二之一《职官系》,引清昆明倪蜕《复当事论厂务书》。

[⑤] 卷六《赋役志》第三《布政司课程·矿课》。

年代	每年课额		附记
	浙江（两）	福建（两）	
洪武二十年（1387）以前		#2,100	至洪武二十年又诏增课额，数已不详。
以后	*2,870+	*2,670+	是年浙江课额，《续通考》记为2,800余两。
永乐（1403—1424）初	77,550+		
稍后	*82,070+	*32,800+	
十九年至宣德五年（1421—1430）	#87,800		两者疑同属一年份，前者为额定之数，后者则为蠲减后征之数。按后数中坑户实办银25,790余两，其余61,780余两，尽为坑户赔纳之数。
宣德（1426—1435）	87,580+		
五年（1430）以后	*94,040+	*40,270+	《明史》卷八十一云："宣宗初，颇减福建课，其后增至四万余。"
正统（1436—1449）	38,930+		年份未明。
九年（1444）	*41,700+	*21,120+	
十一年至十三年（1446—1448）		*28,250	十一年分课银实得13,400两。
景泰七年（1456）	16,065		原载此为"实得"数。
天顺六年（1462）	30,048		
成化三年至四年（1467—1468）	21,250		
五年（1469）	11,013		原载今年于往年旧额内"减数10,237两有奇"。
十九年（1483）以前	30,048		按即天顺六年课额。
十九年	21,250		按即成化三年课额。
十九年以后至弘治元年（1483—1488）	22,241.8		按处州府所属各县额办21,250两（即成化十九年额数），温州泰顺县991.8两，合计如左数。

续表

年代	每年课额		附记
	浙江（两）	福建（两）	
弘治二年（1489）	10,841		是年诏于旧额22,241两内减免11,400两,计办解如左数。
正德三年至五年（1508—1510）	#20,000		按左数为"岁进银",刘瑾伏诛后暂时停止。

附注:以上关于福建课额,以《英宗实录》卷一一九"正统九年闰七月戊寅"条为主(余继登《典故纪闻》卷十一正统九年一条即根据于此);另参《英宗实录》卷一四二"正统十一年六月己亥"条;卷一五二"正统十二年四月壬辰"条;卷一六三"正统十三年二月戊寅"条。浙江课额,以《菽园杂记》卷十一"浙江银课"条为主;其后谈迁《枣林杂俎·逸典》"浙东银冶"条亦节录此条。《明史·食货志》坑冶篇关于两省仅存大概之数,不足据。今另据《续通考》卷二三《坑冶考》,补充数则,作成上表。

#根据《续通考》。*根据《英宗实录》。无记号者根据《菽园杂记》。+代表"余"或"有奇"。"弘治元年二月,浙江景宁县属屏风山有异物成群,状如马,大如羊,其色白,数以万计,首尾相衔,徙西南石牛山,浮空而去,自午至申。事闻,朝廷为减银课,汰坑冶官。"(《典故纪闻》卷十六)

由上表可知闽浙两省课额之比,以浙省为较多,通常约为闽省一倍余①。闽浙两省的课额,在全国课额内亦占甚高的位置。例如根据上载"历朝采办银数表"(第四表)计算,洪武二十三、四及二十六年,三年平均课额为25,023两,今上表内载洪武二十年以后闽浙两省岁课合计为5,540两(浙2,870两,闽2,670两),即约占全国总数22.1%,其中浙省

①《宣宗实录》卷七二:"宣德五年十二月癸亥,浙江左布政使黄泽言:'浙江所属温、处二府,平阳、丽水等七县银坑,自永乐间至今遣官闸办。七县岁额银八万七千八百两,以十年计之,通八十七万八千两。而各场所产矿石有仅足额课者,有不足者,有矿尽绝者。闸办之官,督令坑首冶夫赔纳,不敢稍失岁额。赔课之民,富者至于贫困,贫者至于逃亡。他处矿冶,其害亦然。'"

约占11.5%,闽省约占10.7%。又依采办银数表计算,成祖(永乐)一朝,平均每年课额为222,495两,今上表内永乐(稍后)闽浙两省岁课合计为114,870两(浙82,070两,闽32,800两),即约占全国总数51.6%,其中浙省约占36.9%,闽省约占14.7%。又如依采办银数表计算,宣德五年至九年,全国平均每年课额为314,111两,今上表内宣德五年以后闽浙两省岁课合计134,310两(浙94,040两,闽40,270两),即约占全国总数42.8%,其中浙省约占29.9%,闽省约占12.8%。又据采办银数表所载,正统九年全国总数为67,180两,今据上表同年份闽浙两省岁课合计62,820两(浙41,700两,闽21,120两),即约占全国总数93.5%,其中浙省约占62.1%,闽省约占31.4%,自正统以后,闽省的课额不详,浙省的课额有逐渐下降之势。

再就浙江一省课额分析,有以下数点足注意:第一,表内所揭浙省课额,其实仅限于浙东温州、处州两府,其中以处州府所出的课额占绝大部份①。例如成化十九年以后额办之数为22,241.8两,其中处州府所属各县出21,250两,温州府泰顺县991.8两,处州府所出,多于温州府二十余倍。第二,银课中有一部分是地方赔纳之数,并非真正生产所得。如宣德间课额增至87,580余两,但据其后镇守太监李德及兵部尚书孙原贞奏称该项课额中坑户实办银仅25,790余两,赔纳计达61,780余两,是赔纳之数尚多出于实办银数约两倍余。第三,各年的课额,往往因仍其前某一年份的课额制定。如成化十九年以前曾经奉敕照天顺六年额数征收;成化十九年,又照成化三年额数解办。至于在上面中间缺去未有注明额数的年份,大约都依据其最相接近的年份之额数课

---

① 《明史》卷一五八《轩��传》云:"温、处有银场,洪武间岁课仅二千八百余两,永乐时增至八万二千两,民不堪命。"盖即为浙省岁额之全部也。

征——除非有特殊情形,如奉旨减免或银场已经停闭。第四,除缴纳正额岁课以外,还有所谓额外耗银,即为一种附加税。如弘治二年诏于原额22,241两内减免11,140两,又禁取额外耗银三千两。耗银约为正银百分之十三,其数亦甚可观。

(原载《中国社会经济史集刊》第6卷第1期,1939.6)

明代国际贸易与银的输出入

一　郑和下西洋前后的贡市时期

　　明初的国际贸易,与朝贡是不能分开的。外国每次来到中国贸易,均须朝贡,不先朝贡,不得贸易。其实,朝贡本身可视为贸易之一种;因为每次朝贡,朝廷均照例以赏赐的名义,付与相当的代价。但大多数的国家,在朝贡以外,尚附带经营普通方式之贸易,且后者往往较前者更为重要①。关于朝贡事规定有种种烦琐的仪式和手续,如贡朝贡道,入贡人数或船数皆有一定的限制。管领朝贡和贸易的机关是"市舶提举司"②。洪武初设于太仓的黄渡镇,寻罢;后设于宁波、泉州、广州。宁波通日本,泉州通琉球,广州通占城、暹罗、南洋诸国。永乐三年 (1405)

---

① 王圻《续文献通考》卷二六《市籴考》云:"贡舶与市舶一事也",可以为证。又参内田直作:《明代的朝贡贸易制度》,《支那研究》第三十七号。前人:《中国对外贸易发达过程之考察 (明代前期)》,《支那研究》第三十五号。

② 按太祖未统一天下时,已设市舶司,《太祖实录》卷二八下云:"吴元年 (元至正二十七年,1367) 置市舶提举司,以浙东按察使陈宁等为提举。"

九月置"驿"于浙、闽、广东三市舶司以馆诸番贡使。六年正月以安南既已平定，又设交阯云南市舶司以接西南诸国的朝贡。终明之世，各地市舶司设罢无常，惟设于浙、闽、广东三地的最为重要。市舶司初隶布政司，每司设提举一人、副提举二人，其下属吏目一人，永乐间始命内官提督之。

诸番入贡，先给以勘合号簿。贡至，市舶司与之对合号簿，并验视表文方物，皆无诈伪，乃送入京。诸国进贡的物品可分为国王贡献方物（即名曰正贡），国王附搭品（名曰附来货物），及使臣自进货物三种。第一、第三两种皆为进贡品，第二种则属商品性质，许在中国贸易。由市舶司所在地的官立或官准私立的牙行铺商先行收买然后转卖于民间①。

贡使依指定的贡道入京后，与其随从人等入"会同馆"里安歇——这是在京都的外宾招待所。由礼部奏闻，仪礼司引贡使学习朝见仪式，然后择日召见。是日，贡使捧表及方物状至奉天殿，跪于丹墀，礼部官接受他的表状。然后，皇帝升殿，受贡使的朝拜。礼毕，朝廷对于贡物例有回赐，或用物品，或用货币，或两者共用。又按正副使、从人、通事人等的品级分别赐以金银钞锭匹帛等物，而以给钞的情形为最多②。

朝贡领赏以后，贡使本应立即就途返国，但若于正贡外有附带来的货物，许于会同馆开市二日或五日，惟朝鲜、琉球不拘限期。各铺行人等亦可带物入馆内卖与夷人。双方公平交易，以不违禁的物品为限。此外，北方的鞑靼及瓦剌的贡使，可以在会同馆外的街市与官员军民等

---

① 《明史》卷八一《食货五·市舶》。《明史》卷七五《职官志四·市舶提举司》。
② 《万历会典》卷五八《礼部一六·蕃国礼·蕃使朝贡》。同书卷一〇八《朝贡通例》载："凡各处夷人贡到方物，例不给价，朝鲜国常贡马匹，亦不给价。"按之实际殊不尽然，因回赐物品即具有代价的作用，故毋宁说不给价为例外。参阅同书卷一一一《给赐二·外夷上》及卷一一三《给赐四·给赐番夷通例》。

买卖,似乎无须铺行商人居中作间①。四夷使臣的行动,受了严厉的监督,除有例开市交易外,不许往来街市交接闲人;违者将该管人员参送问罪②。

明初为怀柔外国起见,对于贡船附载来华的货物,不论在会同馆或市舶司所在地出卖,多不向外商征税。至于本国商人出国贸易限制甚严,与外国来华的不同。自洪武时起,因沿海倭患,常有禁私往诸番互市之令。

上说的就是明代初年的国际贸易政策,在入口方面招徕各国入贡,附搭货物来作买卖;在出口方面却相反地禁止人民私自出洋。自洪武间屡下禁令③,成祖一登帝位(建文四年六月,1402年),亦于登极诏书中重申通番之禁④;永乐二年(1404)又禁民间下海船。民间原有海船的,尽改为平头船以防其私通外国。仍饬所在地方官吏严防海船的出入⑤,此外对于出口的货品,亦严加限制。如永乐五年(1407)十月严申军器出境旧禁。七年(1409)四月,又申明中国罗绮出境之禁⑥。十五年(1417)五月,复禁兵器出境鬻卖。十六年(1418)九月,禁辽东沿边官军出市马⑦。至于金银的出境,更在绝对禁止之列(详后)。由此可见,

---

① 《万历会典》卷一〇八《礼部六六·朝贡四·朝贡通例》,及卷一六四《刑部六·律例五·市廛》。

② 《万历会典》卷一四五《兵部二八》。

③ 洪武十四年(1381)禁濒海民私通海外诸国。二十三年(1390)又诏户部申严交通外番之禁。二十七年(1394)后下令禁沿海人民私下诸番互市及贩鬻番香番货。三十年(1397)又申禁人民无得擅出海与外国互市。参《太祖实录》卷一三九至卷二五二。

④ 《成祖实录》卷一〇上。

⑤ 《成祖实录》卷二七。

⑥ 《明大政纂要》卷一四。

⑦ 《明大政纂要》卷一五。

到了永乐末年,出口贸易事业所受的国家统制还是甚严。

但从入口方面的朝贡贸易观察,则永乐宣德间一时的盛况,确是空前绝后的了。这不能不归功于成祖的积极的国外发展政策——当时遣使四出,蒙古则用海童,西藏则用侯显,西域则用李达,南洋则用郑和、王景弘等,多以中官充之。就中以在南洋方面的成功为最大。

明廷与南洋的交通在洪武初年已发其端。洪武二年(1369)遣使以即位诏谕占城(Campa,Champa)、爪哇(Java)、西洋琐里(Cola,Chola),三年(1370)分遣使臣诏谕暹罗(Siam)、真腊(Cambodge,Kampoja)、三佛齐(Palembang)、浡泥(Borneo,Brunei)、琐里(Cola,Chola)[1]。但终洪武一朝对于南洋诸国,仅取羁縻主义;及成祖即位以后,始加以努力的经营,造就了以后中国在南洋的空前的势力。

成祖遣使诏谕南洋诸国,早在永乐元年(1403)九月,初遣中官马彬使爪哇诸国[2];同年奉使满剌加(后改名麻六甲,亦作五屿,Malacca)、古里(今作科利库特,Calicut)、柯枝(Koči,Cochin)的为中官尹庆;奉使西洋琐里、苏门答剌(Sumatra,今Pase河上之Samudra村)的为副使闻良辅、行人宁善[3];足迹已遍南洋的大部分。但以郑和为首的七次出征——即历史上著名的"三宝太监下西洋"的事件,每次下洋官军的人数皆在一二万以上,分乘大舶数十艘,多带金钱货物,纵横现今南洋群岛,印度沿海,阿剌伯沿岸,以至非洲东岸一带,遍历三十余国——所引

---

①《明史》卷三二四至三二五《外国传》五至六。按西洋琐里与琐里原为一国,《明史》误分为二。

②《明史》卷六《成祖本纪》。

③《明史》卷三二四至三二六《外国传》五至七。

起的交互影响尤为重大①。

关于郑和等下南洋的使命,有的说因为成祖是一个好大喜功的君主,意欲耀兵异域,表示中国的富强;有的说成祖要实现国营的国际贸易政策,以收通商的利益;还有的说成祖疑建文帝亡命海外,欲踪迹他。各种说法,都有它们的理由。不过要注意,此时贸易的性质,差不多完全限于朝廷的玩好上的要求,采购的货物多于珍宝奇异一类的高级奢侈品,并非由于一般人民的生活上的需要。所以三宝太监下西洋的事件,如从国际贸易上观察,不过是朝廷的大批购买海外宝物而已。

郑和前后七次航程,可以分为两大路线,其一主力舰队的"大综宝船"的航行路线,大致从福建长乐港开船,历占城、苏儿把牙(Surabaya,今泗水)、旧港、满剌加、锡兰、古里,即至忽鲁谟斯。其二,"分综"所至之地,为交栏山(Gelam)、暹罗、苏门答剌、翠蓝屿(Nicobar)、葛兰、柯枝、剌撒(al-Ahsa)、榜葛剌、阿丹、佐法儿、竹步、木骨都束、溜山、天方等地。如最后一次的远征,曾分遣舰队至古里。又闻古里遣人往天方(又名默伽,Mekka),因使人赍物附其舟偕行,往返经年,市珍奇异宝及麒麟、狮子、驼鸟以归。天方国王亦遣陪臣随朝使来贡。

郑和等历次奉使的名义上的主要任务,是招谕海上各国入朝进贡。对于关系较深的国,更由中国册封,赐以传国之宝的金银印;又颁以大统历,使奉朝廷的正朔。换言之,正式的构成藩属的关系。

中国对诸国施恩的手段,自然偏重于经济方面:第一,以物产厚赐各国君长;第二,大量的采办海外的珍异。所以在郑和第一次的出使,

---

① 关于郑和的七次行程,请参看吴晗先生《十六世纪前中国与南洋》(《清华学报》二十五年一月),及冯承钧先生译伯希和著《郑和下西洋考》,冯著《中国南洋交通史》,冯著《中国南洋之交通》(《东方杂志》第三十四卷第七号),范文涛《郑和航海图考(二)》"航海确期"。

《明史》本传记载说"多赍金币",就是为以上两个目的,意在表示中国之"富"。中国的富强,既为外国所知觉艳羡,于是朝服之国自然增多,朝贡的次数也就频仍起来,往往有一国一年内入贡两三次的。所以郑和等每次返国,皆有许多国的使臣(有时为国王)偕行入朝,造成了空前绝后的盛况①。我们不要忘记,入朝的贡舶一向是允许附载方物来中国贸易的呢。

据《明史》卷三〇四,列传一九二本传说:"和经事三朝,先后七奉使,所历占城、爪哇、真腊、旧港、暹罗、古里、满剌加、渤泥、苏门答剌、阿鲁、柯枝、大葛兰、小葛兰、西洋琐里、加异勒、阿拨把丹、南巫里、甘把里、锡兰山、喃渤利、彭亨、急兰丹、忽鲁谟斯、比剌、溜山、孙剌、木骨都束、麻林、剌撒、祖法儿、沙里湾泥、竹步、榜葛剌(Bengala)、天方、黎代(Lidé)、那孤儿(Battak),凡三十余国②,所取无名宝物不可胜计,而中国耗费亦不赀。"马敬序《瀛涯胜览》说马欢"三入海洋,遍历番国,金帛宝货,略不私己"③。均可推见中国方面定有不少的金银及货物流出流入。但可惜没有详细的记载,难以断定究竟多少。成化九年(1473)兵部车驾郎中刘大夏说:"三保下西洋费钱粮数十万,军民死且万计。"④这

---

① 参赵翼:《廿二史札记》卷三三《永乐中海外诸番来朝》。嘉靖十五年(1536)户部左侍郎唐胄上疏说:"外邦入贡,乃彼之利,一则奉正朔以威其邻,一则通贸易以足其国。"(《明史》卷二〇三,本传)寥寥数语已将当时的实际情形表白出来。

② 皇甫录《皇明纪略》谓四十一国,未知孰是?

③ 马欢:《瀛涯胜览》(冯承钧校注本)卷首。按马欢会稽人,随使郑和出海三次,归撰此书。又有太仓人费信、应天人巩珍亦随和出使,费撰《星槎胜览》,巩撰《西洋番国志》,巩书今已不传。

④ 《刘忠宣公年谱》,《殊域周咨录》卷八"古里"条。永乐十九年(1421)四月侍讲邹缉,应诏上言:"朝廷岁令有司织锦缎铸铜钱,遣内宦赍往外番及西北买马收货,所出常数千万,而所取曾不及其一二,耗费靡敝,莫甚于此。"(《明大政纂要》卷一六)但细绎邹缉上下文所言,似专指西北买马而言。至往外番收货,所费似仍不在内。

个数目以外,大概还有内府所出的绫绮金币等物。

原来中国与南洋间的贸易,自宋元以来,金银两项的出入口已渐频繁。先就出口言之。宋时与大食 (Arabs)、古逻 (即后来的暹罗国)、阇婆 (Java)、占城 (Campa)、勃泥 (Borneo)、麻逸 (Mait)、三佛齐 (Palembang) 南洋诸国并通贸易,大抵以金银缯钱、铅锡、杂色帛、瓷器等市易海外的香药、犀、象、珊瑚、琥珀、玛瑙、珠琲、番布、苏木等物。元初舶商皆以金银易海外香木;末年下番商人亦将丝银细物市易番货。金、银、铜、铁大量地漏出国外,从南宋以后已成一严重的问题,尤以铜钱的泄出为最厉害,当时东至日本,南至南海诸国,多行使中国铜钱,俨然已取得国际支付货币的地位。宋元两代虽曾经屡次下令禁止金属出口,可是始终不发生怎样的效力①。

从南宋赵汝适《诸蕃志》及元汪大渊原著《岛夷志略》两书考察,知宋元两代,与中国交通的南洋诸国"货用"及"贸易之货"(原意大半指中国商人输往的货物而言),内有金银两项者,在宋有阇婆、麻逸 (Mait)、三佛齐、真腊 (Kamboja)、单马令 (即丹眉流 Tāmbralinga)、佛啰安 (Branang)、蓬丰或作彭坑 (Pahang)、登牙侬 (Tren-grann)、吉兰丹 (Kelantan);宋元时有渤泥 (Burni, Borneo)、蓝无里 (Lamuri);元有乌爹 (Odra)、淡洋 (Tamiang)、重迦罗 (或作逻) (Jángala)、苏禄 (Soolot, Sulu)、文吉里 (Moluccas)、古 (或作吉) 里地闷 (Gili Timur, Timor)、注辇 (Cola)、师子国 (Ceylon)、小唄喃 (Kulam, Quilon) 等国②。

---

① 《宋史》卷一八六《食货下八·互易市舶》。《元史》卷九四《食货二·市舶》。参加藤繁:《唐宋时代に于ける金银の研究》,大正十五年《东洋文库论丛》第六之二。

② 以上参费信《星槎胜览》(冯承钧校注本) 后集各该国条。按费信随从郑和下洋四次。是书前集所记,皆为亲身经历之谈,后集则不过采辑传译之作,而以采自《岛夷志略》者居多,故未可遽信为明代之情形也。

　　金银从外国输入中国，由于贸易关系的，亦不在少数，虽然数量多少已无法知道。宋时大理与交阯诸国以名香、犀、象、金、银、盐、钱与中国商人易绫、绢、罗、布。元至元（1264—1294）间有金银从爪哇群岛输入中国南北各部，而泉州一带商人往彼处贸易的所获的黄金尤多[1]。当时南洋诸国与中国的贸易，虽然有一部分是采用物物交换的方式，但是以金银为交易媒介物的，亦甚普遍。例如宋时的丹眉流（Tāmbralinga）："贸易以金银。"[2] 三佛齐（Palembang）："无缗钱（即铜钱），土俗以金银贸易诸物。"[3] 占城（Campa）："互市无缗钱，止用金银较量锱铢，或吉贝、锦定博易之值。"[4] 狼牙修（Lankasuka）："番商（中国下番的商人）兴贩用酒米、荷池、缬绢、瓷器等为货，各先以此等物准金银然后打博（即博卖）。如酒一墱准银一两、准金二钱；米二墱准银一两，十墱准金一两之类。"[5] 俱以金银为价值的标准（Measurement of value, & standard of value），但尚无金银铸币的记载。南洋以外，如至元十四

---

[1]《马可波罗行纪》（A. J. H. Charignon 注，冯承钧译）第三卷第一六二章"爪哇大岛"（Jowva）注云："黄金之多，无人能信，亦无人能言其额。"又云："刺桐（泉州）及蛮子（南宋旧境的汉人）之商人悉在此获大利，而今尚在此处吸收一切黄金。"同上第一六五章"小爪哇岛"（Jowva Lamunem）注甲云："其地饶有金银，一切香料、沉香、苏木等，因道远而海行险，故未输入我国（意大利），然运往蛮子契丹（金旧境）诸州。"

[2]《宋史》卷四八九《外国五·丹眉流传》，《诸蕃志》"单马令"条载："番商用绢伞……及用金银为盘盂博易"，可见中国方面亦有金银输往彼处。

[3]《宋史》卷四八九《三佛齐传》，《诸蕃志》上"三佛齐"云："无缗钱，止凿白金贸易……番商兴贩，用金、银、瓷器、锦绫……等物博易。"

[4]《宋史》卷四八九《占城传》又载："土地所出，金银铁锭等物。"《元史》卷二一〇《占城》：至元二十年（1283）正月，"遣其舅等三十余人，奉国王信物，杂布二百匹，大银三锭，小银五十七锭，碎银一瓮为质，来归款"，关于入贡输入的金银详后。《明书》卷一六五《占城》："市用金银……产金银铁锡。"

[5]《诸蕃志·凌牙斯》。

年 (1277) 日本遣商人持金来易铜钱,许之①。并且以金银来换我国的铜币恐尚不止日本一国。

宋元两代的南洋诸国,除一部分行使中国铜钱的以外,亦有本国铸造货币的。其中使用金银铸币的如宋代的苏吉丹:"民间贸易,用杂白银凿为币,状如骰子,上镂番官印记。六十四只准货金一两,每只博米三十升,或四十升至百升,其他贸易悉用,是名曰阇婆金。"②南毗 (Nambūn):"凿杂白银为钱,镂官印记,民用以贸易。"又,"交易用金银钱,以银钱十二准金钱之一。"③宋元时的阇婆 (Java) 以银、铜、输、锡杂铸为钱名曰银钱④。元代的朋加剌 (Bangala):"铸银钱名唐加 (tanka),每个 (一) 钱八分重,流通使用。"⑤古里佛 (Calicut) 交易用金钱⑥。至于乌爹 (Odra):"每个银钱重二钱八分,准 (元) 中统钞一十两,易蚆子计

---

① 《元史》卷二〇八《日本》。《马可波罗行纪》第三卷第一五八章"日本国岛"云:"据有黄金,其数无限",盖其所属诸岛有金。注二云:"讫于十九世纪中叶时,日本孤立,不与外通,所以金多而价贱 (金三量易银一量)"。

② 《诸蕃志·苏吉丹》。

③ 《诸蕃志·南毗》。

④ 按阇婆国钱的模样,见《乾隆钦定钱录》卷一四。《宋史》卷四八九《阇婆》:"剪银叶为钱博易,官以粟一斛二斗博金一钱。"又载:"出金、银、犀、象……等物。"《诸蕃志》上"阇婆":"以铜、银、输、锡杂铸为钱,钱六十准金一两,三十二准金半两。番商兴贩用夹杂金银及金银器皿、五色缬绢……青白瓷器交易。此番胡椒萃聚,商船利倍蓰之获,往往冒禁潜载铜钱博换,朝廷屡行禁止换贩。"末数语可见宋代铜钱流出国外之一斑。《岛夷志略》记元大德 (1297—1307) 年间的爪哇:"使铜钱,俗以金、银、锡、输、铜杂铸,如螺甲大,名为银钱,以权铜钱。"可见铜钱为主要的流通货币了。

⑤ 《岛夷志略·朋加剌》。

⑥ 《岛夷志略·古里佛》:"蓄好马自西极来,故以舶载至此国,每匹互易动金钱千百或至四千为率,否则番人议其国空乏也。"

一万一千五百二十余。"①就一般情形说,有实值的硬币,能出国外,无实值的代用货币(如纸币)只能流通于国内,即令能流出国外,最后仍须流归本国。当时乌爹的银钱与中国的纸钞有兑换的行情,则乌爹银钱曾有大批流入中国,由此可知。

明承宋元两代,与南洋诸国的交通更繁,交通的范围亦较广。金银从中国输出,在明初已见其弊端,故自洪武十四年(1381)下令禁止沿海居民私通海外诸国,以后二十三年(1390)十月复诏禁金银铜铁缎匹兵器等物出番②。至于国外金银之输入中国,基于贸易的关系,如永乐二年(1404)琉球山南使臣私赍白金(即银)诣浙江处州市磁器③,文郎马神国以沙金易中国的货物④,均可见外国方面有金银输入中国。尤可注意的,此时南洋诸国大多数已有了它们的货币制度,行使金银货币的国家亦不在少数。往往有向未行使铸币的国家,至此亦有了铸币的制度。如苏门答剌(Sūmūtra, Pasé)在元至正间仍行使锡片与未熔化之中国金块⑤。但到了明初,便有了本国自铸的金钱和锡钱,各有一定的名称。今根据《瀛涯胜览》所纪的二十国中,就其有货币记载的十七国作表如下。表中备考一栏乃记各该国与中国贸易的方式,贸易货物的种类、价

────────────

①《岛夷志略·乌爹》,又载"贸易之货,用金、银、五色缎、白丝、丁香、豆蔻、茅香、青白花器、鼓瑟之属"。

②《太祖实录》卷一三九及卷二○五。

③《明史》卷三二三《琉球传》。

④《明史》卷三二三《文郎马神传》云:"地饶沙金,(中国)商人持货往市者,击小铜鼓为号,置货地上,即引退丈许,其人乃前视,当意者,置金于旁,主者遥语欲售,则持货去,否则怀金以归,不交言也。"又谓此地产沙金等物。参《东西洋考》卷四《文郎马神》。

⑤《马可波罗行纪》第三卷第一六五章"小爪哇岛",注六引 H. Yule 说云:"伊本拔秃塔于1346年(至正六年)曾在此处停留十四日",记有云:"此处人民买卖,用锡片及未熔化之中国金块为之。"

格及其他各项。"重量"及"大小"两分栏下所记的"官秤"、"官寸",皆指中国的度量衡制度而言。

从下表可知除满刺加行使锡块,以重量计算外,其余诸国都行使铸成的钱币,其中纯粹使用银钱的两国,银钱与金钱或海蚆并用的五国[1],使用金钱(专用和兼用的一齐在内)的国尤多,共有十个。使用两种或两种以上金属的国家,大约皆以较贵金属为主,较贱金属为辅,国际贸易多用主币,辅币则在国内流通。以上金银并用的国家,如暹罗、占城、古里、柯枝四国,与中国贸易关系较深。它们与中国贸易的货物,亦多折合银价,大约因为中国行使银两的缘故。由此可以推出金银在国际上定有输出或输入的流动,而以自中国输出的趋势似乎较强。因为从购买力来说,当时的中国当然要比南洋诸国大些。中国朝廷到各国收买的像龙涎香、胡椒、珍珠等物,多以银两支付,关于这方面的记载较详。不过对于私人携带金银出口,历朝屡下禁令,所以这一方面的漏巵,如果法令施行有力,可以挽回若干。至于外国以金银易我国货物的记载比较缺乏,仅有占城以淡金易中国青瓷盘的记事。但货币之有实值者,可作国际贸易的支付手段。它们的价值由它们的铸成的重量与成色决定,所以金银货币从外国输来中国的机会亦甚多。

---

[1] 倘据《明书》的记载,祖法儿亦使用金银铜钱,则兼用银钱的便有六国了。按"dinar"乃阿拉伯人在691或692年(周武则天帝天授二年或如意元年)所铸的金币,至711年(唐睿宗景云二年)输入西班牙,变成西班牙币制中之一种;复后,又用银铸。参 Groseclose, Elgin:*Money: The Human Conflict* (1934), Bk., 5, *The Middle Ages, III. Comse of the Dinar.*, p.71 f.

十七国货币名称表

国别	通行货币							备考
	币质	币名	重量（官秤）	成色	大小	形状	流通范围	
忽鲁谟斯（Ormuz）	银钱	底那儿（dinnar）	四分		径官寸六分	底面有纹	通行使用	《星槎胜览前集》"忽鲁谟斯国"云："行使金银钱。"又云："货用金、银、青白花磁器、五色缎绢、木香、金银香、檀香、胡椒之属。"
溜山（Maldives）	银钱		二分三厘					中国到此收买天龙涎香、椰子等物，龙涎香价高贵，买者以银对易。又有等织金方帕与男子缠头，价有卖银五两之贵者。《星槎胜览后集》"溜洋国"云："货用金、银、色缎、磁器、米谷之属。"
榜葛剌（Bengala）	银钱	倘伽（tanka）	三钱		径官寸一寸一分	底面有纹	一应买卖皆以此钱论价，论个数交易	《岛夷志略》"朋加剌"（Bangala，Bengale）云："国铸银钱名唐加（tanka），每个钱八分重，流通使用，以枚小互易便民，良有益也。"《星槎胜览前集》"榜葛剌国"云："货用金、银、布、色绢、青白花磁器、铜钱、麝香、银珠、水银、草席、胡椒之属。"又云："通使海舶，准钱市用。"
	海𧵅（kauri）							
柯枝（Cochin）	金钱	法南（fanam）	一分一厘				衔市行使零用	每金钱一个倒换银钱十五个，胡椒一播荷（该官秤四百斤）卖金钱一百个或九十个，值银五两，珍珠每颗重三分半者卖金钱一千八百个，值银一百两。《星槎胜览前集》"柯枝国"云："行使小金钱名吧喃。货用色缎、白丝、青白花磁器、金、银之属。"
	银钱	答儿（tar）	四厘	九成	比海螺稍大			

续表

通行货币

国别	币质	币名	重量(官秤)	成色	大小	形状	流通范围	备考
古里(Calicut)	金钱 / 银钱	吧南(fanam) / 搭儿(tar)	一分 / 三厘	六成	径面宫寸三分八厘	面底有纹	零用	胡椒一播荷卖金钱二百个,西洋布每匹阔四尺五寸,长二丈五尺卖金钱八个或十个,进贡用好赤金五十两。《星槎胜览前集》"古里国"云:"货用金、银、色绢、青白花磁器、珍珠、麝香、水银、樟脑之属。"
占城(Campa)	淡金银			七成				伽蓝香价甚贵,以银对换。甚爱中国青磁盘碗等物,以淡金换易。
暹罗(Siam)	海吧 / 金银 / 铜钱						海吧当钱使用,不拘金银铜钱,惟中国历代铜钱不使	《星槎胜览前集》"暹罗国"云:"俗以海吧代钱通行于市,每一万个准中统钞二十贯。"又云:"货用青白花磁器,印花布,色绢,缎匹,金银铜铁,烧珠水银,色绢伞两之属。"
锡兰(Ceylon)	金钱		一分六厘				通行使用	甚喜中国麝香、纻丝色绢。宝石珍珠换易。《星槎胜览前集》"锡兰山国"云:"货用金、银、铜钱、青花白磁、色绢之属。"
小葛兰(Quilon)	金钱		一分				通行使用	《星槎胜览前集》"小唢喃国"云:"本国流通金钱名吧喃,四十个准大金钱一个。"又云:"货用丁香、豆蔻、豆蔻,色绢、金、银、铜器、铁线、黑铅之属。"参后集"大唢喃国"条。

续表

国别	通行货币							备考
	币质	币名	重量（官秤）	成色	大小	形状	流通范围	
天方 (Mekka)	金钱	徜伽 (tanka)	一钱	比中国金有十二成色	径七分			《星槎胜览后集》"天方国"云："货用金、银、缎匹、色绢、青花白磁器、铁鼎、铁锅、铁铫之属。"
祖法儿 (Zufar)	金钱 铜钱	徜伽 (tanka)	二钱三厘		径一寸五分 径四分	一面有纹 一面人形之纹	零用	将乳香、血竭、芦荟、没药、安息香、苏合油、木别子之类换易中国纻丝、磁器等物。《星槎胜览后集》"佐法儿国"云："货用金钱、檀香、米谷、胡椒、色绢、磁器之属。"《明书》卷一六六《祖法儿》："市用金银铜钱，文人形。"
阿丹 (Aden)	赤金钱 红铜钱	甫噜噜 (fulūri) 甫噜斯 (fulūs)	一钱			底面有纹	零用	《星槎胜览后集》"阿丹国"云："货用金、银、色缎、青白花磁器、檀香、胡椒之属。"
苏门答剌 (Sumūtra)	金钱 锡钱	底那儿或金抵纳 (dinar) 加失	二分三厘	七成淡色	圆径官寸五分	底面有纹	（国中）买卖恒以锡钱使用	胡椒每官秤一百斤本国卖金钱八十，值银一两。《星槎胜览前集》"苏门答剌国"云："胡椒、番秤一播荷，抵我官秤三百二十斤，价银二十个，重银一两六两。金抵纳即金钱也，每四十八个，重金一两四分。"又云："货用青白磁器、铜钱、金银、爪哇布、色绢之属。"

续表

国别	通行货币							备考
	币质	币名	重量（官秤）	成色	大小	形状	流通范围	
爪哇 (Java)	铜钱						买卖交易行使中国历代铜钱	最喜中国青花磁器并麝香、销金纻丝、烧珠之类，则以铜钱买易。《星槎胜览前集》"爪哇国"云："其国富饶珍珠、金银，猫睛青红等石……无所不有。"
南祥里 (Lambri)	铜钱							
旧港 (Palembang)	铜钱 布帛						市中交易亦使中国铜钱并用布帛之类	《星槎胜览前集》"旧港"云："货用烧炼五色珠、青白磁器、铜鼎、五色布绢，色缎、大小磁器、铜钱之属。"
满剌加 (Malaka)	锡块	斗块（见《星槎胜览》）	一斤八两或一斤四两				惟以斗锡通市（见《星槎胜览》）	每一锡块铸为一小把，四十块为一大把，水牛一头值钱一斤以上。《星槎胜览前集》"满剌加国"云："货用青白磁器、五色烧珠、色绢、金银之属。"

　　关于当时的贸易方式似乎一部分仍未脱物物交易的制度。如锡兰国："中国麝香、纻丝、色绢、青瓷盘碗、铜钱、樟脑甚喜，则将宝石、珍珠换易"，似乎并没有经过货币作媒介的阶段，但在交换以前，各自折合金银的价值，则似为颇自然之事，因为当时该国已有了本国的独立的货币制度。

　　关于贸易货物的种类，中国的输出品大约可分为瓷器、绣织品、金属及钱币四大类；外国的输入品，大约可分为香料、染料、药材、布匹、珍珠宝石、珍异禽兽六大类。至于金、银、铜钱，似乎双方面都各有出入口。但明初屡次下令禁止私人运载金属出口，所以除了政府出口的金属，大半都是私运出去的。

　　最后，值得注意的便是自宋元流出到国外的铜钱，已变成外国最流行的通货。如阇婆国在宋元时仍行使本国自铸的银铜合铸的钱，但至明代便通用中国历代铜钱作国内及国际的买卖交易了。又如三佛齐国（即旧港）的情形亦然，宋时并无缗钱，土俗以金银贸易诸物；至明，市中交易亦用中国的铜钱。以上两国，都是与中国的贸易关系很深的。其他如锡兰、蓝无里（即南渤里）等国亦行使铜钱，大约亦是受了中国铜钱输出的影响。

　　以上系根据《瀛涯胜览》作表的分析，除此书所纪外，永宣间与中国交通用金银钱的，尚有以下诸国。哈烈（一名黑鲁，属波斯；Herat）："市中交易，用大小三等银钱，下人私造无禁，造成输纳税于国主，即用印记，无印者不用"；土产有金、银、铜、铁、珊瑚、珠翠等物。撒马儿罕（即古罽宾国，属西部土耳其斯坦；Samarkand）："交易用银钱，本国自造……风俗土产与哈烈同。"[1]拂菻，在嘉峪关外万余里，铸金银钱，产

―――――――――

[1] 陈诚：《使西域记》（《学海类编》本）。按永乐十一年（1413）九月命吏部员外郎陈诚同中官李达赍诏币往谕西域，明年十月诚还，上《使西域记》凡十七国，山川风俗物产悉备（《明大政纂要》卷一五）。按撒马儿罕国钱及拂菻国钱的摹本，均见清倪模《古今钱略》卷一九《外国品下》。

金银珠马等物①。八答黑商（Badakhašm）："凡布帛银钱，皆可交易。"②
答儿密："交易兼用银钱。"③宾童龙国（Pandurange, Phan rang）与占城
接壤，"货用金、银、花布"④。龙涎屿（Bras Is.）："龙涎，官秤一两，用彼国
金银十二个，一斤该金钱一百九十二个，准中国铜钱四万九千文。"剌
撒国："货用金、银、色缎、色绢、磁器、米谷、胡椒之属。"⑤竹步国（Jubb,
Jobo）："货用土珠、色缎、色绢、金、银、磁器、胡椒、米谷之属。"木骨都束
国（Mogadiso, Mogedoxu）："货用金、银、色缎、檀香、米谷、磁器、色绢之
属。"溜洋国（Maldives）："货用金、银、色缎、色绢、磁器、米谷之属。"卜
剌哇国（Brawa）："货用金、银、缎绢、米、豆、磁器之属。"⑥这些国家随着
与中国朝贡贸易的关系，当然有金银输入与输出的机会。

　　金银从外国输入中国，除了贸易关系以外，还有进贡一项。如洪
武初，安南频年贡金银紫金盘、黄金酒尊等物。洪武二十八年（1395），
大军讨龙州，安南国王输米一万石饷军，又馈金千两，银二万两，帝令增
输米一万石，但免所馈金银。宣德五年（1430）、六年，均遣使来贡金银
器方物⑦。洪武十二年（1379）高丽遣使入贡黄金百斤，银万两，帝以其
已过约期却之⑧。古里进贡用好赤金五十两⑨。可见外国方面时有以金

①《明书》卷一六七《拂菻》又云："洪武四年，遣其国故民捏古伦，赍诏谕之，寻遣人来
　朝贡。"
②《明书》卷一六七《八答黑商》又云："永乐间，其王遣人朝贡方物。……"
③《明书》卷一六七《答儿密》又云："永乐间使十八人来朝贡方物。"
④《星槎胜览前集》"宾童龙国"，《明史》卷三二四《占城传附》，按这里的"货"字，似指中国
　商人运往的货物而言。
⑤见《星槎胜览前集》上两国条。
⑥见《星槎胜览后集》上四国条。
⑦《明史》卷三二一《外国二·安南》。
⑧《明史》卷二《太祖本纪二》。
⑨《瀛涯胜览·古里》。

银入贡的。此外又有以黄金赎罪的：永乐四年（1406）爪哇国人杀中国朝使部卒一百七十人，成祖赐敕切责之，命输黄金六万两以赎；六年（1408）爪哇国王献黄金万两[1]。宣德四年（1429）安南国王黎利贡方物及代身金人，请宥篡立之罪，并求册封[2]。又外国常以金银器皿等物馈赠中国使臣。如榜葛剌"以金盏、金系腰、金盆、金瓶奉赠天使，其副使皆以银盏、银系腰、银盆、银瓶之类，其下之官亦以金铃绸纻丝长衣赠之，兵士俱有银盏钱"[3]。宣德元年（1426）行人黄原昌往占城颁正朔，却所酬金币以归。成化十四年（1478）给事中冯义等得占城所赂黄金百余两，又往满剌加国尽售所携往的私物而归[4]。正统七年（1442）给事中余忭等使琉球还，受其黄金、沉香、倭扇之赠[5]。冯余等所得的黄金等物，为贿赂的性质，本来是不当受的，但亦有合法的馈赠，如榜葛剌所定的便是。

在进贡的物品中，金银的制造品尤多。如朝鲜的贡物中有金银器

---

① 《明史》卷三二四《爪哇》。

② 《明史》卷三二一《外国·安南》，按以金银铸"代身"求免灾罪是南洋一种风俗，宋时已有之。《诸蕃志》上"三佛齐"云："每国王立，先铸金形以代其躯……国人如有病剧，以银如其身之重，施国之穷乏者，亦可缓死。"至如真腊云："番人杀唐人（即中国人）罪死，唐人杀番人则罚金，无金则鬻身赎罪。"（《明史》卷三二四《真腊》）可说是华人享受的一种特权，但由此可见中国在南洋的势力之一斑。《东西洋考》卷一《西洋列国考·交阯》专载：黎利进代身金、银、香、象、布帛谢罪，后又遣使入谢，岁金五万两。

③ 《星槎胜览前集》"榜葛剌国"。《明史》卷三二六《榜葛剌》。

④ 《明史》卷三二四《占城》。由此又可见中国的使者亦如外国的来使一样，常运私货贸易。

⑤ 《明史》卷三二三《琉球》（嘉靖十三年五月初八日解缆开洋，五月二十五日抵琉球，凡停泊一百十五日，九月二十日开船返国）。陈侃《使琉球录》（据明嘉靖刻本影印）"使事纪略"页6："旧例犹有金银九十余器，金厢带四条，备二使过海之用……我等素守清约，无事华侈，茶钟酒盏用银饰者相应备办，银酒素、银撒盏、银节盂、金厢带皆不必用。……"页14："吉子……具黄金十两为寿。"页19："临行，长史捧黄金四十两……""群书质异"页19："野马牛豕价廉甚……一匹银二三钱而已。""夷语附"页47："银（南者），钱（热尼）。"

皿一项。琉球贡物,有金银酒海、金银粉匣等。安南国有金银器皿等。暹罗有金戒指。渤泥有金戒指、金绦环、金银八宝器等。古里国有金系腰。满剌加有金镶戒指。锡兰山国有金戒指。榜葛剌贡物内有马鞍一项,下注"金银事物",又有戗金琉璃器皿等[①]。

对于外夷朝贡,中国例有赏赐,这些赏赐物,除了贡物给价的部分以外,可分为两部:一为回赐其国王,一为赏给使臣人等,大约皆用金银钞锭、匹帛等物。金银请长随内官关领,钞锭系户部官分投关领,匹帛系内承运库收贮,各有定例。以金银给赐外国的事例,见于各史籍的甚为散漫,今略述如下[②]。

中国对于日本的贡使的犒赏以及回赐国王,自明初至正德间,皆有一部分用银。如永乐间及宣德八年(1433)均以金银彩币等物回赐国王。据木宫泰彦《中日交通史》所载,应永十三年(永乐四年,1406)来日之明使潘阳等赍物中有白金千两;应永十四年来日之明使赍物中有花银一千两[③]。至正统元年(1436)及成化二十年(1484)回赐之数,国王银二百两,妃银一百两[④]。赐银的多寡,大约以贡物的厚薄为定,如正德四年(1509)冬,礼官言,日本贡物向用舟三,今止一,所赐银币,宜如

①《万历会典》卷一〇五至一〇六《礼部六十三至六十四,朝贡一至二》。按浡泥"贡物"总标题下,原注有"单目用银"四字,今据《明史》卷三二五本传载洪武四年(1371)八月遣使入朝贡"表用金,笺用银,字近回鹘,皆缕缕以进"。又按边夷土官的贡物,俺答的内有镀金鞍辔一项,云南各处土官的内有金银器皿等(《会典》卷一〇七至一〇八《礼部·朝贡三至四》)。

②以下各节除特别注明外,皆据《万历会典》卷一一一《礼部六九·给赐二》。

③《中日交通史》(陈捷译)下卷,第八章"足利幕府与明之交通贸易(其一)"六。

④《明史》卷三二二《外国三·日本》,《中日交通史》下卷,第九章"足利幕府与明之交通贸易(其二)"八。藤田元春:《日支交通之研究》"中近世篇"(昭和十三年富山房发行)第四章"室町时代の遣明使",页129—174。

其舟之数。至于贡物以外附载之物,例当给价,所费之银尤多。先是永乐宣德间屡申日本入贡的禁令,对于贡期、入贡的船只及人数以及贡物,均有限制。但倭人贪利,贡物外所携私物增至十倍。景泰间礼官言宣德间所贡硫磺、苏木、刀扇、漆器之属,估时值给钱钞,或折支布帛,为数无多,然已大获利;今若仍旧制,当给钱二十一万七千,银价如之,宜大减其值,给银三万四千七百有奇,从之。使臣不悦,请如旧制,诏增钱万文,犹以为少。求增赐物,诏增布帛千五匹,终怏怏去①。可见宣德间给价银远在三万四千七百余两以上。

其次,明初屡敕朝鲜进贡马匹,而以银等物回赐之。如永乐二十一年(1423)七月以朝鲜贡马万匹,如数赐以白金及丝绢。又尝赐国王镀金银匣、象牙、犀角等物。宣德二年(1427)三月,遣中官赐白金纻纱,仍敕进马五千匹资边用,至九月如数至。成化正德间亦尝以白金丝帛等物颁赐朝鲜使臣及王世子等。又规定送回中国人口条例,给赐国王银一百两,及锦、纻丝各若干。在嘉靖二年(1523)八月、二十五年(1546)、二十六年正月、三十五年(1556)五月、三十八年(1559)十一月,朝鲜皆遣使送回中国被掠及漂流人口,皆诏赐银币。其中二十五年所送下海番人六百余,二十六年正月所送福建往日本贸易遭风漂人口千人以上。如果上述赏格是按每人一百两计算,则送回一千人便须给赏十万两,也就很可观了②。

----

① 《明史》卷三二二《外国三·日本》,又定日本差来正副使每员各赐金襕袈裟一领、镀金银钩环全罗直裰一件及铜钱、纻丝、纱罗等物各若干。

② 《明史》卷三二〇《外国一·朝鲜》。按琉球于嘉靖末隆庆间入贡时亦常送还中国漂流被掠人口,并赐敕奖励,加赍银币(《明史》卷三二三《琉球》)。万历四年(1576)以吕宋国助讨逋贼有功,正赏外,加赐如朝鲜国送回人口例(《万历会典》卷一一一《给赐二》)。

　　此外以银赐各国之事例尚多：如洪武三年（1370）遣使祭安南国王丧，赙物中有银五十两①。永乐五年（1407）成祖嘉占城助兵讨安南，遣中官赍敕银币赐其国王②。永乐六年（1408）八月，浡泥国王及其妻子入都朝见，帝赐以银器及销金鞍马、金织文绮等物；及其太子（即新王）辞归，又赐金百两、银三千两，及钱钞等，随行之人亦各有赐。十年（1412）九月新王再来朝，明年二月辞归，赐金百两、银五百及金织文绣其他各物③。永乐九年（1411）满剌加国王来朝，赐金银器等；濒行，赐黄金百两、白金五百、金镶玉带一条及钱钞、浑金文绮等物，陪臣亦各有赏赐④。永乐十五年（1417），苏禄东、西峒三王来朝，辞归，各赐黄金百两、白金二千两及铍花金带、金绣蟒龙麒麟等衣服各物，王妃赐物内亦有银⑤。永乐十六年（1418）失剌比遣使朝贡，赐其使白金等物有差⑥。永乐十八年（1420）八月，古麻剌郎国王来朝贡方物，十九年正月辞还，复赐金银钱文绮等物，妃以下赐有差⑦。由以上可知中国常以金银及其制造品等颁赐各国，且可证明金银的制造品必已普遍的手工业化，所以得作广赐外夷之用。

---

①《明史》卷三二一《安南》。

②《明史》卷三二四《占城》。

③《明史》卷三二五《浡泥》；沈德符《野获编》卷三十《外国王仪仗》云："浡泥国王之来朝也，上赐以仪仗，用银交椅、金水盆、银水罐、白罗销金伞扇、金装鞍马二，……"可见神宗朝仍以金银器皿等物为赐。

④《明史》卷三二五《满剌加》。

⑤《明史》卷三二五《苏禄》。

⑥《明史》卷三二六《失剌比》。

⑦《明史》卷三二三《古麻剌郎》。按宋代给赐外国的银数，常较明代为巨，如熙宁十年（1077）答赐注辇（Cola）国王银五万二千两（《宋史》卷四八九《注辇传》），元丰（1078—1085）中三佛齐屡以白金真珠等物入贡，二年（1079）朝廷赐以银一万五百两，钱六万四千缗，其使乞买金带、白金器物等，皆出所请给之（《宋史》卷四八九《三佛齐传》）。

并且，至嘉靖以后，赐与女直西番的衣绢等又听从给银折价。如嘉靖六年（1527）议准女直夷人及番僧番人，给赐彩缎自愿折银者，织金每匹折给银三两八钱，素者三两五钱。隆庆、万历初年亦有类似的折银规定[1]。

二　欧人东来以后的海舶贸易时期

郑和下西洋前后的贡市制度，最迟到正德间已起了性质上的变化。第一，自从宣德以后，南洋远方诸国入贡者已远不如前时之盛；至于入贡的诸国，又多不守贡制，往往挟带私物，不依时限至，弊端百出；第二，沿海沿边人民因生计关系，往往私自出境贸易，甚且勾引夷寇入犯（一向以倭寇为患最甚）；第三，欧人东来以后，目的原在通商，朝贡实非所愿。明廷的贸易政策，因亦随之改变，从怀柔的政策转变为收入的政策。自弘治间起，对于外国货物的进口，严厉地执行抽分的办法，对于贡舶市舶的附至的货物，无偿的抽取十分之若干分入官，其余的部分或由官给价收买，或听其卖与牙行转售于民间[2]。此外，对西洋来中国的夷舶及中国人下番的商舶亦分别征税。贡舶、市舶与商舶的分别，前两者是合法的，后者则为非法的——在起源上如此，到后来亦取得法律上的

---

①《万历会典》卷一一三《礼部七一·给赐四·给赐番夷通例》。
②参看《万历会典》卷一一三《礼部七一·给赐四·给赐番夷通例》，同上卷一一一《给赐二·外夷上·贡物给价》。

许可了①。总之,明代的贸易制度,正德末年是一个转变的时期。因为自葡萄牙人东来以后,欧洲他国人接踵而至。一方面,中国在南洋的政治地位与经济势力渐为欧人所排挤而相形见绌,另一方面,这些欧洲的国家,还要与中国直接通商。他们挟有强有力的组织与雄厚的资本,当然不像南洋诸国的驯和,肯居臣属的地位,往往用武力强迫中国互市或勾引奸人作内应叛乱,弄到中国没有办法,只好多开口岸以延纳这些与寇舶没有多大分别的商舶。自此以后,诸国入京进贡的事情渐少,会同馆互市的盛况亦渐冷落,原居附从地位的市舶司互市反日见繁盛了。

就是在这个时期起,政府的国际贸易政策,从怀柔主义转变到收入主义上面去。在弘治正德以前,对于贡舶市舶的入口货物,差不多没有执行过"抽分"的办法。所谓抽分,或抽解,就是一种入口税,为唐宋以来已有的制度。当番舶入口或本国商人下番博易回帆时,由地方官长会同市舶司官往验其货,然后于货内无偿地抽出几成以为官有,但所征

---

① 这些分别与彼此间相互消长的关系,嘉靖间郑若曾很中肯的指出来:"今之论寇御者,一则曰市舶当开,一则曰市舶不当开,愚以为皆未也。何也? 贡舶与市舶一事也,分而言之则非矣;市舶与商舶二事也,合而言之则非矣。商舶与寇舶初本一事,中变为一,今复分为二事,混而言之亦非矣。何言乎一也? 凡外夷贡者,我朝皆设市舶司以领之,……其来也,许带方物,设官牙行与民贸易,谓之互市。是有贡舶即有互市,非入贡即不许其互市,明矣。今若单言市舶当开,而不论其是期非期,是贡非贡,则厘贡与互市为二,不必俟贡而常可以来互市矣,紊祖宗之典章可乎哉! 何言乎二也? 贡舶者,王法之所许,市舶之所司,凡贸易之公也;海商者,王法之所不许,市舶之所不经,乃贸易之私也。日本原无商舶,商舶乃西洋原贡口,诸夷载货,舶广东之私澳,官税而贸易之。既而避抽税,首陆运,福人导之,改泊海沧同港,浙人又导之,改泊双屿。每岁夏季而来,望冬而去,可与贡舶相混乎?"(郑若曾原编,邓钟重编:《筹海重编》卷十《开互市》〔万历二十年刊,清华大学图书馆善本书库藏〕)《漳州府志·洋税》说:"然市舶之与商船,其说稍异:市舶者,诸夷船舶(即泊字)吾近地,与市地民互为市,若广之壕镜澳然,商船则土著民酾钱造船装土产,径望东西洋而去,其与海岛诸夷相贸易,其出有时,其归有候。"(《天下郡国利病书》卷九三《福建三》)则以市舶为夷舶,而商舶为华商下番之舶。

的是货物而非钱币；且仅有入口税而无出口税。明初为怀柔远人起见，对于贡舶附至的货物，多不征税。洪武二年（1369）定："朝贡附至番货，欲与中国贸易者，官抽六分，给价偿之，仍免其税。"① 这种办法，只是政府有购买一部分货物的优先权，但以免税其余部分为交换条件。只为抽买，而非抽分。洪武三年（1370），中书省言："高丽贡使多赍私物入货，宜征税"，不许②。四年（1371），三佛齐货舶至泉州，命勿征其税③。是年，又命福建省臣勿征占城贡舶④。至永乐初，西洋剌泥国，回回哈只马、哈没奇等来朝，附载胡椒，与民互市，有司请征其税，帝曰："商税者，国家抑逐末之民，岂以为利。今夷人慕义远来，乃侵其利，所得几何，而亏辱大体多矣。"不听⑤。这种情形，一直到弘治初还是如此，丘濬说得一点不错："明虽沿前代市舶司之名而无抽分之法。"⑥

但这种招徕的政策，后来也许因为财政上的理由，也许因为番舶所载的私物日多，所以不能不有所改变。于是"抽分"制度便被严厉地执行起来。弘治间规定，凡番国进贡，国王、王妃及使臣人等附至货物，十分之五抽分入官，五分给还价值，以钱钞相兼支付。如系国王、王妃的货物，给钱六分、钞四分；使臣人等的货物，给钱四分、钞六分。但奉旨

---

① 《太祖实录》卷四五。

② 《明史》卷三二○《朝鲜》。

③ 《明史》卷三二四《三佛齐》。

④ 《明史》卷三二四《占城》。

⑤ 《明史》卷八一《食货五·市舶》。《明史》卷三二五《西洋琐里传》，永乐元年（1403）："其王即遣使来贡，附载胡椒与民市。有司请征税，命勿征。"又《万历会典》卷一一一《给赐二·外夷上·贡物给价》"西洋琐里"条所载略同。西洋剌泥与西洋琐里未知是否同指一国。又据《会典》同卷所载，外夷进贡，正贡外的附带货物，俱令给价免抽分；如于日本、暹罗、爪哇、浡泥、苏门答剌、苏禄、西洋琐里、满剌加、榜葛剌诸国皆然。惟琉球国，正贡外附来货物，官抽五分，买五分（《大学衍义补》）。

⑥ 《大学衍义补》。

特免抽分者,不为例。据广东布政司案查得,正统年间以迄弘治,节年俱无抽分。至正德四年 (1509) 始题议暹罗、满刺加等国夷船货物,俱按十分抽三。将贵细货物解京,粗重货物变卖,留备本地军饷。其后自正德十二年 (1517) 至嘉靖五年 (1526)改为十分抽二[①]。贡舶附带货物的入口,从无税而至有税,这是第一步的转变。

抽分所抽的是货物,而非货币。这种办法,或者有它的困难及不公平的地方,所以最迟到了万历初年,入口番货已改征货币。如万历三年 (1575) 以后行于福建漳州府海澄县的引税和水饷、陆饷、加增饷等项,都征收银两,其他各通商口岸如广州等地的市舶司,亦无不先后征收银两 (详后)。从征收货物,到征收货币,这是第二步的转变。

再则,从正德以后,市舶收入才显得重要。自正德以来,广东文武官月俸,已多以番货代支。至嘉靖初年广东废市舶司以后,诸番货至者甚少,于是折俸有缺货之感,极感不便。当时当地长官遂各上议请复许佛郎机 (即葡萄牙,明史亦作蒲都利家) 等国通市。市舶收入的丰富可知。两广巡抚林富 (按富巡抚两广自嘉靖八年〔1529〕正月至十一年〔1532〕三月) 上疏,亦以粤中公私诸费多资市舶商税,番舶不至,则公私皆困为言。他请求恢复暹罗、真腊、爪哇、占城及南洋诸国的朝贡,理由有四个:

> 旧规:至广番舶朝贡之外,抽解俱有则例,足供御用,此其利之大者一也。除抽解外,即充军饷,今两广用兵连年,库藏日耗,借

---

①参《天下郡国利病书》卷一二〇《海外诸蕃》。《明大政纂要》卷四三,正德十二年五月"命番国进贡并装货舶船权十之二,解官存留军饷俱如旧。先是广民私通番货与进贡者混图利,已经禁治,而应供番夷亦行阻回。至是吴廷举议复之,卒起佛郎机之衅,岁有造船铸铳之费,而番贡亦绝,利源之启,为害无穷固如此。"(页33至34)

此足以羡充而备不虞,此其利之大者二也。广西一省全仰给于广东,今小有征发,即措办不前,虽折俸椒木(原作"米",今从严从简《殊域周咨录》卷九《佛郎机传》改正。按《周咨录》转载之文与今所引者不尽相同,可参看),久已缺乏,科扰于民,计所不免。查得旧番舶通时,公私饶给,在库番货,旬月可得银两数万,此其为利之大者三也。贸易旧例,有司择其良者如价给之,其次资民买卖,故小民持一钱之货,即得握椒(《周咨录》作"菽",误)展转贸易,可以自肥,广东旧称富庶,良以此耳,此其为利之大者四也。[①]

由这疏内,可以看出市舶的收入,不但影响国计,而且是两广民生所攸关,其重要的程度,远非以前朝贡贸易期内可比。今先将正德以来,欧人东航以后,中国与外国的交通贸易情形,择要叙述如后。

郑和第一次的远征南洋,在永乐三年(1405),早在哥伦布发现新大陆(1492)八十七年以前。自新大陆发见以后,欧人接踵东航,南洋渐入白种人势力范围之内。而在中国方面,自宣德以还,已从积极经营的政策,转趋消极的放任主义。这是中外势力在南洋互相消长的一大枢纽。

十五世纪中叶以后,欧人海外的发展,以前普通的说法,以为自1453年(景泰四年)君士坦丁堡被突厥民族占据以后,欧亚一向经由地中海以至波斯湾及红海的陆路贸易至是皆为伊斯兰教徒所垄断,欧

[①] 按此疏乃黄佐代笔,见明杨瞿崃辑《岭南文献轨范补遗》(日本宫内省图书寮藏本)卷一《黄佐巡抚通市舶疏》。又按林富仅请求复许祖训会典所许的南洋诸国的贡舶仍至广东互市,至佛郎机一国的商舶,以其素未通中国,非祖训会典所许,仍应驱逐之出境。《明史·佛郎机传》以为林富此疏乃请复佛郎机互市,殊误。然佛郎机之来,每冒名他国,以求合定章,而在中国方面往往无法辨别,则为当时的实情。如至嘉靖四十四年(1565)佛郎机仍伪称满剌加入贡(民国《福建通志》列传二二《明六·林富》)。

洲商人多感不便,所以发奋寻求从非洲的南端以直通印度的海上航线。这种说法已为Lybyer所推翻,证明它不符事实了[1]。现今普通的说法所举的理由有四个:第一,由于欧洲商人对于东方商品的来源想取得更密切的接触,尤其是西欧商人想打倒意大利对近东贸易的垄断。第二,由于当时欧洲较大的国家,都在提倡拓殖政策,希冀从殖民地的扩张来提高本国的威望。第三,由于当时宗教上的理由,有一大班传道士纷纷欲往海外宣传基督教。第四,由于盛极一时的冒险精神和风气,使得航海的技术与地理的知识也发达起来。以上几种原因,互相影响,于是造就了欧人海外事业的发展[2]。

最先攫得海上霸权的西欧国家,是葡萄牙国。在十五世纪中叶以前,由航海大家亨利王(Prince Henry the Navigator)的提倡和奖励,葡人已往本国海岸以外的大西洋中的海岛和非洲的西北岸一带探险,约在三十年以后,即成化二十二三年(1486或1487)间,葡人地亚士(Diaz)沿着非洲的西岸,发见了刚果河(Congo River)口,以直达非洲大陆的南端,即今好望角(Cape of Good Hope)的附近。至弘治十年(1497)又有葡人维斯哥达·伽马(Vascoda Gama)率小船三艘,自葡京里斯本(Lisbon)起航,环绕好望角渡过印度洋,在弘治十一年(1498)西历5月里达到印度西岸的科利库特,即《明史》外国传内的古里(Calicut)。至是,欧人百年来欲与印度直通航线的梦想,才告实现。因之葡人更锐意东征,分遣舰队四出,先后发见苏门答剌(Sumatra)诸港及满剌加(Malacca, Malaka)等地的香料来源地。正德五年(1510),

---

[1] Lybyer, A.H.: The Ottoman Turks and the Routes of Oriental Trade, *English Historical Review*, Vol. XXX (1915), pp.577−588.

[2] Cf. Knight, M.M., Barnes, H.E. Flugel, F.: Economic History of Europe. pp.263−265 (1928 ed.).

占领卧亚（Goa）以后，正欲攻取波斯湾的忽鲁谟斯（Ormuz, Hormuz）及红海东岸的索可脱拉岛（Socotra），临时又先发兵击满剌加，于正德六年（1511）攻陷其国。据说葡人攻满剌加时，港中有中国商船数艘，葡人对中国的水手及商人甚为优待，所以他们返中国后，对于欧洲人作很有利的报告。当时满剌加是世界上一个很大的香料分配的中心，葡人占领后，一面复遣人探求香料群岛（Moluccus Is.）一面遣使结好东洋诸国。正德十一年（1516），葡人拉斐尔·伯斯德罗（Rafael Perestrello）得到葡国满剌加驻军司令官的帮助，趁一篷船试航中国，这是欧人开来中国的第一只船舶，亦为葡人与中国交通的起始①。

翌年，葡人比勒斯等率领葡船马来船各四艘来中国，先驻碇于广东新宁县南的上川岛（欧人称St. John's Is.），继领两船驶入广州。右布政使吴廷举以缺上供香物许其贸易。是时番舶不绝于海上，夷人杂遝于州城。葡使彼勒斯夤缘镇守中贵，于正德十五年（1520）入京②。但先因驻在上川的葡人，行为颇多越法，以致当地官吏下令封锁；继以朝廷言官亦纷请禁绝葡使朝贡，驱逐葡人出境。正德十六年（1521）三月，武宗崩后，乃逮比勒斯下狱。嘉靖二年（1523）瘐死狱中。当时中国在法令上虽已规定禁绝葡人通商，但实际上没有发生效力。葡人请求通商不得，则来寇边，屡与中国官军冲突，辄失利，相率逃往Lampacao，此

---

①Cf. *Cambridge Modern History*（1912 ed.），Vol.Ⅰ，Ch.Ⅰ，pp.7–36，by E J.Payne；*Encyclopaedia Britannica*（9th ed.），Vol.ⅩⅨ，"Portugal". Steiger-Beyer-Benitez：*A History of the Orient*，pp.241–244. Andrew Ljungstedt：*Macao and China*（1835），Pt.Ⅰ. 万历《广东通志》（日本宫内省图书寮藏）卷六《藩省志六·事纪五》，载正德十一年（1516）佛郎机夷人始入广州，又云："……至是假入贡为名突至广州，举大铳如雷，径抵南澳，郡城震骇，后谋据东莞南头地，至掠买小民食之，强夺民家妇女……"（页32下—33上）Brinkley：*China* Vol.10，Ch.5，p.170，pp.170–177.

②《明史》卷一六《武宗本纪》：正德十五年（1510）"琉球、占城、佛郎机、土鲁番入贡"。

地大约即为香山县南虎跳门外澳门之西的浪白澳[①]。至嘉靖二十一年 (1542) 上川岛的贸易已渐为 Lampacao 所夺,再越十年,上川岛已完全停止贸易,一切贸易皆集中于 Lampacao 一港[②]。

先是在正德十二年 (1517) 前后,葡人马喀兰夏 (George Marcarenhas) 自上川岛航至福建海岸,自后葡人循道北航,越境贸易于泉州、福州、宁波者日益众多。宁波有葡人居留,虽不知始于何时,但至嘉靖十二年 (1533) 已甚繁庶。葡人恃势生事,岁招浙、闽、粤海滨无赖之徒,甚或勾引倭寇,往来鬻贩,于是引起中国官军在嘉靖二十四年 (1545) 和二十八年 (1549) 两次的剿击,葡人两次死伤甚众。残余的逃命者则仍据 Lampacao 贸易[③]。

继 Lampacao 而起在广东的贸易商港就是壕镜澳 (亦作濠镜) 或称香山澳,亦名阿妈港,即今之澳门,其地亦在香山县南虎跳门外。先是,暹罗、占城、爪哇、琉球、浡泥诸国来华互市,其海舶皆直泊广州城下,设有市舶司领之,正德时大约为防备倭寇的缘故,市舶司移于高州府的电白县。嘉靖十四年 (1535) 指挥黄庆受贿 (多半就是葡人所行的贿赂),再移之壕境,每年输朝廷饷银二万两,葡人遂得混入。闽、粤商人,趋之若鹜。但此时葡人仅得在贸易期间于壕境搭茅篷栖息,及舶出洋,便撤去之,还没有定居。其后葡人又托言舟触风涛,欲曝晒水渍贡物及存贮运来货物,请求在壕镜筑屋居住。又凭借贿赂的力量,于嘉靖三十六年

①通译作高州府之电白港,实误。参梁嘉彬:《Lampacao 考》,《清华周刊》第 35 卷第 4 期。

②Williams, S.W.: *The Middle Kingdom*, Vol. Ⅱ, p.433. Ljungstedt: *Macao and China*, Pt. Ⅰ, Temporany Settlements, 4, "Lampacao".

③Morse, H.B.: *The International Relations of the Chinese Empire*, "The Period of Conflict", 1834—1860, Ch.3, Early Foreign Relations, pp.41—47. 方豪:《嘉靖间葡萄牙人在宁波被屠问题》,《中西文化交通史论丛》第一辑。

（1557）得到海道副使汪柏的批准，葡人至此才有定居。不逾年，筑室多至数百区，至嘉靖末年已在千区以上，诸国畏而避之，壕镜遂为所专据。万历中尽擅闽、粤海上之利，广通贸易，"番"人聚者至万余人，地方官吏皆畏惧不敢过问。葡人自从得在壕镜筑居后，每年输船课二万两外，又输地租五百两于香山县①。万历时，大西洋诸国人来华传教者，如意大利的利玛窦（Matteo Ricci）、王丰肃（Alfonso Vagnoni），西班牙的庞迪我（Diego de Pantoja）等，皆先寄寓壕镜，然后入京②。他们对于中国的历法、地理学科学等的贡献甚大。

　　继葡人而与我国通商的，是西班牙人。西班牙用意大利人哥伦布（Christopher Columbus）于弘治五年（1492）发见美洲新大陆后，墨西哥和秘鲁的金银矿归入西人的手里，世界金银的产量因此大增。西人继又用葡航海家麦哲伦（Magellan）为环球远征队长；正德十四年（1519）率舰队自西班牙赛维尔城（Seville）出航经美洲南端而渡太平洋。正德十六年（1521），始达菲律宾群岛，麦氏被菲人杀害，但他的队伍仍有人回到西班牙去，从此确实证明了地圆之说，西人自此以后，继续经营菲岛，至万历四年（1576），菲岛全境尽被西人征服。其先一年，即万历三年，西人初遣教士二人到广州，欲求通商，虽受款待甚周，但毫无结果，遂返马尼剌（Manila）。先是在嘉靖四十三年（1564）至万历四、五年间我国有一海上英雄名叫林凤，一名林阿凤，或作林道乾（Limahong 或

---

① 参张天泽 *Sino-Portuguese Trade from 1514 to 1644*（1934）。张维华：《明史佛郎机、吕宋、和兰、意大利亚四传注译》。梁嘉彬：《明史稿佛郎机传考证》，《中山大学文史学研究所月刊》第 2 卷第 3、4 期合刊。

② 《野获编》卷三〇《大西洋》。"万历四十六年十月乙亥，西洋国陪臣庞迪我等奏：臣与先臣利玛窦等十余人涉海九万里，观光上国，叨食大官一十七载。近见南北参奏，要行驱逐，念臣等焚修学道，尊奉圣主，宁有邪谋，甘坠恶业。乞圣明怜察，候风便归国。若寄居海屿，愈滋猜疑，并南京等处诸陪臣一体宽假，以全天朝豢养之恩。"（《实录》575，页 8—9）

Dim Mhon)率我国的绿林好汉与西班牙人争马尼剌,但不幸失败了[1]。同时在西人尚未占领菲岛之前,我国商人以吕宋地近且饶富,从厦门、泉州及福州等地前往吕宋(Luzon)及马尼剌等地商贩者已至二三万人,往往久居不返,至长育子孙[2]。及西人既夺吕宋,虑华人为变,多逐之归,留者悉被其侵辱。万历二十一年(1593)华人潘和五等不堪凌虐,率众刺杀其酋长,尽收其金宝甲仗,驾舟返国,失路,流落安南,竟不能归。西酋既被戮,西人欲尽逐华人。会福建巡抚许孚远遣人招还华侨,西人乃给行粮遣之。然华商嗜利,趋死不顾,久之复成聚。当时中国朝廷正闹着采金的热潮,采矿使者四出。同时中国人大约因为西人盛行银币的缘故,以为就是吕宋本地出产金银。万历三十年(1602)有阎应龙、张嶷两人,言吕宋机易山素产金银,采之,岁可得金十万两、银三十万两[3],朝廷乃遣海澄丞王时和等偕嶷往勘,西人闻之大骇,以为中国将袭取吕宋。乃于使者返国后之翌年即万历三十一年,用计击杀华人共达二万五千人。中国政府虽然移檄吕宋提出抗议,但仅令其送还死者的妻子,不能致讨。其后华人复稍稍往,而西人亦利中国互市,不坚拒,久之,华侨往吕宋者复成聚。及崇祯十二年(1639)西人又举行一次大屠杀。当时华侨原有三万三千余人,被屠杀者竟占三分之二。其后西人又用种种方法限制华人入口,第一,规定华侨人数不得过六千人,且

[1]《明史》卷二二二《谭纶传殷正茂传凌云翼传》;卷二二三《吴桂芳传》。许云樵:《林道乾略居浡泥考》,《东方杂志》32卷第1号。万斯同:《明史稿》卷四〇七《林道》。

[2]《天下郡国利病书》卷九三《福建三·漳州府志·洋税》:"是时漳泉民贩吕宋者,或折阅破产。及犯厌冬禁,不得归,流寓夷土,筑庐舍,操佣买杂作为生活,或娶妇长子孙者有之,人口以数万计。"又据《诸蕃志》卷上"麻逸国"(属今菲律宾群岛)条所载,当时我国商舶已与彼间各岛有定期贸易。是我国与菲岛之贸易,早于麦哲伦之抵彼处三百余年。

[3]参《明史》卷二二〇《温纯传》。同书卷二三六《汤兆京传》载:"岁可获金四百万。""百"字当为"十"字之误。

每人每年须缴纳人头税西币六元；第二，不受洗礼奉教的，驱逐出境。但华侨的数目仍源源增加不已。有明一代，西班牙人来中国的贸易并不重要，至于华侨往来菲岛间的贸易则甚繁盛，西班牙银币，因而输入中国者甚多，是为外国银币流行中国境内的起始，容后详之[①]。

再后来中国的是荷兰人。《明史》译和兰，亦名之曰红毛番或红夷。先是万历中，福建商人每岁领引往贩大泥（今称北大年，亦有译巴大泥或大哖的，Patani，Pattani）[②]、吕宋（Luzon）及咬𠺕吧等地者，荷兰人已就地与之转贩，然与中国尚未有直接的交通，自葡人得居澳门，西人据吕宋后，引起荷人的艳羡，万历二十九年（1601）乃驾大舰携巨炮，直薄吕宋，吕宋人力拒之，不得逞。会有福建漳州府海澄县人李锦，久驻大泥，与荷人相习，而奸商潘秀、郭震亦在大泥与荷人贸易往还，诱以夺取漳南的澎湖屿，即今之澎湖岛，以为求通贡市之计，荷人乃于万历三十二年（1604）七月驾二大舰直抵澎湖[③]，时中国汛兵已撤，荷人如入无人之境，乃伐木筑舍以居。海滨居民潜载货物往市。同年在瓦尔维克（Wybrand Van Warwick）指挥之下，有一荷国船驶入广州，欲与中国通商，但因澳门葡人从中作梗，故未能得到中国的允许。万历三十五年（1607），荷人再次请求，仍遭拒绝。荷人在澎湖时守时弃，来去无定。但天启四年（1624）又侵夺台湾鸡笼、淡水等地，在此筑室耕田，久留不

---

①《明史》卷三二二《吕宋》；Frandez，L.H.：*A Brief History of the Phillippines*，pp.94–96. Morse，op.cit.，pp.46–47.

②按大泥乃Patani之省称，吉兰丹在其境内，则地在马来半岛东岸，《东西洋考》始误以大泥为浡泥，史官仍其误（冯承钧：《中国南洋交通史》页128注24），《明史》卷三二五《浡泥传》云："改名大泥，华人多流寓其地。嘉靖末，闽粤海寇遗孽，逋逃至此积二千余人，万历时红毛番（即荷兰人）强商其境，筑土库以居，其入澎湖互市者，所携乃大泥国文也。"上文所言，皆马来岛事，与勃泥无涉，读之可知当地华侨的势力及其与荷兰人关系之一斑。

③参《明史》卷二七〇《沈有容传》。

去,海上奸民又私载货物与市;葡、西两国人亦有持货往市易者。终明之世,台湾仍为荷人所据。崇祯六年(1633)夏,袭陷厦门城大掠。荷人请求互市,虽然始终未得朝廷的正式批准,但其勾引沿海奸民的走私贸易,则殊堪注意①。

至其他欧洲诸国,与中国尚无正式合法的直接通商关系,俄国虽然第一次在隆庆元年(1567)遣使彼戳洛夫(Petroff)等,第二次在万历四十七年(1619)遣使彼特林(Evashho Pettlin)来到北京请求通市,但皆因未备贡物,不准觐见②。英国与日本的贸易,在十七世纪初已开始,但与中国直接贸易的企图,至崇祯末年始有之。崇祯十年(1637)阳历6月杪,舰长约翰·威得尔(John Weddel)率领四舰驶至澳门,请求通市,亦为澳门葡人所阻挠,未有成功③。以上俄、英两国,前者与中国的陆路贸易,后者与中国的海上贸易,皆至清康熙间才比较重要。

上述欧洲诸国,与中国贸易关系最深的,自然要数葡萄牙。葡人自嘉靖三十六年(1557)在澳门借地以后,贸易日盛一日。他们发展的速率,据嘉靖四十三年(1564)御史庞尚鹏的《抚处濠镜澳夷疏》内所说:

> 每年夏秋间,夷舶乘风而至,往止二三艘而止,近增至二十余艘,或倍增焉。往年俱泊浪白等澳,限隔海洋,水土甚恶,难于久住;守澳官权令搭篷栖息,迫船出洋,即撤去。数年来始入濠镜澳

---

①参张燮:《东西洋考》(惜阴轩丛书本)卷六《红毛番》。《野获编》卷三十《红毛夷》。《天下郡国利病书》卷九六《福建六·沈铁:上南抚台暨巡海公祖请建澎湖城堡置将屯兵永为重镇书》。《明史》卷二三五《邹维琏传》;卷二六〇《熊文灿传》;卷二六四《南居益传》;卷二七六《曾樱传路振飞传》。Morse,op.cit.,pp.47−48.

②Morse,op.cit.,pp.59−62.

③Morse,op.cit.,pp.51−52.Morse,H.B.:*The Chronicles of the East India Company Trading to China*,Vol.Ⅰ,Ⅱ,Weddell at Canton.

筑室，以便交易；不逾年多至数百区，今殆千区以上。日与华人相
接济，岁规厚利，所获不赀，故举国而来，负老携幼，更相接踵，今筑
室又不知其几许，而夷众殆万人矣。①

万历四十一年（1613）六月二十七日，刑科给事中郭尚宾题本内提及当
时葡人在澳的声势的浩大，已俨然自成一国。他们勾结中国官府，实
行走私，一方面包庇闽、广逃亡无赖之徒，私运粮米、军器、火药等物前
往买卖——有时并且贩卖人口，一方面利用中国的人工替他们制造军
火——可以说是欧人在华开厂制造最早的例。种种罪状或者未免形容
过致，但必有其事实上的根据，是无可置辩的②。

　　说到中葡的贸易货物，中国输出品以丝、绢、瓷器为大宗，自葡国
本国输来的有枪炮、玻璃等的工艺制造品，但所占的贸易总额，殊不重
要。葡人通常以金银（银钱尤远为重要）交换我国的货物，《明史·佛

---

① 《岭南文献轨范补遗》卷五《事理疏议》。按《天下郡国利病书》卷一〇二《广东六》，亦收
载此疏。同书卷三《陈堂·台鼎宗瞻计序》（作于万历十九年）云："粤有夷舶，不但通商，
亦惠民。粤中之地，如喉咽然，四方之商不以夷货则不集，而生理蹙矣……曩夷舶浮海而
来者，岁不下二十艘，今仅四五止耳，此诚未知所税驾也。"读此可知夷舶与粤中人民生计
关系的密切，然所载船艘之数较之尚鹏上疏时又已减少了。

② 《郭给谏疏稿》卷一（岭南遗书本）："闽、广亡命之徒，因之为利，遂乘以肆奸。有见夷人之
粮米牲菜等物，尽仰于广州，则不特官澳之运济，而私澳之贩米于夷者更多焉。有见广州
之刀环、硝磺、铳弹等物，尽中于夷用，则不特私买往贩，投入为夷人制造者更多焉。有拐
掠城市之男妇人口，卖夷以取赀，每岁不知其数，而藏身于澳夷之市，画策为夷人之幕者
更多焉。夷人忘我与市之恩，多方于抗衡自固之术。我设官澳以济彼饔飧，彼设小艇于
澳门海口，护我私济之船以入澳，其不受官兵盘诘若此。我设提调以稍示临驭，彼纵夷丑
于提调衙门，明为玩弄之态以自恣，其不服职官约束如此。番夷无杂居中国之理，彼且蓄
聚倭奴若而人，黑番若而人，亡命若而人，以逼处此土，夷人负固怀奸之罪不可掩也。抽
饷有每年难亏之额，彼乃能役我兵船数只，兵数百名，获货如许以入澳，夷人善匿亏饷之
罪，不可掩也。"参《野获编》卷三十《香山岙》。

郎机传》载："市易但伸指示数,虽累千金不立约契。"可见一斑。正德末葡人初来广东时便被言事者上疏控诉他们剽掠或收买小儿为食,据说每一小儿给金钱一百个。这里所说的"金钱"恐怕不过是葡国自铸的银钱,因为史籍上葡国金钱输入的记载不多。葡人初至,行使本国的金钱,中国政府初不知之,到后来才发觉[①]。他们缴纳房租则用银子,据《天下郡国利病书》载:

> 洪武初,令番商止集(广州)舶所,不许入城,通番者有厉禁。正德中,始有夷人私筑室于番澳者以便交易,每房一间,更替价至数百金。[②]

所谓"夷人",便是葡萄牙人;"番澳",大约便指上川或浪白澳。至于房租金,大约给的是中国通行的银两,此或为他们贸易所得来的,所以不说金钱若干个。

上说的只是初期贸易的支付情形,至万历间,在澳门输入的银子尤多,周玄暐说:

> 粤中惟广州各县悉富庶,……广属香山(按,即指澳门)为海舶出入咽喉,每一舶至,常持万金,并海外珍异诸物,多有至数万者。先报本县,申达藩司,令市舶提举司县官盘验,各有长例,而额外隐漏,所得不赀。其报官纳税者,不过十之一二(《学海类编》本作"十之二三")而已。[③]

这些银子,大约是从本国先运到南洋属地然后转运来的。当时澳门的

---

①《殊域周咨录》卷九《佛郎机》。

②卷一〇四《广东八》。

③《泾林续记》不分卷,涵芬楼秘笈本,《学海类编》本略有异文,可参看。

贸易完全为葡人所操纵,葡国以外其他欧洲各国的船只,苟非得葡国驻卧亚总督的批准及葡驻澳门当局的同意,很难通过南洋来到澳门作买卖。根据确实的记载,在万历四十年(1612),从卧亚总督领一往澳门贸易的特许状,一只船航行一次须缴纳相当于二万五千英镑的代价①。由此可推知每只船运来的金银货物,其价值一定不小。据万历三十年刊的《广东通志》所载,广东市舶提举司收入的舶税,据该司揭称每年约饷银四万余两②。假定这是百分之二的从价税的税额,则由此可推出每年的入口贸易额应为二百多万两。但这不过指申报的货价而言,至于漏税走私的,还不在内,假如周玄暐所说,"其报官纳税者,不过十之一二"的比率是准确的,则入口的货价当在一千万两以上。关于银子入口的数量,据万历二十五年(1597)Condede Chindron 的官吏关于东洋贸易的意见书中说:"每年因为要从那里得到些不重要的物品而百万的'八哩亚儿银货'(Piestre)输送到东印度了。"③这些银货,大部分是输来中国的。又如根据以前所载来作估计,一舶持来一万元,自嘉靖末年起,每年来舶平均约在二十艘以上,一年便应有二十万元以上的输入。即使在嘉靖初年每年仅来船二三艘时,积嘉靖、隆庆两朝(1522—1572)五十一年的长时间,至少亦应有一百万元以上的输入。并且这里所说的只限为购买货物而携来的现款,如每年所缴纳的船课及澳门地租也计算在内,便至少可达二百万元。

　　至于上揭广东市舶司所收入的饷银四万余两之数,似系包括各国

---

①Morse, H.B.: *The East India Company Trading to China*, Vol. I, p.9. *Encyc. Brit.* (13 th. ed.), Vol.22, S.V. "Portugal", p.145. 按当时£1约相当于$3.50;£25,000即等于$97,500。

②万历《广东通志》(日本宫内省图书寮藏)卷七《藩省志七·税课》;卷六九《番夷》所载数同。

③百濑弘:《明代中国之外国贸易》,《东亚》第八卷七月号。

在澳门缴纳的货税的全部而言。葡国每年缴纳的船课二万两，大半也计算在内。这二万两定额的船课系由葡国按年缴纳与中国，乃一种包饷制[①]。其详细办法，可与施行于福建漳州府的船课相参证（详后）。

与中国贸易的关系稍次于葡萄牙者，是西班牙。虽然西人直接前来中国的贸易并不重要，但往返于福建及菲律宾群岛（特别是吕宋一地）我国商人间的贸易则甚繁盛。并且银子一项从菲岛流入中国者，似还在从葡萄牙的南洋占领地所运来的数量之上。当时中国与吕宋的贸易，以福建漳州府的海澄县为最主要的出入口的商港。闽省市舶司税务，由海澄县海防同知掌之。海澄县成为商港的经过及其舶税的制度，很可作为万历以后中国的国际贸易情形的一般说明，今详述之如后：

闽省市舶司原设于泉州，以受琉球诸国的入贡。成化八年（1472）以都御史张瑄奏移置福州。自正德后，葡人自粤省越境私贩于闽，漳州始渐为中外互市的重要之地[②]。嘉靖中叶，沿海倭患频仍，闽人出洋潜市吕宋诸番者更多，朝廷虽欲禁止，亦不可得。嘉靖四十四年（1565）奏设海澄县治，四十五年十二月以龙溪县之靖海馆置海澄县，复析漳浦县地益之[③]。隆庆改元（1567），福建巡抚涂泽民请开海禁准贩东西二洋，——按即今之所谓南洋。东西洋之划分，以婆罗洲（Borneo）北岸的文莱国（Brunei）为界，文莱以东的叫东洋，以菲律宾群岛为中心，苏禄、麻六甲诸岛及文莱等地皆属之；文莱以西的叫做西洋，指印度支

---

① 参《郭给谏疏稿》卷一，万历四十一年六月二十七日题。同年八月二十八日题，四十二年二月初四日题。萧彦《制府疏草》卷上《因事激衷恳乞天恩明职掌定经费疏》（万历十九年止）："广州夸（夷本字）船税每年二万两解（布政使）司充饷，余则存留该府备支兵食"，可知当时饷银的分配情形。

②《天下郡国利病书》卷九五《福建五·杂课》；同书卷九六《福建六·郭造卿：闽中兵食议》。

③《明史》卷四五《地理六·福建》。

那（Indo-China）即交阯、占城、暹罗诸地，又凡马来半岛、苏门答剌、爪哇及婆罗洲之西南海岸诸国皆属之[①]。海禁开后，遂议征商税及市舶。凡华船下番，于出口前应先请引，回时缴销。每引征税各有定额，名曰引税：东西洋国每引税银三两，鸡笼、淡水（属台湾）每引一两，其后增加一倍，即东西洋每引六两，鸡笼、淡水每引二两。每次请引，以一百张为率，用尽即可继续请求。原未限定其船数或地点。至万历十七年（1589），巡抚周寀始议将东西洋贾舶题定额数，每年限船八十八只，给引亦以此为限。后以引数有限而请求者多，乃增至一百一十引。给引及其税务俱由海防同知兼营。

引税是一种特许金，征之于出口的商船。当时中国出洋的商船，多系合资组识。出资最多的为主商，亦名商首或船主，一般的事务皆由商主负责主持，其余的伙伴即为散商或众商，各有其附载的货物。有时一船的商人，以数百计，皆四方"萍聚雾散"之人，咸听命于商主。船主对于众商的剥削，简直已成为定例。引税的负担，由商主分科于众商，商主不但常常毫无所出，并且有时以一科十。给引以后，商船便须据实量报梁头尺寸，登记于引上。又由海道发盖有印信的官单给与商人，以备登报各舱货物递送掣验，不得载违禁货物，或漏报少报。

真正具有关税的性质者，计有三种不同的税：一，水饷；二，陆饷；三，加增饷。水饷是征于船商之税，其性质颇类于今日海关所征的船钞（tonnage dues），但其定率不以船的载重量，而以船的容积量为标准。水饷的课税标准，以梁头尺寸为定，从腹阔处丈量，依据船面的阔度，分为十一等级，按每尺抽税，用累进税率。如西洋船面阔一丈六尺以上者，每尺征饷五两，每多一尺，加银五钱。东洋船头颇小，比西洋税率减十

①《东西洋考》卷九《舟师考、西洋针路及东洋针路》。

分之三,即按十分之七抽税,如下表。但鸡笼、淡水,则以地近船小,用平率征课,船面每阔一尺,征水饷五钱。

万历三年东西洋船水饷等第规则表*

船面阔度（丈）	每尺抽率（两）		一船应征银数（两）	
	西洋	东洋	西洋	东洋
1.6	5.00	3.50	80.00	56.00
1.7	5.50	3.85	93.50	65.45
1.8	6.00	4.20	108.00	75.60
1.9	6.50	4.50	123.50	86.45
2.0	7.00	4.90	140.00	98.00
2.1	7.50	5.25	157.50	110.25
2.2	8.00	5.60	176.00	123.20
2.3	8.50	5.95	195.50	136.85
2.4	9.00	6.30	216.00	151.20
2.5	9.50	6.65	237.50	166.25
2.6	10.00	7.00	260.00	182.00

*来源:张燮著:《东西洋考》卷七,页95。

　　陆饷就是货物进口税,征之于铺商。当时恐船商有藏匿货物或呈报不实之弊,故令船入港时船商不得先起货,以铺商接买货物,应税之数,给以号票,令铺商就船完饷,然后听其转运。陆饷初时为从价税,税率为百分之二,如货价一两者征饷二分[1]。后因货物高下,时价不等,乃于万历十七年(1589)改为从量税。入口货物共分九十三项,这九十三

---

[1] 按正德以前所行的抽分,至少十分抽二,即百分之二十,现在值百抽二,可见税率已锐减。

项内有虽为同一种货物,但因其品质的高下而分,如冰片、燕窝,皆分为上中下三项,鹤顶分为上下两项;亦有以曾经或未经制造而分,如象牙、檀香,均分为成器与不成器两项;亦有以颜色分者,如锁服分红色及其他色两项;亦有兼用两种的标准分类者,如犀角分花白成器者及乌黑不成器者两项。九十三项的货物中,以属于香料、药材、皮货的种类的为最多,其中可以注意的,有番金及钱铜两项,它们都是以一般商品的资格运来的——钱铜一项,疑为复进口的成分居多。再则,阿片及番米两项的输入,亦可注意。以上各项货物,各按其计算的单位征收一定的税额。至万历四十三年(1615)又加入货物三十三项共为一百二十六项,税额一律减低如下表①。

陆饷的税率,鸡笼、淡水与东西二洋的完全一样。

加增饷就是一种特加税,只征之于东洋中吕宋的来船。因为吕宋"地无他产",夷人悉用银钱易货,故归船除银钱外,无他携来,即有货亦无几,故商人回澳,除征水陆二饷外,属吕宋船者,每船更追缴银一百五十两,名曰"加征"②。后诸商告苦,万历十八年(1590)减为一百二十两。这一种税,大约亦由船主负担。

---

① 假定这两年税率仍是一律值百抽二,则各项物品的价格很容易的可以推算出来。按,胡椒,檀香,冰片,白燕窝,黄腊,竹布,阿片,槟榔,牛角,番米,白豆蔻,乳香,丁香,海菜,黄丝十五项,至近年仍有入口;作者曾以推算所得当时价格与现今之价格相比较,查出后者一律增加了许多——由二三倍以至三四十倍不等。
② 参陈子龙等辑:《皇明经世文编》卷四〇八《徐学聚:初报红毛番疏》。

明万历十七年、四十三年税率比较表*

货　　　名	单位	每单位税额（两）		货　　　名	单位	每单位税额（两）	
		万历十七　年	万历四十三年			万历十七　年	万历四十三年
胡椒	100斤	0.25	0.216	马钱	100斤	0.016	0.014
象牙成器者	〃	1.00	0.864	椰子	100个	0.02	0.017
象牙不成器者	〃	0.50	0.432	海菜	100斤	0.03	0.014
苏木,东洋木小	〃	0.02	0.021	没石子	〃	0.20	0.017
苏木,西洋木大	〃	0.05	0.043	虎豹皮	10张	0.04	*0.035
檀香成器者	〃	0.50	0.432	龟筒	100斤	0.02	0.173
檀香不成器者	〃	0.24	0.207	苏合油	10斤	0.10	0.086
奇楠香	1斤	0.28	0.242	安息香	100斤	0.12	0.104
犀角花白成器者	10斤	0.34	0.294	鹿角	〃	0.026	0.012
犀角乌黑不成器者	〃	0.10	0.104	番纸	10张	0.006	*0.005
沉香	〃	0.16	0.138	暹罗红纱	100斤	0.50	0.414
没药	100斤	0.32	0.276	棕竹	100枝	0.06	0.052
玳瑁	〃	0.60	0.518	沙鱼皮	100斤	0.068	#0.059
肉豆蔻	〃	0.05	0.043	螺蚆	1石	0.02	0.173
冰片上者	10斤	3.20	2.765	獐皮	100张	0.06	0.052
冰片中者	〃	1.60	1.382	獭皮	10张	0.06	0.052
冰片下者	〃	0.80	0.691	尖尾螺	100个	0.016	0.014
燕窝白者	100斤	1.00	0.864	番泥瓶	〃	0.04	0.034
燕窝中者	〃	0.70	0.60	丁香枝	100斤	0.02	0.017
燕窝下者	〃	0.20	0.173	明角	〃	0.04	0.034
鹤顶上者	10斤	0.50	0.432	马尾	〃	0.10	0.090
鹤顶次者	〃	0.40	0.346	鹿脯	〃	0.04	0.034
荜拨	100斤	0.06	0.052	磺土	〃	0.01	0.009

货 名	单位	每单位税额（两）		货 名	单位	每单位税额（两）	
		万历十七 年	万历四十三年			万历十七 年	万历四十三年
黄蜡	〃	0.18	0.155	花草	〃	0.20	0.173
鹿皮	100张	0.08	0.069	油麻	1石	0.012	0.010
子绵	100斤	0.04	0.034	黄丝	100斤	0.40	0.346
番被	1床	0.012	0.010	锦舫鱼皮	100张	0.04	0.034
孔雀尾	1000枝	0.03	0.027	甘蔗鸟	1个	0.01	0.009
竹布	1匹	0.008	0.007	排草	100斤	0.02	0.173
嘉文席	1床	0.05	0.043	钱铜	〃	0.05	0.043
番籐席	〃	0.01	0.012	哆啰哖,红色	1匹		0.519
大风子	100斤	0.02	0.017	哆啰哖,余色	1匹		0.346
阿片	10斤	0.20	0.173	番镜	1面		0.017
交阯绢	1疋	0.01	0.014	番铜鼓	〃		0.087
槟榔	100斤	0.024	0.021	红铜	100斤		0.155
水籐	〃	0.01	0.009	烂铜	〃		0.087
白籐	〃	0.016	0.014	土丝布	1匹		0.016
牛角	〃	0.02	0.018	粗丝布	〃		0.008
牛皮	10张	0.04	§0.035	西洋布	〃		0.017
籐黄	100斤	0.16	0.138	东京乌布	〃		0.020
黑铅	〃	0.05	0.043	八丁荞	100斤		0.100
番锡	〃	0.16	0.138	青花笔筒	1个		0.004
番籐	〃	0.026	0.022	青玻璃笔筒	〃		0.0045
乌木	〃	0.018	0.015	白琉璃盏	〃		0.004
紫檀	〃	0.06	0.052	琉璃瓶	〃		0.010

货　名	单位	每单位税额（两）		货　名	单位	每单位税额（两）	
		万历十七年	万历四十三年			万历十七年	万历四十三年
紫檀	〃	0.10	0.086	莺哥	〃		0.030
珠母壳	〃	0.05	0.043	草席	1床		0.009
番米	1石	0.014	0.010	漆	100斤		0.200
降香	100斤	0.04	0.034	红花米	〃		0.200
白豆蔻	〃	0.14	0.121	犀牛皮	〃		0.100
血碣	〃	0.40	0.346	马皮	100张		0.346
孩儿茶	〃	0.18	0.155	蛇皮	〃		0.200
束香	〃	0.21	0.181	猿皮	〃		0.100
乳香	〃	0.20	0.173	沙鱼翅	100斤		0.068
木香	〃	0.18	0.155	翠鸟皮	40张		0.050
番金	1两	0.05	0.043	樟脑	100斤		0.100
丁香	100斤	0.18	0.155	虾米	〃		0.100
鹦鹉螺	100个	0.014	0.012	火炬	1000枝		0.100
毕布	1匹	0.04	0.034	樱竹枯	100枝		0.030
锁服红者	〃	0.16	0.138	绿豆	1石		0.010
锁服余色	〃	0.10	0.086	黍仔	〃		0.010
阿魏	100斤	0.20	0.173	胖大子	100斤		0.060
芦荟	〃	0.20	0.173	石花	〃		0.026

附注:§原数为百张税额,今按十张计算之。

　　　#百张税额。

＊来源:根据张燮著:《东西洋考》卷七《饷税考·陆饷》,页96至98。

以上水饷、陆饷、加增饷三种，皆于夷舶来华时，或华商下番回舶入港时征之，所以皆为入口税，而无出口税。当时所以不征出口税的理由，因为航海在当时究竟是一件危险的事业，往往有中途船沉货没之虞，不如待其归来时征其贩卖贸易的所得较为体恤商人。至于在出口方面，既有了船引及印信报单种种的限制，走私及犯禁的弊病当可免除的了。

据《东西洋考》所载，漳州府的舶税收入，在隆庆间（1567—1572）初设舶税时仅三千两。万历三年（1575）福建巡抚刘尧诲请税舶以充兵饷每年六千两。自万历四年，饷溢额至一万两，刊入章程录。至十一年（1583）又增至二万余两，二十二年（1594）饷骤增至二万九千两有奇。二十七年（1599）以后，由中使专权，每年收入约二万七千余两。四十一年（1613）撤各珰使还，诏减各处关税，是时漳州府税额原为二万七千八十七两余，至四十三年应前年诏令减银三千六百八十七两余，尚应征银二万三千四百两。这里所说的舶税，不知是专指陆饷抑包括水陆加增三饷而言。如专指陆饷说的，又假定为百分之二的从价税，则税额收入在二万七千八十七两余时，其进口货物总值应为一百三十五万四千三百八十一两余，这还不过是漳州府海澄县一港的入口额[①]，而且没有把漏税的部分计算在内。

在加增饷项下我们看见自吕宋来的船，除装银钱外，无他物携来，即有货亦无几的记载，这是非常确实的情形。当时西班牙人需求中国的丝、磁器等物甚殷，但中国人对他们的商品的需求较为冷淡，西人只

---

① 以上根据《东西洋考》卷七《饷税考》。按《天下郡国利病书》卷九三《福建三·漳州府志·洋税》所载与《东西洋考》互有详略出入之处，可参看。《利病书》所转载者，疑为崇祯元年袁业泗纂《漳州府志》之文。崇祯《海澄县志》卷五《饷税考》与上数书同一来源，亦可参看。

以自铸银钱和华商交易货物,所以银钱大量地从吕宋流来[①]。考西班牙人自1521年（正德十六年）发现墨西哥,1532年（嘉靖十一年）发现秘鲁以后[②],每年以大船二只自新大陆运输白银至本国,银之流入南欧者,有如潮涌,未久即播及全欧。当1492年（弘治五年）哥伦布发现西印度时,欧洲流通之金银总额还不过十七亿匹阿施脱娜（Piastre,普通称作Peso,亦名Peso duro,即西班牙银元）,但过后约一百一十年,即当墨西哥、秘鲁发现后之六七十年间,在1600年（万历二十八年）即激增至六十二亿四千万匹阿施脱娜。欧洲因陡增此多量贵金属的供给,以致金属价值暴落,物价则腾贵至十倍以上。单就银的每年生产量的增加而言,据薛比亚尔（Soetbeer）的估计,自南美玻利菲亚（Bolivia）境内波多西（Potosi）各银矿发现以后世界银的产量在1495年至1520年间（即弘治八年至正德十五年）原本每年平均出产1,511,000英两（Ounce）纯银,但一到了1545年至1560年间（即嘉靖二十四年至嘉靖三十九年）每年的平均产量便提高至10,017,000英两。自此以后一直到十八世纪的中叶（1750年,即当乾隆十五年）世界每年银的产量大约总在9,000,000至17,000,000英两之间[③]。

---

①《天下郡国利病书》卷九六《郭造卿：防闽山寇议》："海外之夷,有大西洋,有东洋。大西洋则暹罗、柬埔诸国,其国产苏木、胡椒、犀角、象牙诸货物,是皆中国所需,而东洋则吕宋,其夷佛郎机也,其国银山,有夷人铸作银钱独盛。中国人若往贩大西洋,则以产物相抵,若吕宋,则单得其银钱。是两夷者,皆好中国绫罗杂缯。其土不蚕,惟借中国之丝,到彼能织精缎匹,服之以为华好,是以中国湖丝百斤,值价百两者,至彼得价二倍;而江西瓷器、福建糖品果品诸物,皆所嗜好。佛郎机之夷,则我人百工技艺,有挟一器以往者,虽徒手无不得食,民争趋之。"

②西班牙人于1535年（嘉靖十四年）在墨西哥,1621年（天启元年）在秘鲁创立各造币厂（Carothers, Neil: *Fractional Money*〔1930〕, Ch.3, p.21）。

③Hirst, F.W.: *Money*（1933）, Ch. IX. Silver and Silver Prices, p.511 所引。

　　十六世纪西班牙对华的贸易根据地是菲律宾群岛。西人于隆庆五年（1571）辟马尼剌及勒卡施匹（Legaspi）为贸易商港，复占据吕宋；在以上各地（尤其是吕宋）与华人的贸易甚盛。当时墨西哥之阿卡普鲁可（Acapulco）港与马尼剌间每年皆有定期船往来，名曰 Naos de Acapulco。由墨开往马尼剌时，多载有大量的墨西哥银；由马尼剌回墨时，多在每年春天，装运购自中国商人的商品及本国皇室用品等项货物。定期船由墨赴菲时，政府给以补助金，此项补助金数目若干，初期已不可考。清康熙四年（1665）始规定为每年二百五十万比收（Peso），每次除掉运费开销以外，据说至少可积得五十万比收以上运至菲律宾。又因西班牙在菲对华贸易发展之结果，所有由墨运至马尼剌及吕宋的银子，大半皆用来购易中国的货物，而间接地从华侨之手流入中国。据 R.Chalmers 在其所著的 *A History of Currency in the British Colonies* 说："最古的西班牙银货1571年（隆庆五年）以后，发现于广东、宁波、厦门等处"，足见自马尼剌开港以后，已有西币流入中国了[1]。

　　自西班牙占领马尼剌以后，输入中国的银及银货，数量究有若干，中国册籍中甚缺乏此项记载。至外国册籍，虽间有一二记载，然亦仅能推知其大约，详数则无从查考。据 Blair E.H.and Roberstson,J.A.: *The Phillipine Islands* 书中所载：1586年（万历十四年）马尼剌之 Sacred Royal Catholic Majesty 与菲力普二世（Philip Ⅱ）的信内说："此处以大量之银及银货交换中国商品，此项银及银货，除一小部分残留本岛外，其余大部分均由华人运回中国。"同年 Pedro de Rojas 与菲力普二世的信内亦云："每年此处有三十万比收流入中国，本年竟达五十万比收以

---

[1]Foreman, J.: *The Phillipine Islands*, pp.243-244.Martin, R.M.: *China*, Vol. 2, p.377. Eames, J.B.: English in *China*, p.62.

上。"1590 年（万历十八年）葡萄牙人与菲力普二世的信内说（按，1580年〔万历八年〕葡萄牙王室男嗣绝，菲力普第二以结婚关系，身并葡国〔Personalunion〕，自是年起至 1640 年〔崇祯十三年〕止的六十年中，葡受西的统治）："自西印度（墨西哥等处）运来之银，几全流入中国，其故则系中国以多量之商品，易银货以去。"1597 年（万历二十五年）菲力普二世的覆信内说："由墨西哥运去之银货，悉数流通中国，长此以往，恐将长留于中国也。"次年，马尼剌的大主教与菲力普二世信内说："每年由新西班牙（墨西哥、秘鲁等处）运来之百万比收银货，违反陛下之命令，均已流入异教徒之中国。"[1] 嗣后数年间，竟超过二百万元。至 1621 年（天启六年）有一只贸易船载了三百万元的银开往东洋的记录[2]。所以假如自万历元年（1573）起，即马尼剌辟埠后之第三年，依上面所揭最低的数目计算，每年平均有三十万比收流入中国，则至万历十年（1582）即一条鞭法推行已甚普遍的时期，便应有三百万比收的输入（如前所估计葡人输入澳门的每年二十万元亦计算在内，便为五百万元以上）；倘如一直算到崇祯十七年（1644）止，则在七十一年间，应有二千一百三十万比收的流入了（连葡人的输入应为三千五百五十万元以上）。

当时西银之流入中国，其中直接由西班牙因对华贸易而输入者尚占少数，大部分系由西在菲岛之殖民地间接运来，或华人之往来菲岛者所携回。《漳州府志·洋税》云："加增饷者，东洋中有吕宋，其地无出产，番人率用银钱（钱用银铸造，字用番文，九六成色，漳人今多用之）

---

① Blair and Robertson：*The Phillipine Islands*，以上根据小竹文夫：《明末ふつ：清の中叶末に至る外国银の支那流入》（《支那研究》第二十九号）所引。
② 参百濑弘：《明代中国之外国贸易》。

易货,船多空回,即有货亦无几。"①《海澄县志》卷十一《风土志》"物产"一门,贾舶方物附,货之属,"银钱"条下云:

> 其中有文。大者七钱五分,夷名黄币峙;次三钱六分,夷名突唇;又次一钱八分,名罗料厘;小者九分,名黄料厘;又小者四分有奇。俱自吕宋佛郎机携来,今漳人通用之。②

上面所说的"黄币峙"大约即为peso的译音,黄字大约是附加的形容词,或者因为当时该种银币略带黄色亦未可知。"黄料厘"的黄字,大约意亦同此。当时西班牙的peso每一枚等于八reales或reals,亦名曰pesoduro,英文名hard dollat,重量纯银412.5喱(grain)——即26.73公分(gram),成色(?).900,约合中国库平七钱二分,与黄币峙的重量相差无几。"突唇"大约是葡人testão(亦作testão,英文作testoon)的译音,这是一种来源已久的葡币,现为镍铸,每一枚等于一百reis,此外又有50-reis及20-reis两种钱币。按镍之发见乃十九世纪之事,故当初系用银铸无疑。十六世纪时法国行一种银币,每枚价值十至十三Sous,名叫teston;意大利有一种古币名叫testone者,亦以银铸。以上testão,teston,testone种种的名称,其字义上的来源,皆由于钱币正面上的人首兽形得来(test the head),亦可为testão用银铸的旁证。至于"罗料厘"(重一钱八分)及"黄料厘"(重九分),疑即为葡币50-reis钱及20-reis

---

① 《天下郡国利病书》卷九三《福建三》。

② 崇祯六年梁兆阳修,蔡国桢、张燮、谢宗泽纂《海澄县志》(日本帝国图书馆藏)卷一一第11页。张燮:《东西洋考》卷五《吕宋物产》云:"银钱,大者七钱五分,夷名黄币峙;次三钱六分,夷名突唇;又次一钱八分,名罗料厘;小者九分,名黄料厘,俱自佛郎机携来。"此条所言少去"小者四分有奇"一种及"今漳人通用之"数字,至其只言自佛郎机携来而原言吕宋,则以本文附"吕宋传"之后,不必重书之故。

钱的译音,因他们与突唇(重三钱六分)及彼此间的重量的比率恰好为 $1:\frac{1}{2}:\frac{1}{4}$。惟"罗料厘"或为西币real的译音,似较相近,但自其与黄币峙(七钱五分)的重量的比率言之,则不尽相合(1 peso等于8 reals)。

由上可见葡、西两国银币,大批自闽粤两地流入。《粤中见闻》云:"用银,始于闽粤,而闽粤银多从番舶而来。番有吕宋者,在闽海之南,产银。其行银,如中国之行钱。西洋诸番银多输其中以通商,故闽粤人多商贾于吕宋运银。"[1] 此系述明末清初时银自菲律宾输入中国的情形。顾亭林以为明末朝廷民间通行以银为常货,"盖市舶之来多矣",慕(天颜)氏注云:"……银两之所由生,一则矿砾之银,一则番舶之银。本(清)朝顺治六、七年间(1649—1650),海禁未设,见市井贸易,多以外国银钱,各省流行,所在多有。自一禁海之后,绝迹不见,是塞财源之明验也。"[2] 又可见直至清初,各省民间交易皆通用外国银钱。

除葡、西两国自南洋输入我国的银币外,当时自日本输来的数量也不少。据《日本考》载:"金,陆吞州出;银,出云州出。"[3] 同书又载,倭国所好之中国货物,如丝、丝绵、红线、水银、针、铁锅、药材等,其价值均以银计算。又云:"倭不自铸(钱),但用中国古钱而已,每一千文价银四两。若福建私(铸)新钱每千价银一两二钱。惟不用永乐、开元二

①《岭南丛述》卷三四《粤中见闻》(小竹文夫所引)。今按当时各国银钱的摹样,可参看清倪模《古今钱略》卷一九《外国品下》;及清孟麟《泉布统志》卷九《洋银》。惟以上两书所载之式样,仅存大概,且多未能断定其究属何国者也。容异日考定之。

②《日知录集释》卷一一《银》。

③李言恭、郝杰合著《日本考》(商务馆明万历刻本影印)卷二《土产》。

种。"① 可见日人以银交换中国的货物及钱币。《漳州府志·洋税》云："日本无货,只有金银。"② 考日本在庆长间(即万历二十四年至四十二年,1596—1614),石见、佐渡、秋田各矿山产银甚多,当江户时代产银益丰。但与墨西哥、秘鲁的银矿相较,则仍远不及。当时日本所产之银,多由长崎港输出,系由在长崎贸易之华人及葡萄牙人以商品交换运出。此项华侨贸易所得之银,均运回中国,葡人则将银运至澳门重购华丝绸等运至日本易银,故日本流出之银,大半输至中国。据矢野博士所说,"他们每年在贩买中国绢于日本这宗生意上,获得了的银,年额达到二百二十五万两,以充作他们购买中国货往欧洲的资本"③。据新井白石的调查,庆长六年至正保四年(即万历二十九年至清顺治四年,1601—1647)的四十七年中,自日本输出之银约为七千四百八十余万两④。故

---

① 《日本考》卷一《倭好》。又卷二《贸易》云:"买卖亦用银、金、铜钱交易。凭经纪名曰乃隔依理。今用之铜钱,乃铸天顺、永乐、洪武三样。每银一两换钱三百三十三文为则,零用以三文抵白银一分,总钱一千称为一贯,值银三两。由琉球、高丽以得中国之钱为样,本国照样铸之。……所用白银饼,如鞋底,无元宝课锭。亦有假银,外用银皮包打停当,若不剖辨,俨如白银……"所载与上条大相径庭,大约因所记非为同一时期。又,卷四"倭国草书珍宝类元宝"条:"本国虽无银如鞋底,而中国有也,故云'小马揩尼'。"又可见中国元宝亦间有输入彼国。今按日本嘉隆银币的摹样,见清孟麟《泉布统志》卷八《明日本国币》。

　　《盐邑志林》卷五四,姚叔祥:《见只编》卷中:"倭使小西飞来议封事,时以京营将佐杨贵绿为馆伴,小西飞曛杨,有私觌之礼,如刀盒之类,一犹常见。惟银钱多作人马之状。更有银一片,形类橡叶,厚二分,长七寸许,中有一脊,阳凸阴凹,两旁斜击数槌,酷似叶瓣,侧有一印,长寸余,隐起三字,曰'石州银',皆中国字,惟州字斜飞耳。"

② 《天下郡国利病书》卷九三《福建三》。

③ 矢野:《关于长崎贸易之铜及银的向中国之输出》,《经济论丛》第26卷第2号。

④ 新井白石:《本朝宝货通路用史略》(小竹文夫所引)。王辑五:《中国日本交通史》页188,据1709年长崎奉行之报告,自1648至1708年(日本)流出(至中国)之金额,概为二百余万两,银额约为三千七百余万两。

如以西班牙银元折合,应在一亿四百万元以上(按每一两等于一元四角计算)。上数乃新井白石推算得来,但可惜其根据不甚清楚,小竹文夫谓为尚难确信。然若矢野所说的额数可靠,且尽流到中国来,则更不止此;即以上数一半计算,亦在三千七百万两以上,较之我们在前面所推算的葡、西两国在约略相当的时期中所输入的总额,还要超过,可见我们对葡、西两国输入之数,一定估得太低了,因为它们输入中国之银,大部分还是从美洲或本国来的呢。但由此可以断定只就葡、西和日本三国输入的数目而言,必已远超过一亿元以上。

　　银元大量的输入,除掉葡、西、日三国的来源以外,如英国亦有些小的流入。据C. F. Remer计算所得,英国东印度公司在1601—1620年(万历二十九年至泰昌元年)输至东方的银条及银钱共值英镑548,090,这些数目大半是用西班牙银元支付的。至其中有多少数量流入中国已无法知道[1]。又根据H.B.Morse的记载,1635年(崇祯八年)英国东印度公司有一船受雇于葡萄牙者,开至澳门,缴纳船钞一千四百西班牙银元(R$\frac{8}{8}$,即reals of eight,后名曰dollar);1637年(崇祯十年)英东印度公司有四船开至广州,带来十四万二千西班牙银元(R$\frac{8}{8}$)[2]。

　　自当时贸易的关系言之,荷兰尤远居英国之上,但可惜自荷兰人输入的银币的数目已无可考。《东西洋考》载:"我国商舶虽未有抵其地(指荷兰国)者,特遄罗、爪哇、渤泥之间,与相互市。彼国既富,裒蹄华

---

[1]Remer:*The Foreign Trade of China*(1926),pp.21−22,原书谓根据:Morse:*The International Relation of the Chinese Empire*,Vol. I & II.Morse:"The Provision of Funds for the East India Company's Trade at Canton during the Eighteenth Century",*The Journal of the Royal Asiatic Society*,1922年4月份单印本。原书又谓:Robinson:*The Trade of the East India Company*,p.149,所载数目与本书所揭数略有出入。

[2]Morse:*The East India Company Trading to China*,Vol. I,Table of Shipping,p.307.

夷,货有当意者,辄厚偿之,不甚较值,故货为红夷所售则价骤涌。"① 除了我国商船和他们在南洋的贸易以外,荷人又取得澎湖及台湾一部分为对我国贸易的根据地,并且他们和日本的贸易亦甚繁盛。关于华侨在南洋与荷人的交易情形,《东西洋考》"大泥 (Datani)"条亦有记载,说该地市用金钱,"华人流寓甚多,趾相踵也。舶至⋯⋯货卖,彼国不敢征税。惟与红毛 (即荷兰) 售货,则湖丝百斤,税红毛五斤,华人银钱三枚,他税称是。若华人买彼国货下船,则税如故"②。可见荷人亦以银钱易我国之丝,同书"下港 (Jawa)"条云:"其贸易,王置二澗,城外设立铺舍 (原注引《宋史·阇婆传》曰:"中国贾人至者,待以宾馆"),凌晨,各上澗贸易,至午而罢。王自征其税。又有红毛番来下港者,起土库,在大澗东;佛郎机起土库,在大澗西。二夷俱哈板船,年年来往贸易用银钱。如本夷则用铅钱,以一千为一贯,十贯为一包,铅钱一包,当银钱一贯云。下港为四通八达之衢,我舟到时各州府未 (疑为来字之误) 到商人,但将本货兑换银钱铅钱,迨他国货到,然后以银铅钱转买货物。华船开驾有早晚者,以延待他国故也。"③ 在这里可注意的是郑和下西洋时爪哇还行使中国历代铜钱,但至万历以后已改用银钱及铅钱为交易的媒介;并且国际贸易的支付系用银钱,铅钱则只限于国内流通。

　　除上述各国外,当时与中国贸易的还有马来半岛的吉兰丹,即《明史》卷三二六的急兰丹 (Kelantan),亦"铸金为钱"④。总之,自永乐宣德

———————

① 《东西洋考》卷六《外纪考·红毛番》。又载:物产:"产金银钱"等。《明史》卷三二五《和兰传》亦云:"国土既富,遇中国货物当意者,不惜厚资,故华人乐与为市。"

② 《东西洋考》卷三《西洋列国考·大泥》。

③ 《东西洋考》卷三《下港》。又同卷"柬埔寨"条所载的交易情形,亦与下港同:"夷性颇直,以所铸官钱售我,我受其钱,他日转售其方物以归。"

④ 《东西洋考》卷三《大泥传附》。

以来，行使金银钱的南洋诸国，至万历后仍然行使金银钱——但其中一部分是原来有的，另一大部分则由欧洲人自南北美洲运来。在前一时期中，即郑和下西洋的前后，南洋各国输来中国的银钱及银货的数量，已很难有比较完全的统计，但可知者，纵有输入，亦必不甚多。但在后一期中，即欧洲东航以后，银钱及银货大量地由欧洲人自南北美洲运至南洋又转运来中国。关于这方面的数字，虽然亦缺乏不堪，但根据前面所说，由万历元年至崇祯十七年（1573—1644）的七十二年间，合计各国输入中国的银元由于贸易关系的至少远超过一万万元以上。此时中国为银的入超国家，已毫无疑问；关于中国出口银元的数量，无法知道，但决不会多的。又从上述各节推算，单就葡、西两国在万历十年（1582）以前由于贸易输入的银钱来说，数目至少已超过六百多万元；即葡国在嘉、隆两朝（1522—1572）输入一百万元以上，葡、西两国在万历元年至十年（1573—1582）的输入合计五百万元以上，并且以上数目皆指海舶输来申报的数量言之，走私及私人带来的还不计算在内。至于输入的港口亦仅就闽粤两地言之；他如浙江宁波等港口的输入的数目，一时限于材料，无法知道①。由此我们亦可以知道一条鞭法得以用银普遍地缴纳的缘故。

（原载《中国社会经济史集刊》第6卷第2期，1939.12）

①《天下郡国利病书》卷八四《浙江二·戍海篇》云："国家仿宋元遗制开市舶宁波。嘉靖之二年（1523）因是有宋素卿、宗设之哄。既而革舶司禁番船往来。顾不能尽为禁革，率泊近嶴，私与内豪市；内豪更狡猾，渐赊负弗偿，诸奸商益仇愤，起为贼，勾倭人沿海寇犯不休。"所记走私的情形，虽为嘉靖间的事，悬想以后的状况亦大约相似的。嘉靖四十四年六月复有议开宁波府市舶之议，事寝不行（《明大政纂要》卷六〇）。

明代的民兵

明代兵制，行卫所制度，自京师达于府县，皆立卫所。大率以军一百一十二名为一百户所，以一千一百二十名为一千户所，以五千六百名（即千户所五）为一卫。随所在地的不同，卫军可分为三种：一、京军，二、腹内卫所军，三、边军。京军有二：其一，禁军——侍卫车驾则有锦衣卫及所属南北镇抚司等，守卫皇城则有十二卫亲军等。禁军的编制组织与一般的卫所军略有不同，然在国防上无甚重要。其二，京营，取在京卫所及在外卫所番上京师轮操的军队组成之，番上军定于中都、大宁、山东、河南附近卫所内抽选，名曰班军。京营职责，无事时拱护畿甸，有事时则任征伐。腹内卫所军，分布内地各省，分屯设守，控扼要害，大约系一府者设所，连府者设卫。边军，则屯戍沿边各要塞，以防外虏的侵入，如蓟镇、大宁等卫是。京师以外，内地各省及边境的卫所皆统于都指挥使司（简称都司）。

全国最高统领军队机关为五军都督府，设于京师，统领在外都司及在京卫所，惟锦衣及十二卫等为天子亲军不隶五军都督府。兵部为全国最高军事行政机关，掌天下武卫官军选授、简练、征讨的政令。遇有征伐，朝廷命武大臣一人挂印为总兵官，率领师旅，事毕，上所佩将印于朝，军归卫，将归府。兵部有出兵之令，而无领兵之权；五都督有领兵之权,而无出兵之令。武官不得下符征发,兵权一收于朝廷,兵无专将,将不私兵。可注意者一。

明初兵制,内外相羁维,京师约宿军三十余万,畿内约二十余万,合诸边及各省之军数,亦不过此。而京营又为全国最精锐的军队。盖取居重驭轻之意。可注意者二。

卫所军的来源不一,其最主要的方法为垛集法。开国初,令平民户内出丁为军,编入军籍,既编以后,便世世代代皆为军户,不许复改为民,且以后亦不得擅于民户内勾军,违者有禁。军饷的来源,由军的屯田所得支付,在边境则行商屯,以补军屯的不足。军士自足自给,平民不复负担军费。可注意者三。

卫所军是国家的常备的军队。除此以外,又有地方的兵,其职责在防范宵小,守护城池,所以补助卫所军之不足,名曰民兵,其性质界乎侦缉队与警备队之间。本文即以此种民兵为研究的对象,为确定范围起见,先将他们的主要点指出如下:第一,从佥取的对象来说,民兵是出于民户的丁,与出于军户的军不同;从佥取的方法来说,民兵或为按户,按里,按钱粮抽丁,或从招募得来,但皆仅由入伍者的本身充当,与家族世系永著军籍的军不同;最后,从编制系统和职务来说,民兵是地方的警卫兵,与中央的国家的常备军不同。因为民兵是地方的队伍,所以训练组织及募集等项事宜,平时皆由地方政府主持;兵饷的支出,亦由地方政府筹措。然在非常时期,则往往由中央政府招集改编以为己用。

除上述以外,还应注意以下数事:第一,明代中叶以后,募兵制度出现,起而替代卫所军制度,这种募得来的兵,虽亦出于民户,但他们是属于国军的系统内,且为正规的常备军,故不应与地方的,或虽属中央而非正规与经常的民兵相混。第二,本文内所说的民兵,以一般的民兵为限,特种的民兵,如以善用短兵见称的毛葫芦,善用长竿的长竿手,善运石的蚂螂手……;或以地域得名的乡兵,如西蜀的川兵,粤西的狼兵,……或边境上的土兵等,均非所注重[1]。

一　民兵的历史

民兵这个名称,在北宋时已有。入南宋以迄金元,民兵尤盛,当时名称种类甚繁。元末,天下大乱,盗贼蜂起,蒙古军队无力应战,乃听人民结堡自守,团集为兵,颇收守御之效,一时民兵四处纷纷设立,如顺帝至正中石抹宜孙之平处州山贼,迈里古思之守绍兴,汪睿之守婺源,皆得民兵之力[2]。明代的民兵,可分以下三期叙述:

1.前期　这个时期起自太祖起兵至宣德间。在这个时期内,起初多半是沿元代民兵之旧,其后或临时募集,或于乡农内简选,或按户抽丁,其法不一。本时期内民兵主要的职务,一为防御盗贼,一为屯戍要塞,立法的精神皆以寓兵于农为归依,以不远调他处及事平复业为原则。

明太祖依郭子兴时,即收定远张家堡民兵三千人以为己用[3]。至正十八年(1358)十一月辛丑,乃立管领民兵万户府。诏于已定的州县的

---

[1] 本节请与吴晗先生《明代的军兵》(《中国社会经济史集刊》1936年6月第5卷第2期)参看。

[2] 《元史》卷一八八《石抹宜孙传》;《明史稿》列传一八《章溢》;《秘阁元龟政要》卷一;《明史》卷一三七《汪睿传》。

[3] 《明史稿》列传一五《费聚》,又《明史》卷一《太祖本纪一》:"至正十三年春,太祖收里中兵得七百人,……南略定远,计降驴牌寨民兵三千与俱,……(元将陈)埜先寻为民兵所杀。"可见太祖乃收集元代民兵旧部起事。

民间简拔武勇之士,编辑为伍,立民兵万户府领之。农时耕种,闲时训练,有事时则用之。事平,有功者一体升擢,无功者令还为民[1]。民兵制度至此始有可考。及克衢州后,命置游击军,募保甲翼余丁及旧民兵,得六百人,以益戍守。兵食不足,则斥并城废田五万七千亩,使之耕以自给。籍江山、常山、龙游、西安四县丁壮,凡六丁之中简一以为兵,置甲首部长统之,于丁壮八万余中得兵一万一千八百。无事则为农,有警则当兵者出攻战,而其余五丁资其食用[2]。

开国以后,洪武元年(1368)定卫所官军法,军民户籍自此后划然分开,不容相混。当时立法的本意,是以军户供应兵役,民户输纳赋税,如《王兴宗传》内所载可见:

> (洪武初)改知嵩州,时方籍民为军。宗兴奏曰:元末聚民为兵,散则仍为民,今军民分矣,若籍为军,则无民,何所征赋?[3]

但在边境及沿海一带,兵力薄弱的地方,仍常佥民为兵。如洪武十七年正月,以湖广布政司长阳、巴东二县地连容美诸洞,蛮人时出劫掠,乃于蛮人出没要路,选土民为巡检,集乡丁自为保障。二十一年二月,简四川天全六番招讨司土民为兵,以守御边境[4]。以上在各边境设置的名曰土兵,原属特种民兵以内,不在本文讨论范围之列,但因其为湖广及四

---

① 《太祖实录》卷六。
② 瞿汝说:《臣略纂闻》卷二;《太祖实录》卷一〇,壬寅(至正二十二年)。
③ 《明史》卷一四〇《王兴宗传》。
④ 乾隆《钦定续文献通考》卷一二八《兵考·郡国兵》。按属巡检司者名曰弓兵,亦民兵的一种,元时已有此制。洪武二十六年定凡天下冲要之地皆设巡检司,其属曰弓兵,于丁粮相应人户内佥点应役,一年更替。凡往来奸细逃军逃囚贩卖私盐犯法面生可疑之人,皆得盘诘捕执。官军御盗时,亦与协力。参看《万历会典》卷一三九《兵部二二·关津二》。可见弓兵的职责,颇类今日的侦缉队。

川土兵之始,故顺及之。洪武中又从山西行都司言,听山西边民自备兵械,团结防边①。

时闽浙沿海患倭寇,洪武十八年命信国公汤和巡视浙东西,采用指挥方谦的建议,于沿海筑城置卫,浙东民户四丁以上者户抽一丁为戍卒。二十年复命江夏侯周德兴于福建福、兴、漳、泉四府每三丁抽一为沿海卫所戍军。一般史书,如《明史·兵志》等,皆以以上两事系于民兵项内,但据我看来,当时似系佥民为卫所军,而非编为民兵,两者实宜辨别。然考当时又于卫所间错置巡检司,以民兵策应,这才是真正的民兵②。

初期民兵的组成,除用乡农外又收集逃民为之,使其不至流为"盗贼"。如洪武二十四年五月,指挥同知花茂收集广州东莞、香山等县逋逃置户为民兵。因为逋逃置户附居海岛,遇官军即称捕鱼,遇番贼则同为海寇,不时出没,劫掠人民,殊难管辖③。大概,在初期内开国后的民兵,主要的任务是在守备乡土,用以实地作战的事例甚少。及建文元年(1399)靖难兵起,设丰沛军民指挥司,沛县知县颜伯玮乃集民兵五千人,筑七堡,为备御计。寻调其兵,益以山东所存疲弱残卒,以敌燕师④。这时正在无兵可调的紧急关头,当然是一个例外。

民兵以屯驻本地为原则,如有警急,亦可征调他处,但事平即许以复就原业,从以下各例可见。元至正二十七年十一月,李文忠征福建,章存道以所部处州龙泉县乡兵万五千人从,洪武元年正月闽平,诏存道

①《明史》卷九一志六七《兵三》。又《明史》卷一三三《濮英传》:"洪武二十五年……令(濮玙)籍山西民兵,所籍州县最多,事集而不扰。"
②《明史》卷一二六《汤和传》;《明史》卷一三二《周德兴传》;《明大政纪》;《臣略纂闻》卷二。
③《天下郡国利病书》原编第27册《广东上》页11(商务影印本)。
④《明史》卷一四二,本传。

以所部从海道北征,存道父溢持不可,说:"乡兵皆农民,许以事平归农,今复调之,是不信也。"帝不怿。既而奏曰:"兵已入闽者,俾还乡里,昔尝叛逆之民,宜籍为军使北上,一举而恩威著矣。"帝喜。溢还处州,乡兵既集,命存道由永嘉浮海而北[1]。是时天下丧乱未定,卫所军制度尚未完成,这种乡兵事实上便是正式的军队,故以之远征他处,在所不免。但在后来,遇有紧要时,民兵仍是许可调动的。如建文四年十二月掌北平布政司户部尚书郭资奏北平、保定、永平之民应募在伍者,乞籍记其名,放还耕种,候有警急,仍复征用,从之[2]。然在初期内,调用民兵之事实,实不多见。如永乐二十年(1422)三月,下诏征阿鲁台,或请调建文时江西所集民兵,帝问大学士杨荣,荣曰:"陛下许民复业且二十年,一旦复征之,非示天下信也。"乃免调[3]。

2.中期 这个时期包括自正统以至嘉靖中年。在本期内民兵的势力渐增,应用渐广,除守卫乡里、捍御边境以外,内乱的敉平以及外寇的应付,无不常倚民兵。又当京畿被虏患时,便下诏征州县民兵入卫。民兵至此,几已变成国军的一部分。还有,民兵的制度,亦在此时期内才建设起来。关于民兵的团集、组织、训练、额数及粮饷等项,至弘治间定下了金民壮法以后,才有详细的规定。这方面留在后面详细地谈。

民兵兴起,有两大原因:第一,卫所军窳劣不堪用;第二,卫所军缺额。今依次分述。

明自正统至正德年间,浙、闽、两广、湖广、川、赣"盗贼"蚁聚蜂起,时卫所军已腐化不堪作战,诸将帅又怯不敢战,往往滥杀平民冒功,

---

[1]《明史》卷一二八《章溢传》。由此例又可见民兵间亦以"叛逆有罪"之民组成之。
[2]《明大政纪》。
[3]《明史》卷一四八,本传。

平民相率为"贼","贼"势愈盛。当地州县有司,知官军的不足恃,故团集乡民为兵以自卫,这是民兵发达起来的第一个原因。如正统七年(1442)浙江处州庆元县叶宗留聚众入山盗矿,至十一、二年间声势大盛,十三年福建沙县民邓茂七亦起而响应,骚扰经年,攻掠赣、浙、闽州县数十,而将帅率玩寇,惟文吏督励民兵以拒贼,在江西则有永丰知县邓颙率广信府六县民壮以击敌,在福建则有张瑛、王得仁等,在浙江则有金华知府石瑁擒遂昌"贼"苏才于兰溪,处州知府张佑击败"贼"众,擒斩千余人。均著功绩①。朝臣议事者亦纷纷请广募民兵,以助官军②。而两广自正统、景泰、天顺以来,峒獠时时"寇乱",亦常用民兵以征讨③。如景泰五、六年间(1454—1455),广西"蛮贼"流劫廉州府,知府饶秉鉴等率民兵败之④。天顺末年佥事毛吉分巡惠、潮二府,亦募壮士同官军击破潮州程乡"贼"杨辉。当时雷州海康知县王骐日以义激其民,"贼"至辄奋击,遂破之⑤。又柘林民吴大等聚众劫掠惠州、潮州沿海,居民被害甚剧,嘉靖五年(1526),潮州卫指挥赖俊始督民兵驱灭之⑥。其他各地以民兵破"贼"者亦多。如成化元年(1465)正月,典史萧让率四川绵竹乡兵击破"贼"赵铎⑦。成化初,都指挥佥事王信守备荆襄,刘

①《明史稿》列传四六《丁瑄》;《明史纪事本末》卷三一《平浙闽盗》;《天下郡国利病书》原编第23册《江西》页52—54,同书原编第26册《福建》页6《兵事泉州》,页44《延平府志》。

②例如景泰监国时,户科给事中李侃陈请招募民壮(《明史》卷一五九,本传)。及景帝即位,侍讲刘定之上言:"多招乡勇,以助官军。"(《明史》卷一七六,本传)

③参看《天下郡国利病书》原编第29册《广东下》;《明史》卷一六五《叶祯传》,卷一七七《叶盛传》。

④《天下郡国利病书》原编第28册《广东中》页23。

⑤《明史稿》列传四六《毛吉》;《天下郡国利病书》原编第29册《广东下》页113以下;《明史》卷一六五《毛吉传》。

⑥《天下郡国利病书》原编第29册《广东下》页122。

⑦《明史稿》列传五三《何洪传附》。

千斤反,乃以民兵守房县城,后又追击破"贼"众①。正德六年(1511),南昌知府李承勋屡以民兵击赣州靖安华林"贼",有功②。

　　用民兵戡定内乱最著功绩的当推王守仁之平漳、汀"贼"及戡宸濠难两事。正德十二年,守仁巡抚南赣汀漳等地。南赣地连四省,山险林深,"盗贼"蚁聚,时谢志山则据横水左溪桶冈,池仲容则据浰头,皆称王,与大庚陈曰能、乐昌高快马、柳州龚福全等攻剽府县,而福建大帽山"贼"詹师富等又起,窥伺剽掠,大为民患。当时卫所军丁,止存故籍,府县机快,半应虚文。守仁乃令四省兵备官,于各属弩手打手机快内挑选武艺超群胆力出众年在三十岁以下的勇士,每县多或十余人,少或八九人,务求魁杰异才,缺则悬赏于民间召募,勒为精兵,大约江西、福建二兵备各以五六百名为率,广东、湖广二兵备各以四五百名为率。每月给以工食,仍给与衣装器械,其中若有武勇绝伦者,优其廪饩,署为将领。所募精兵,专随各兵备官屯扎,听候征调。以上四兵备仍于每县原设机快民壮额数内拣选精壮可用者量留三分之二,就委该县官吏统练,专以守城防隘为事,其余一分疲弱不堪者,尽行汰淘,免其服役,止出工食银两,以益召募犒赏精兵之费,又令所在团聚乡民,行保甲法自卫。于是积数十年未能铲平的漳南"逋寇",始告肃清。正德十四年六月,宸濠反于江西,又发吉水县八九等都民兵平之③。

　　民兵发达的第二个原因,是由于卫军营伍日亏。这正如《湖广省

---

①《明史稿》列传五三,本传。

②《明史》卷一九九,本传。

③《王文成公全书》卷一六《选拣民兵》及《十家牌法告谕各府父老子弟兵》,卷一七《调取吉水县八九等都民兵牌》,卷三〇《行南诏二府招集民兵牌》。《明史》卷一九五,本传。又《天下郡国利病书》原编第12册《浙江下》页33《绍兴府志·军制》载:"卫军既骄,阵没者又以死事录功,有司惮用之,正德中王晋溪(琼)本兵,乃起民兵之议,今民壮快手捕盗等名色是也。"按守仁乃琼专任之人。

志》论说："额军消缩，始募民之矫健者为民壮弓兵。"①隆庆《泉州府志》记此中转变的经过尤详，可以参考：

> 太平日久，军政不修，逃放日多，清勾无法，于是所存视制额仅五分之一，屯因失额，操因失伍。及至有事时，乃抽选军户以兼团练，谓之余丁军；招集市井无赖，谓之募兵；调于各省，谓之客兵；又增派民户丁粮于旧制外，以为一乡防守，谓之民兵与乡兵。兵增于卫所之外，饷增于本折之外，皆一时权变，非国家经常之规矣。②

在明代对外抗战的历史上，民兵的活动有两次特别显得重要：第一次是英宗北狩，也先入寇时；第二次是嘉靖间俺答围攻都城时。这两次都充分地表示民兵在全国兵制上的力量，同时也泄漏出京营卫所的缺伍的消息。

正统十四年 (1449) 八月，土木难作，英宗蒙尘，历来对外作战用以作主力军队的京营至是几乎全部溃散。也先将逼都城，景帝仓皇即位，急遣官分头召募官舍余丁义勇，起集民夫，更替沿河漕运官军，令悉隶神机等营③。甚至有人奏请罢内府军匠，以备征操④。时遣御史杨鼎、白圭、徐珵、石璞等十五人分道往直隶、山东、山西、河南招募民兵入援——杨鼎往兖州，白圭往泽州，徐珵往彰德⑤。十月丁巳又敕山东、山西、河南、陕西巡抚及直隶、山东、山西、河南分守各府监察御史等官躬

---

① 《天下郡国利病书》原编第 25 册《湖广下》页 89。
② 《天下郡国利病书》原编第 26 册《福建》页 72—77。
③ 《续通考》卷一二一《兵考·兵制》；《明史》卷一七二《朱鉴传》。
④ 《明史稿》列传五五《叶盛》。
⑤ 《明史》卷一一《景帝本纪》；《明史》卷一五七《杨鼎传》；《明史》卷一六〇《石璞传》；《明史》卷一七二《白圭传》；《明史稿》列传四八《徐有贞》；《明史稿》列传四九《于谦》。

自率领所选官军民壮来京策应①。时应招遣民兵入援者,有山东莱州知府崔恭等②。当时一方面又敕各边守将令招募壮士民兵以为保塞防虏之计③。如命监察御史王伟集民壮以守广平④。武清伯石亨请以山西义勇拨守大同,紫荆、倒马二关亦用民兵防守,事平免归。及后成化二年(1466)边警日亟,又复二关民兵⑤。

　　第二次调遣民兵入卫是在嘉靖二十九年(1550)。是年秋九月丁丑,俺答大举入寇,攻古北口,蓟镇兵溃,戊寅转掠通州,分掠畿甸州县,壬午进逼京师,兵部尚书丁汝夔核京营兵不及五六万人,驱出城门,皆流涕不敢前,诸将领亦相顾惴然变色。遂至诏城中居民及四方入应武举者,悉登陴以守。甲申寇退。冬十月,乃遣四御史分道募兵于畿辅、山东、山西、河南诸府,以二万名为率,每年四月终齐集京师操练,以备秋防,秋后各散去⑥。入卫兵数,山东、河南共为两班,保定、河间二府一班,班各三千人(详后)。民兵至此,几已变成中央军队的一部分了。当京城被围时,诏遣兵部郎中征畿辅民兵入卫,大名知府张瀚立阅户籍,三十丁简一人,而以二十九人供其饷,得八百人,驰至真定,请使者阅兵⑦。时又诏发帑金五千两,命佥都御史商大节以便宜募壮士。寇退,复命大节兼管民兵,经略京城内外。所募民兵得四千名,以三等授饷:上等每月二石,其次递减五斗⑧。又起赵时春为兵部主事,赞理京营军

①《英宗实录》卷一八三。

②《明史稿》列传四七《崔恭》:"遣民兵数千入援京师。"《明史》卷一五九。

③同上,"正统十四年九月辛丑"条。

④《明史稿》列传四九《王伟》。

⑤《明史稿》志六九《兵五》。

⑥《明史》卷九一《兵制三》;《明大政纪》。

⑦《明史》卷二二五,本传。

⑧《明史》卷二〇四,本传。

务,统民兵训练①。嘉靖三十年十一月,俺答复犯大同,边臣告警。明年三月,大将仇鸾请自将京军及民兵御虏②。民兵至此更进一步,用于对外战争了。

嘉靖三十年以后,倭患渐起于东南,"于时卫所军无所用,而各州县乡团民兵,或时时扼杀倭,及婴城,时击却之"③。王忬提督浙江军务,调募江南北、徐、邳官民以充战守。三十三年,张经总督南直军务,调拨山东民兵及青州水陆枪手千人赴淮阳听调用,复调广西瓦氏兵五千赴浙直。余如浙江义乌县及处、温、台三府的土兵,太仓、崇明、嘉定、上海的沙兵,松江、曹泾等地的商灶盐丁,亦屡收破敌之效。嘉靖四十二年福建莆田倭寇平后,巡抚谭纶条上守御事宜,其中有请令各县民壮以精悍丁壮补充严加训练一条。他以为如此行之三年,八闽可转弱为强,客兵可罢,帝是之④。以上俱可证明民兵在当日的力量。

3.后期　此时期起自嘉靖中叶以迄明末。卫所军衰落以后乃用民兵,民兵衰落后乃用募兵。这转变,《义乌县志·民兵书》很正确地指示出来:

> 明兴,分军民籍,而民力农养兵,兵守戍卫民。天下久平,卫所军日耗而变剧。正统末,令府州县招募民壮,所在官率领操练,有警调发,而民复有兵。正德中,计丁粮编机兵银,人岁工食七两有奇,大县至累千金,于卫兵外复取民财而购民为兵。其天下益多故,财耗兵脆,卫军仅名额,而机快徒虚名,曾不获一旅一卒之用,

---

① 《明史》卷二〇〇,本传。
② 《明史》卷一七五《仇钺传附》。
③ 《天下郡国利病书》原编第12册《扬州府志·兵防考》页50下,同书原编第22册《浙江下》页136云:"自有倭患以来,官军一无所用,于是酌议募兵,率用土著,间收义乌武义之民。"
④ 《明史稿》志六九《兵五·防海·乡兵》;《明臣奏议》卷二六《谭纶:倭寇暂宁条陈善后事宜疏》)。

有急辄复议募以已难,而征兵之令,纷纷下郡县矣。[①]

这里所说的募兵,是指编为国家的常备的军队,这是替代原日卫军地位的兵,故宜与地方的非经制的民兵分别清楚。

民兵衰败的端倪,自正德间已见。王守仁在选拣民兵公移内已经说到赣州府县机快,"半应虚文"。而当时提调长官又往往奉行不善,向平民需索。如最初规定鞍马器械,悉从官给。但正德中流贼扰山东,巡抚张凤选民兵,令自买马团操,民不胜其扰。或则所募民兵多为无赖子弟,如都御史宁杲便以此被劾[②]。这种情形,至嘉靖中叶以后尤甚。当时逃亡日多,在伍者又多为老弱无用之徒,又或影占名籍,以冒领粮饷,甚至到处骚扰,纪律荡然。故以民兵调遣他处及入卫京师,至嘉靖三十年以后,便陆续停止了。

原本民兵佥取于土著乡民,且立法之始即采取寓兵于农的政策,故自以依附本土为原则,调发他处为例外。然而我们在前面已常看到民兵调遣及入卫的事例,这当然是由于事实上的需要,并且这种事实在正统以后便已制成法律,如正统十四年所定的招募民壮法,及弘治七年的佥民壮法,皆正式规定:遇警调用,事平还业。不过,调动频繁的结果,本业就不能不抛荒;并且远离乡井,非人情所愿,逃亡就禁止不住;又聚集缺乏组织与训练的乌合之众,骚扰事件也就在所不免。总合了以上种种的弊病,再加以民兵战斗能力本不甚强,无济于事,民兵遂为

①《天下郡国利病书》原编第22册《浙江下》页190;顾炎武《亭林文集》卷六《军制论》中,亦表同样的意见:"……正统末始令郡县选民壮,……正德中计丁粮编机兵银,……此之谓机壮民快,而兵一增,制一变。又久,备益弛,盗发雍、豫,蔓延数省,民兵不足用。募新民倍其糈,以为长征之军,而兵再增,制再变。……故有机壮而屯卫为无用之人,……故有新募而民壮为无用之人。"

②《明史》卷九一《兵志三》。

政府所轻视,后来政府甚至下令免其入卫及调发,以其工食银改折另募新兵。原来民兵在被调发时,在原籍政府须给安家月粮,沿途又须给行粮,所费甚多。一达戍地,又逃亡相继。因之下令免去原设民兵的服役,征收其工食银,即以所征免役代价,就地召募。在民兵既由此可免远离乡土、抛弃所业之苦,政府亦由此得收实饷实兵之用,较为经济。在制度上虽然可说是进步,可是民兵的地位却从此越发降低了。

　　先说民兵腐化的经过。此中最显而易见的就是队伍逃亡一事。如嘉靖二十九年被虏之后,诏募民兵四千为一营,设参将领之,于西教场操练,防御京师,但到嘉靖三十三年逃者已千余人。六月,兵部议裁汰老弱,所余精壮不足一营之数,请以之改充京营巡捕[1]。三十四年兵部尚书杨博亦议说:"自庚戌(二十九年)虏患以后,仓卒召募,类多乌合。今欲尽汰之,则细民遽失月粮,于情不堪……。请敕汰老弱,存精锐,在外者发各道为民兵,在京者隶之巡捕参将,逃者不补。"世宗以影占数多,耗粮无用,乃遣官核其宜罢宜还者奏闻[2]。由上可注意者两事:第一,驻在京城的民兵营已如此萎靡不振;第二,京城的民兵经过淘汰以后,又可分发各道为民兵。各地民兵积弱之势又可想见。

　　至于各地民兵的情形,更有甚于此者。或如福建巡按樊献科所言"所至骚扰"[3],或如南赣汀漳总督陆稳所言"隔省征发,至即亡

①《续文献通考》卷一二六《禁卫兵》。

②涂山:《明政统宗》。

③《世宗实录》三十八年十二月乙巳巡按福建御史樊献科言:"近岁军兴,募集武勇,四方无赖子弟,每以投兵报效为名,所至骚扰,今广、浙、闽俱有海警,宜以三省兵应调募者悉遣还原籍,收为乡兵,即以待客兵者养赡。"得旨允行。按卫所军有主兵客兵之分,主兵即本地卫所之兵,客兵乃调他卫军来戍者。主兵疲敝故调客兵,客兵疲敝则以民兵代之,民兵疲敝又练习土著或招募新兵以代之,这是嘉、万以来的趋势(参看《天下郡国利病书》原编第22册《浙江下》页75—114;朱国祯:《涌幢小品》卷十二《土兵》)。

去"①。在京及在各地的民兵,既皆如此朽腐,无裨实用,于是除了普遍地裁减外,往日常常调遣他处或入卫京师的活动,就次第停止了。

停止调遣民兵的事例,如前引樊献科所请"广、浙、闽三省兵应调募者悉遣还原籍",及陆稳所请"罢两广、福建征发勿调",两事均可证明。而陆稳"征价代输"的条议,尤宜注意。又嘉靖二十五年四月,令沿边各县佥选民兵,大县五百人、中县三百人、小县二百人,专令防护城池,不必调遣②。尤为重要的表示。万历末年南职方郎中邹维琏直陈调募之害,山西参政徐九瀚尤极言民兵不可调③。

俺答寇京城后,诏畿辅、山东、山西、河南民兵每年分班入卫。但嘉靖三十一年九月已诏令量免各省入卫民兵④。其后更分别下令各处裁减入卫兵数,且令征银以代。民兵至此,不必以身充当,但向国家缴纳代价便算义务了结,民兵的实质至此至少有一部分已消失。这些诏令都是由嘉靖三十四年至万历初年陆续颁布的:嘉靖三十四年三月庚子,诏简山东、河南两班民兵,止留精健三千人为一班入卫,汰去老弱三千,令每名每年征银三十六两,共计一十万八千两,输部以备修边⑤。三十七年题准蓟镇自于密云、昌平、永平、遵化、通州募兵一万五千;河南民兵悉免入卫,止解银七万五千两赴蓟州给各兵安家⑥。至四十一年三月,又免

---

① 《世宗实录》卷五四〇,四十年十二月丁丑,兵部覆总督南赣汀漳都御史陆稳言:"南赣所部机兵,多系两广、福建隔省征发,至即亡去,请罢勿调,而征其直,岁输军门,募近地骁勇充之。"报可。

② 《续通考》卷一二九《郡国兵·边防》。

③ 《明史》卷九一《兵志三》。

④ 《续通考》卷一二三《兵制》。

⑤ 《世宗实录》卷三五。

⑥ 《万历会典》卷一二八《兵部十一·镇戍一》。

山西民兵入卫,令每人征银五两输蓟镇①。初山东民壮改民兵戍蓟门,隆庆末令岁输银二万四千两,罢其戍役,寻命增输三万两,山东巡抚陆树德请如河南例罢之,世宗不从,但为免增输之数②。然万历初又征银至五万六千,贫民大困③。至万历五年,题准保定、河间二府入卫民兵三千名,常川操练④。在隆庆及万历初年,大臣言事者如徐阶、张居正、霍冀、陈以勤诸人,皆先后建议于直隶、山西沿边各郡县积极设置民兵,以备虏寇。他们所拟的方案,都要寓兵于农,其中关于民兵的佥取方法,队伍的组织编制与训练,以及官兵的赏罚等项,皆有很缜密具体的计划⑤。但可惜大半都是抄袭正统、弘治以来佥民壮法的成规,而无甚重要及新的贡献。且虽皆奉上诏切实举行,但并无多大的成绩可言。因为至万历初年以后,明代的兵制已整个的败坏不堪,不独民兵为然了。《歙志·兵防论》云:

> 至于郡邑卒伍之制,则犹有可议焉。我国初之郡,止以卫所之军供保障,迄成化间大司马马文升始因卫兵耗脆,更置民兵,而卫兵几为虚设,既而民兵亦弊。⑥

---

① 《续通考》卷一二九。

② 《明史》卷二二七,本传。

③ 《明史》卷九一《兵志三》。

④ 《万历会典》卷一二九。

⑤ 参看《穆宗实录》隆庆元年十一月辛酉辅臣徐阶上言一条,二年九月戊辰兵部议覆大学士张居正所陈饬武备事宜一条,四年正月乙亥兵部尚书霍冀条十事一条,四年六月乙卯大学士陈以勤上疏言一条。关于各地民兵的情形,正德间都御史周满上疏言:"畿甸所病,今在民兵。臣尝细询将领,咨问边人,知北直隶民兵可用,山东、山西、河南次之,若南直隶者不可用。"(瞿汝说:《臣略纂闻》卷二)有明一代情形大约亦是如此。

⑥ 《天下郡国利病书》原编第9册《凤宁徽》页79,又参看朱国祯:《涌幢小品》卷十二《土兵》。

及至末祚，民兵更不为人所重视，如崇祯末年令诸巡抚报募兵及额，惟陕西巡抚孙传庭疏独不至，兵部尚书杨嗣昌愤言军法不行于秦。传庭很滑稽地分辩说："使臣如他抚籍郡县民兵上之，遂谓及额，则臣先所报屯兵已及额矣。"①

不过在末年"流寇"之乱时，还是不能不凭借这些微弱的民众武力，为破碎山河苟延残喘，为明代民兵历史作最后的点缀。如天启二年（1622）山东白莲"贼"徐鸿儒反，巡抚赵彦檄所部练民兵以为守卫计②。崇祯十一年（1638）从南太仆寺卿高倬请，募滁州乡人为兵，以保障乡土③。崇祯十三年，长安知县吴从义到任时，值兵荒，练丁壮三百人杀"贼"④。崇祯十五年，发援汴兵，监军御史王汉以其所监兵大半已溃散，乃简保管兵百余人，募邯郸、巨鹿壮士三百人，又取故治河内所练义兵及修武、济源素征剿者五百人，及亲故子弟，合千人，夜半袭"贼"，檄诸将合剿⑤。以上皆为用民兵击"贼"有成绩者。在国家武力衰弛至极点的时候，利用民众的武力，使其组织起来以自卫，这是最自然不过的事。崇祯末年，中原"盗"益急，兵部尚书杨嗣昌议令贵州县训练土著为兵，御史米寿图言其害有十，谓不若简练民兵，增民壮快手备御地方为便⑥。崇祯十二年庄烈帝用副将杨德政议，专练民兵，府千人、州七百人、县五百人，捍乡土，不他调。统领之官：在府设"练备"，其秩次于守备，汰通判为之；在州县设"练总"，秩次把总，州汰判官、县汰主簿为之，

---

① 《明史》卷二六二，本传。
② 《明史》卷二五七《赵彦传》，《明史》卷二七〇《马世龙传》。
③ 《明史》卷二七五，本传。
④ 《明史》卷二六三《冯师孔传附》。
⑤ 《明史》卷二六七《高名衡传附》。
⑥ 《明史》卷九一《兵志三》；卷二九五《米寿图传》。

并受辖于正官。杨嗣昌以势有缓急,请先行于畿辅、山东、山西、河南,从之。于是增"练饷"七百三十万两,以练诸镇边兵及州县民兵。然民兵"无实,徒糜军饷"。后嗣昌死,练兵亦不行,明亡[①]。

二　民壮的制度

我们讨论民兵的历史因而兼及民壮的制度,原因有二:第一,民壮是民兵中最重要及最普遍的一种;第二,民壮的系统组织较之他种的民兵尤为分明易考。但我们只注重在民壮的制度而不在此历史者,则以民壮的历史的趋势正与民兵的完全一致,无待重复。

1. 名称及其起源　民壮的名称,在明代及后来往往与民兵一名通用,且像民兵一样,别名非常之多。民壮在宋时名曰白芳子[②]。至明代往往随地而异名,如在陕西、广西边郡等地名曰土兵[③],在广西又名民颖[④],在陕西亦名兵壮[⑤],江南等地名曰会手或刽手[⑥],在河南、江西等地

[①]《明史》卷二五二,本传。

[②] 朱国祯:《涌幢小品》卷十二《民壮》;顾炎武《日知录》卷二九:"成化三年国子监学录黄明义言宋时多刚县夷为寇,用白芳子兵破之,白芳子者即今之民壮也。"

[③]《明世法录》:"成化二年,以边警复紫荆、倒马二关民兵。毛里孩屡入塞,延绥巡抚卢祥言边民骁勇可练为兵,于是敕御史往延安、庆阳选壮者编什伍号为土兵,原佥民壮者亦改此名,得五千人。"参看《菽园杂记》卷七。

[④]《钦定续通考》卷一二八:"宣德二年五月,广西巡按御史朱惠等言桂林诸卫军士,征行者多,防守不足,请如永乐中事例,于坊市乡镇起集民颖,协同牌兵巡守。从之。"

[⑤]《天下郡国利病书》原编第18册《陕西》页82。

[⑥]参看《明大政纪》;《明史》卷九一《兵志三》;《钦定续通考》卷一二八。

有时或称机兵，或称打手或快手①，盖虽在同一地方，以时代的不同而名称亦异。如在福建泉州府永春县，正德三年以前名曰快手，后更名民壮，至正德七年后又名机兵②。更常以所隶机关之不同而异名，如属巡检司者名曰弓兵③。以上种种名称虽常与民壮一名通用，但考其实质，与民壮有多少不同之处。即就民壮本身而言，亦有额设、新增、义募、马快手等等的称呼④。

民壮与民兵的分别，大体上，民壮只是民兵的一种，民兵不只光是民壮，故民兵范围较广，民壮范围较狭。相对地说，民兵多数代表一种临时的组织，且多数是召募得来，可以自由参加，并无固定的额数；民壮则多数是一种比较有经常性的组织，且多采取佥派（即按户抽丁）或摊派（即随钱粮摊派工食银两）的方式，是一种强制的手段，在负担者个人并无自由的意志。又一地方的民壮多数有固定的名额⑤。以上各点从下面的分析可以知道。

民壮的名称，根据现在的材料，大约在正统初年已有（详后）。据一般的记载，都说是明初没有卫所的扼要地方才设立民壮，其职责则在守护城池，如《太和县志》所说：

　　　　国初原无民壮，景泰间乃于天下之凡无卫所者，设民壮以足

---

①《天下郡国利病书》原编第12册《扬州》页49下作会手，同书（通行本）卷二八《江南十六·扬州府志·兵防考》作刽手。

②正德《永春县志》卷四《版籍志下·民兵》，及嘉靖《德化县志》卷三《赋税》。

③《明史》卷九一《兵志三》。

④《明世法录》："嘉靖二十三年尚书戴金言州县民壮有额设，有新增，又有义募，有马快手，而往往不获实用，则以经理未善故也。"

⑤《天下郡国利病书》原编第30册《广西》页10《梧州府志·兵防》云："自民兵队伍不复存，而后为民壮之募（正统十四年）。"说明了两者兴替的关系。

之,所以守护城池也。①

但这种情形,只是起初如此,其后则凡天下所有州县差不多都设立民壮了。

2.制度的变迁　最初的民壮是招募得来的,且为有给制,领受口粮,又许以事定复为平民,如《明史·兵志》所载:正统二年(1437)始募所在军余民壮愿自效者分隶操练,于是陕西得四千二百人,人给布二匹,月粮二斗②。在这段记载,可注意的是,此时的民壮是给发月粮,招募得来。至正统十四年,又令各处召募民壮,就令本地官司率领操练,遇警调用,事定仍复为民。天顺元年(1457),又规定了召募民壮,鞍马器械悉从官给,及优免赋役的办法——"本户有粮,与免五石,仍免户下二丁,(杂役)以资供给"。这种优待,就是应充民壮的代价,不再给月粮了。当时又规定了如应募的民壮,本身有了事故,不许于本户内勾丁③,以防将吏的需索作弊。

民壮的制度,在弘治七年(1494)才有严密的规定可考。当时似是由招募改为佥编,即由自动的应募变成被动的充应。政府所以要增设民壮的理由,是由于卫所额军之不足。当时这种需要,或者仅仅是暂

①万历《太和县志》卷二《食货志·民壮》。又万历《福建宁德县志》云:"旧制县无卫所者乃设民壮,随其县之大小以为多寡,专以守护城池,非别差遣也。"(卷二《食货志》)《天下郡国利病书》云:"国初无卫所者乃设弓兵,无巡检者乃设兵壮。"(原编第18册《陕西上》页82下)又云:"国初卫所设置军伍,各寨巡司偏佥弓兵,皆以防御寇盗,景泰中柄兵者建议,凡临敌失一军以上与失机同罪,而民兵之制起矣。"(原编第26册《福建》页54)亦以为民壮之设,所以补卫军之缺额者。
②《明史》卷九一《兵志三》。按《钦定续通考》卷一二八云:"臣等谨按此为召募民兵之始,《兵志》言陕西得四千二百人,择其最多者志之也。王炘本言民壮始于正统十四年,景帝立之初,误矣。"又按在卫军士本身为"正军",正军的子弟,称作余丁或军余。
③《万历会典》卷一三七《兵部二十》。

时的,故行召募以应急,及后这种需要长期的存在,故不能不改为经常的组织。民壮既变为经常的组织以后,公家的支出定必不赀,因为招募需费,鞍马器械亦在在需费,故政府索性将这个负担移到人民的身上,实行改为向人民征发,这是废除召募,立佥编法的来由。弘治七年十月己未用礼科给事中孙孺之议,立佥民壮法,按里佥丁(一百一十户为一里,详后),凡州县的里数愈多者,每里所佥的额数愈少——七八百里以上的州县,每里佥民壮二名;五百里的,每里三名;三百里以上的,每里四名;百里以下的,每里五名。当时佥取民壮,根据《实录》"若原额数多者(以上开每里所编之数与旧额比较而言),俱仍旧于丁粮相应之家选年力精壮者以充"一语推测,当是于每里中于财产丰厚人口最多之户内抽丁充应。关于年龄上的限制,《会典》上说须在二十以上五十以下的精壮之人。民壮的年貌,籍记之于官府。遇邻境有警急,许更调应援,由官发给行粮。平时优免赋役的待遇,仍依天顺元年例。官司私役民壮者,照依私役军例问罪。训练事宜,就令当地有司率领,有卫所的地方,抚民等官率领于卫军教场内与军士一体操练,无军卫处则另置教场,巡按及分巡等官各以时简阅。春夏秋三季每月操二次,至冬季操三次,歇三次①。

民壮的编佥,既以人户的丁粮为根据,则户口以及人事的清查,当然甚为重要。明初定里甲制度,以地域相邻接的一百一十户为一里,一里之中推家产殷富的十户为里长,余下的百户分作十甲,每甲十户,亦按家产的厚薄,依次排列,每年里长一人率领一甲十户应役。如今年由

---

① 《孝宗实录》及《万历会典》卷一三七《兵部二十》。按州县每里所佥名额,《会典》所载与《实录》稍异,今从《实录》。又《明史》卷九一《兵志三》作:"州县七八百里以上,里佥五人,五百里四,三百里三,百里以上二。"是里数与所佥名额成正比例,与《实录》、《会典》所载皆大异。

第一甲人户应役,明年便由第二甲人户,第三年由第三甲人户应役,这样每十年内每一里长及每甲人户皆轮流应役一次。及十年以后,复编审里甲人户的家产的消长,以求适合实际变迁的情形,重新排定里甲人户应役的次序,而同时每十年重新攒造"黄册"一次。黄册的作用,兼户口册与税册为一。凡里甲中各户的丁口财产及其所列的等次各项都一一载在黄册里。政府遇有新征发时,便按照册内所开户则之高下以定各户新加负担之重轻。民壮的佥编,便跟随里甲人户等则同时决定的。所以弘治十一年题准,每十年通行查审民壮一次,其中如有年老残疾病故人丁消乏,悉与佥换,不许仍于本户内勾丁。但若本户现有壮丁十名以上,家道殷实者,则许于户内佥取壮丁更替①。

民壮一役,原本是重役之一,平民往往不能独立充当,于是各地常有朋充之法。即以丁粮排次,首户出身充当。余为贴户,年贴衣装费用,每十年重编一次②。及在后来民壮得行雇募时,不必本身充当,便由各户合出粮米或银两以募人代充,仍由首户董理其事。但这种办法,流弊颇多,因正户往往勒索多取,又或逋负亏空,且所募之人,每为孱弱之辈,故后来各地多改为官府征收工食银,代为雇募,不复编正贴户等项名色③。今举苏州府嘉定县为例:该县万历年间,共编六百六十八里,原先每一里编设民壮一名,共六百六十八名。其后减去一半,于排年甲内,每二里朋编一名,共三百三十四名。每名每日工食银二分,一年共

①《万历会典》卷一三七《兵部二十》。

②嘉靖《德化县志》卷三《赋役·民兵》云:"国初洪武间仅置弓兵,正统以后,渐置民兵,始曰快手,更曰民壮,皆无定制,随时纠集下户充之(按当时似是行召募制)。正德以来,世多扰攘,乃下延议,凡县各置机兵,通以丁米均排,首户出身,从身戎行,余为贴户,年贴衣装,十年一替,弓兵照丁米编充云。"又参看正德《永春县志》卷四《版籍志下》。

③万历《顺德县志》卷三《赋役志第三》。

工食银七两二钱。二甲平均分配,通共出银二千四百零四两八钱。但编过乡民各因住居不便,不愿亲身应当,俱雇在城及附郭居民代役。而应募者则又执称前定工食银两不够一年差占及置造盔甲器械等项盘用,不肯受雇,两相私议,工食银屡次增加,甚至有每名每年加至三十两者,皆由应募者自行下乡收取。通共阖县支出加至一万零二十两,除前原定银二千四百零四两八钱外,总计多索银七千六百一十五两二钱。其后知县李资坤申议裁减,以杜科扰,乃改定于原定每日工食银二分数外,量加银一分,以为置造盔甲器械之费,计每名每年支用工食银十两八钱,就于该年里甲银内扣算。愿自当者听从,不愿当者出银,所输之银随同"均徭"事例(即里甲徭役中之一种),自封投柜,收贮在库。民壮有旷役者,照数扣银留存公用①。

由上可注意者数事:其一,民壮本由自身充当,改为可以出银雇人替代;其二,民壮一役自折纳工食价银后,初由应募者自行下乡向应出资者收取,继改为应出资者将此项银两随同里甲徭役银项内径向官库投封,由官府募人应役,按月发给工食。又从上例,可知盔甲器械等项亦已折成价银,给与应募者自理,与往日"鞍马器械悉从官给"的办法又不同了。

原来自弘治以来,民壮虽已由召募改为向人民征发,然实际负担此种兵役者只为家产丰厚及丁多的户,而非出于全民。这因为卫所军已佥之于平民,若复于军外复佥民为兵,则是人民要服两重的兵役,在法理两方面都说不过去,所以民兵只佥于产厚丁多之户。然即此办法,亦遭受当时的攻击,如浙江《义乌县志·民兵书》所谓"于卫军之外,民复有兵,或复取民财而购民为兵"便是这种意思。民兵既以里甲人户的丁

---

① 万历《嘉定县志》卷七《田赋条议》。

粮的等第佥定,于是在有些地方军户置有田产的,亦要编民壮一役。《广东通志》说:"军户随田附籍,亦复编及,既当军役,又充民壮,军民以籍为定,果当尔乎?"①

因为民壮的佥定,起初便以人户的丁粮为根据,并不是纯然以丁为根据,又因被佥者往往由于事实上或心理上的原因,不愿意亲身充当,于是改为可以出米或出银雇人替代。雇募的事例既多,于是所出的代价,亦逐渐变成固定的了。民壮的提供,自此以后,逐渐无复兵役的意味在内,而仅为有产阶级对政府的一种租税上的负担,——特别指田产阶级而言,因当时最主要的资产是田地。所以各处民壮的工食,亦就陆续随同丁粮带征,各司府州县都有一定的额数②。随丁粮带征的办法,例如福建永春县正德七年间额设民壮一百五十名,定以一县之丁粮通融编差,每六丁、米三十九石编民壮一名,亦名机兵。至嘉靖三年,又定除阖县官吏优免外,每三丁、米三十九石编民壮一名,永为定例③。又如湖广宝庆府新化县总编民壮二百名,嘉靖九年奉例以一县之丁粮通融编佥,二十四年又专以一县之粮编佥④。民壮工食专带征于田粮的,又如广东顺德县原本是每粮七八十石编民壮一人,往往合一二十户始编一人。至嘉靖十四年(1535)改为照原额以粮派银,随粮带征,官为召募⑤。浙江海盐县民壮工食在嘉靖五年之初即照里配入秋粮内带征⑥。并且自行一条鞭法后,许多地方的民壮工食不但随秋粮带征,而且混入

①《天下郡国利病书》原编第27册《广东上》页8。

②例如浙江武康县民壮费用占本县税粮十分之一(《天下郡国利病书》原编第22册《浙江下》页28下)。

③正德《永春县志》卷四《版籍志下》。

④嘉靖《新化县志》卷四《户口》。

⑤万历《顺德县志》卷三《赋役志第三》。

⑥《天下郡国利病书》原编第22册《浙江下》页10,原作民兵,按即民壮。

粮内,变成秋粮的一部分;又往日之十年一编审里甲者,在后缩短期限改为五年、三年或每年编审一次①。

民壮的工食在最初时曾用粮米实物支付,及至嘉隆间便普遍地开始用银缴纳。这种折银的趋势,我们在讨论民兵时已略略说到,今从民壮这一方面观察,这种趋势更为明显。略举数例:广东雷州府三县民壮计七百余,旧皆亲役,嘉靖间改用“银差”,输银入官招募,其后俱从丁粮派征②。隆庆四年(1570)四月丁卯从浙江抚按官奏请,以浙中旧额设民壮一万六千二百九十名,每名日给工食银二分,率市井营差,无裨实用,酌留四千二百二十一名,备各府州县守城之役,而以汰去的一万二千六十九名,征收一年工食银八万九千八百九十六两,贮之各府,令别选壮丁以充原额③。又南直隶、广东等地亦先后征收银④。

3.民壮的实质　我们从两方面去分析民壮的实质:第一,量的方面;第二,质的方面。全国的民壮的数目,据弘治末兵部议覆户部侍郎李孟旸请实军伍疏说:“天下都司卫所原额官军二百七十余万,岁久逃故,尝选民壮三十余万。”⑤由上可知民壮的设立所以补卫所官军的逃亡缺额,民壮的数目约占卫所军九分之一强。但这个数目是指全国额设的民壮而言,抑专指那班拨来补充卫军的民壮而言,我们无法十分断定,但不论怎样的说法,民壮至少拥有全国九分之一强的军队,这种武

①《天下郡国利病书》原编第27册《广东上》页54。

②《天下郡国利病书》原编第28册《广东中》页47下《雷阳志略》又云:“分领以总小甲,统以哨官,每岁冬操三歇五,余月皆分派各衙门差用,遇警方遭海上巡视。”

③《穆宗实录》卷四。按民壮每名每日工食银二分,一年七两二钱,似为通行全国定例,浙江、福建、广东、陕西、北直隶等地皆如此。

④参看《帝乡纪略》卷五《政治志·民壮》。《天下郡国利病书》原编第27册《广东上》页54以下,同书第29册《广东下》页121—122。

⑤《明史稿》志六九《兵五》;《明史》卷九一《兵三》。

力实在不算小。又弘治七年所定的佥民壮法是州县至七八百里以上者，每里佥二名，五百里者三名，三百里以上者四名，百里以下者五名，根据以上所设的额数作估计，平均每里约佥三点五名（算术平均），根据《明史·地理志》，全国共编六万九千五百五十六里[1]，合计该设民壮二十四万二千四百四十六名。这个数目比上面所开三十余万之数略少，所以三十余万似是指全国额设的数目而言的成分居多。

但从量这方面去考察，民壮像卫军或其他种军兵一样，常常逃亡。这种现象，在招募时期内便已显著。如景泰二年（1415），兵部尚书于谦奏劾指挥郭亨、吴能受贿卖放民壮一百八十余名私逃回籍，冒支月粮[2]。又正统末京师戒严时所募各地民壮，原在京分营训练，岁久亦多逃亡，或赴操不如期。景泰间建议编之于军籍，御史练纲言："召募之初，激以忠义，许事定罢遣，今展转轮操，已孤所望。况其逃亡，实迫寒馁，岂可遽著军籍？边方多故，倘更召募，谁复应之？"始诏除前令[3]。

自改召募为佥编后，民壮的逃亡有加无已。逃亡的原因，从弘治十三年（1500）吏部尚书倪岳的奏中可以窥见一二：

> 山西、陕西非无民壮，但勾补或破其家，役使致妨其业，编之尺籍，遂同世军，今复佥点，恐合家咨怨。曷若放已役者劳而劳之，未役者赏以来之，守御止留于本境，征调不至于远行，民何所畏而不从乎？[4]

由上可知民壮一困于户内勾补，二困于官府私役，三困于征调远处，甚

---

[1]《明史》卷四〇志一六《地理》。
[2] 乾隆《御选明臣奏议》卷三《于谦：劾郭亨等纵民壮私逃疏》。
[3]《明史》卷一六四《左鼎传附》。
[4] 黄光昇：《昭代典则》卷二三。

至抽编入军籍内,与世代的卫军无异。种种情形,无一不与设立时的初意大相违背了。嘉靖四十五年(1566)杨博《选练州县民壮疏》内所载情形,大致亦如此:

> 臣窃惟天下州县选立民壮,照依里社,以为额数,相沿日久。名在实亡,每遇地方有警,动称无兵,必须仍复旧制……(盖)迩年以来,寖失原意,或以之调防边塞,或以之抽补军役,徒有民壮之名,未见兵勇之实,即如近日四川、南直隶妖寇之变,守土官员束手无策,诚为后车之鉴。

因此他建议:

> 应即行南北直隶并十三省巡抚都御史转行兵备守巡该道著各府州县掌印官,照依曩年事例,即查本州县原额守城民壮若干,现在若干,逃亡未补若干,中间守边抽军各若干,即今应该作何处置,或将本处现有快手机兵等项改补,止要查复原额之数,不必多增一人,以致劳民伤财。[①]

逃亡缺伍的情形,在嘉靖二十年后,曾经努力补救,但似没有多大功效。先是二十年(1541)都御史翟鹏言直隶、山东、河南民壮多缺,乞补如额,而别简壮丁为义勇,于农隙操练,其在山西者专戍雁门、宁武、偏头三关。世宗以虏入山西由雁门诸关失守,三关别无兵马,仅赖民壮,不

[①]《明臣奏议》卷二七。同卷谭纶嘉靖四十四年《劾纵盗各官议川省善后疏》云:"民壮则论粮编丁,最为近古,……奈初意寖失于承平之久,良法尽坏于不才之官,有司视役占为当然,以选练为长物,而先年又以采办之故,工费浩大,稍议折征,以济一时燃眉之急,后以民力告困,暂行停减,因循至今,额数皆失,而所存无几。又皆白徒市棍游手游食,责之披坚执锐,以待暴客,其将能乎?"

足捍御,且当时所在灾伤,不宜骚动,事乃止①。至二十二年正月丙寅兵部集廷议,亦以州县民壮旧额太少,请行督抚,大州县增至千名,其次八九百名,又次六七百名,最小五百名,报可②。可注意的此时佥编民壮,不复直接按里分摊,但以固定的额数指定各大小州县,依令设置。这恐怕是因为里甲制度渐紊乱的缘故。如依上设额数估计,就是平均每一州县约设七百六十名,根据《明史·地理志》全国共一百九十三州,一千一百三十八县(羁縻州县除外)③,合计应设民壮一百零一万一千五百六十名,较之弘治七年额设二十四万二千余的数目,已多出三倍余。这个数目恐怕太大了,事实上似乎达不到。所以到了万历二十三年(1595)北直隶"盗贼"窃发时,科臣耿随龙请复民壮旧制,只请于州县大者设二百名,次者一百五十名,小者百名④。依此用前法推算,全国额设民壮共计不过一十九万九千六百五十名。并且前面所拟行的还只是欲于畿南复设的虚额而已。

再从实例上证明,知道不但是嘉靖二十二年所定的额数太高,即弘治七年的额数,亦未免高些。例如隆庆四年,浙江抚按官奏报内说,浙中旧额设民壮一万六千二百九十名⑤。按浙江全省共一万零八百九十九里,

①陈仁锡:《明世法录》。

②《世宗实录》卷二三。按《续通考》卷一二八载:"臣等谨按《实录》言大州县增至千人,其次八九百,又次五六百,小一百名,与《兵志》亦不相符。"今据《实录》所载,与《兵志》大致相符,《兵志》仅略去"其次八九百人"数字,《通考》所言不知《实录》哪一种本子?

③《明史》卷四十志一六《地理》。

④《续文献通考》卷一二八。

⑤《穆宗实录》卷四。

领一州七十五县①。如依弘治七年平均每里佥三点五名推算,合计应为三万八千一百四十六点五名。如依嘉靖二十二年平均每一州县佥七百六十名推算,合计应为五万七千七百六十名。均较隆庆间旧额一万六千余的数目高出许多。所以我以为弘治及嘉靖间的法令没有真正实行过。

再就民壮质的方面检讨。第一,孱弱不堪守卫。原本民兵设立之初,专以年青力壮的人充当,由提调正官认真挑选。其后这种事务,正官漫不关心,率诿归胥吏及里甲长人等包办,弊病已所不免,及行招募制后,利薮所在,弊窦尤多。经手的人,但求有贿可得,有利可图,不问应充者年龄身体如何,但用廉价招集亲故及市井无赖之徒充之,甚至有"不知弓矢何物,击刺何技"者。又应募者既领得工食以后,往往只出所得的一小部分转而雇募舆皂驵侩游手罪犯之辈代充。甚则以一人而包数人,冒支月饷。偶遇官司查点,则临时借募以代应。这种乌合之众,以之防御盗贼则不足,以之鱼肉乡民则有余②。广西《兵防志》说:"民兵

---

①《明史》卷四四志二〇《地理志五》。又按《明臣奏议》卷二六谭纶嘉靖四十二年《倭寇暂宁条陈善后事宜疏》:"臣惟先年编签民壮,大县多至五六百名,中县三四百名,小县亦不下百五十、二百名,每名岁定工食银七两二钱,近年东南皆给帖,听募人自取,盖有倍收至十一二两者,兵有定数,粮有定额,所以救官军之敝,得寓兵于农之意……谓宜将各县额设民壮,责之驻扎守巡兵备,该道督责知府知县巡捕等官,通行查出,汰其老弱与市井棍徒,补以精悍丁壮,……(福建)八府一州,计可得兵万二千人。……"又,郭造卿《闽中兵食议》说,福建旧额共马步官军四万八千二百余员名,又有州县弓机兵万余(《天下郡国利病书》原编第26册《福建》页14)。

②万历《广东普宁县志》卷八《田赋》;《天下郡国利病书》原编第22册《浙江下》页75《宁波府志·兵政书》。

筋骨脆弱,斩木揭竿,左之不左,右之不右,则民兵不足恃也。"[1]

第二,训练不足。民壮的组成,本不过就年力精壮的乡农加以军事训练,编成队伍,以备警急,而非正式的军队。所以操练时期,皆在农隙。如嘉靖元年令江南机兵,较习武艺,但于农忙之时,非有紧急,仍听其务农。至六年又令各处抚按官通行各府州县量减民壮原设额数,其存留者分为上下两班轮操,一班务农,一班操练武艺[2]。这种种规定,无非以不妨碍农作为前提。可是据我们计算,操练的次数未免太不充分。例如弘治七年和以后的规定,都是春夏秋每月操二次,至冬操三歇三。可见一年内操练的次数总计不过二十一次。无怪万历四十三年十一月乙丑陕西巡抚李楠疏奏:"迩来率以供差遣勾摄,训练无闻,器械朽钝,至教场且鞠为茂草,一遇盗贼结聚,统以追捕,望风骇散。"并且,"此皆有司奉行之失,不独关陕为然!"[3]

第三,官府私役。原本民壮的职务,在防守城池,警备盗贼。但其后因民壮多脆弱不堪倚任,故渐与守卫事宜脱离关系,只供衙门的差遣。或教以学习鼓吹(不再练习武艺了),使迎接使客上司,或押解囚犯罪人,或勾索公文牌票,或督催征解钱粮[4]。例如嘉定县催征勾摄钱粮,

---

[1]《天下郡国利病书》卷一〇五《广西一》(通行本,按此条不见原编内)。同书原编第7册《常镇》页43以下《武进县志·额兵》云:"国初额设民壮一千二百有奇,正德间裁其三之一,嘉靖初又几裁其半,而府县役占半之,于时民俗殷富,桴鼓不闻,以司关门之启闭,以备武事之观饰而已。嘉靖壬子(即三十一年)海氛顿起,……始议召募,县至三千人,人费四五十金,士既乌合,将不知兵,见敌辄奔,不敢回顾,稍后则背负创死矣。流血成川,哭声震野,乃议征兵远方。"民壮的孱弱情形可见一斑。

[2]《万历会典》卷一三七《兵部二十》。

[3]《神宗实录》卷五三九。

[4]参看《帝乡纪略》第五卷《政治志》,万历《南直隶太和县志》卷二《食货志》,万历《广东普宁县志》卷八《田赋》;《天下郡国利病书》原编第18册《陕西上》页82下。

向由"总里"负责,后又添差民壮,又以民壮在法本不应当差,故改名曰"甲首"。每甲首一名,招集逋逃光棍,少则三四人,多则五六人,群养在家,谓之次身。若遇催勾,领到牌票时,探其事之大小,随差前项光棍,事大者五六人,事小者亦不下二三人,持带铁链,虚张声势,直到各该催勾人户行凶锁打,勒索酒食,诛求无厌[①]。又或使以浚河芟草及垦田,如万历中尚宝寺少卿徐贞明上疏议:"郡县民壮役止三月,使疏河芟草,而垦田则募专工。"[②] 从反面来看,往日一年以内定不止役使三月,并且垦田之事亦由民壮担任。

(原载《中国社会经济史集刊》第5卷第2期,1936.6)

[①]万历《嘉定县志》卷七《田赋条议》。以民壮起解粮银事例,参看崇祯《北直隶文安县志》卷四《贡赋志·门银》。
[②]《明史》卷二二三,本传。